# Das Hausbuch des deutschen Witzes

Bassermann

FSC
www.fsc.org
MIX
Papier aus verantwortungsvollen Quellen
FSC® C014496

Verlagsgruppe Random House FSC®N001967
Das für dieses Buch verwendete FSC®-zertifizierte Papier *SuperSnowbright* liefert Hellefoss AS, Hokksund, Norwegen.

ISBN: 978-3-8094-3480-1

1. Auflage 2015 by Bassermann Verlag, einem Unternehmen der Verlagsgruppe Random House GmbH, 81673 München



**Umschlaggestaltung:** Atelier Versen, Bad Aibling
**Satz:** Gabriele Kiesewetter, Beselich
**Projektleitung:** Dr. Margit Roth
**Korrektur:** Barbara Kohl
**Herstellung:** Elke Cramer
**Druck und Bindung:** GGP Media GmbH, Pößneck

Printed in Germany

674 3011 0113

# Inhalt

## Von Menschen, Mäusen und Moneten

Die liebe Familie 8
Schmunzeln über Männer und Frauen 28
Friseure und Blondinen passen gut zueinander 66
Der Husky nimmt den Hörer ab ... 69
Hast du den Wagen in die Garage gefahren? 78
Der Witz der virtuellen Welt 91
Legen Sie Ihr Geld doch in Alkohol an ... 110

## Lauter Macken: unsere und die der anderen

Was haben ein Hühnerei und ein Kölner gemeinsam? 120
Tünnes und Schäl gehen über die Severinsbrücke 138
Ostfriesen, Bayern, Schwaben haben auch was zu lachen 149
Zwei Burgenländer unterhalten sich ... 174
Amüsantes aus aller Herren Länder 180

## Tacheles

„Tate, was ist Kapital und was ist Arbeit?“ 215

## Arbeiten oder nicht arbeiten – das ist hier die Frage


Der junge Richter fragt seinen ergrauten Kollegen ... 240
Bauer und Bäuerin gehen zum ersten Mal ins Kino ... 263
Was ist ein unbestechlicher Beamter ...? 268
Der Bürovorsitzende:
„Was tun Sie hier eigentlich den ganzen Tag?“ 286
Der Friseur fragt: „Möchten Sie die Stirnlocke behalten?“ 297
Warum kommt ein Handwerker nicht in den Himmel? 300
Der Kapitän fragt den neuen Matrosen ... 309
Chirurgen können alles, wissen nichts ... 314
„Was ist Betrug?“, fragt der Professor den Jurastudenten. 349
Lehrer: „Paul, bilde einen Satz mit Pferd und Wagen!“ 359
Jemand fragt einen Sozialarbeiter ... 378
Der Regisseur zum Schauspieler ... 391
Anruf auf dem Polizeirevier ... 398
Eine Durchsage des Piloten ... 407
„Guten Tag, ich bin der Klavierstimmer.“ 413


## Vergnügt um die Häuser ziehen


„Herr Ober, was macht das Bier?“ 433
Herr Wirt, Ihre Pasteten sind total ungenießbar ... 443

## Sport ist nicht nur Mord …

Zwei Bergsteiger überqueren einen Gletscher … 456
Fußballer, Boxer und noch viel mehr 462
Drei ältere Golfer beklagen sich … 481
Ein Radfahrer wird von der Polizei gestoppt … 486

## Treffen sich drei Politiker …

Historisches und Aktuelles 497
Der Feldwebel sagt zu den Rekruten … 510

## Worüber man auch noch herzlich lachen kann

Graf Bobby will verreisen … 519
Frage an Radio Eriwan … 523
Häschen hat neue Hosenträger bekommen … 533

# Von Menschen, Mäusen und Moneten

# Die liebe Familie

Zwei Babys im Kinderwagen treffen sich.
„Wie bist du eigentlich so mit deiner Mutter zufrieden?"
„Es geht, nur am Berg ist sie ein bisschen langsam!"

Frau Meier zu ihrer Nachbarin, Frau Schulze:
„Mein Sohn wird bestimmt mal Kellner. Den kann man rufen und rufen – er kommt nie!"
„Und meiner wird Politiker. Immer wenn er etwas verkehrt macht, schiebt er die Schuld auf einen anderen!"

Das Kind will und will nicht einschlafen.
Die Mutter: „Soll ich ihm etwas vorsingen?"
Der Vater: „Versuch's erst im Guten!"

„Guten Tag, Frau Müller! Gestern habe ich Ihren Mann getroffen, aber er hat mich nicht gesehen!"
„Ja, ich weiß, das hat er mir erzählt."

Als ihre Tante heiratet, darf die kleine Steffi mit zur Hochzeit. Nach der Hochzeitsfeier gehen die Gäste alle nach Hause, nur Steffi möchte unter allen Umständen noch beim jungen Paar bleiben.
„Steffi, jetzt müssen aber auch wir wirklich gehen", drängt Steffis Mutter.
„Gleich", beharrt Steffi, „lass mich doch wenigstens noch so lang bleiben, bis das erste Baby kommt!"

Der sparsame Max wird zum fünften Mal Vater. Ein Freund möchte von ihm wissen, wie sich das mit seiner Sparsamkeit verträgt.
Tom, ganz ehrlich: „Nun, es fing damit an, dass wir Windeln übrig hatten..."

Unterhaltung kurz nach Weihnachten: „Sag mal, war unter deinen Weihnachtsgeschenken auch eine echte Überraschung?“
Antwort: „Aber ja! Mein Boss hat mir ein Buch geschenkt, das ich meinem Kollegen Schmidt vor Jahren geliehen habe!“

Die Mutter fragt: „Was hat Vater gesagt, als du ihm erzählt hast, dass du schwanger bist?“
Tochter Susi antwortet: „Soll ich die Flüche weglassen?“
Die Mutter: „Ja.“
Die Tochter: „Nichts ... “

Voller Stolz zeigt Frau Meier ihren Besuchern ein altes Foto. Zu sehen ist sie als Baby auf dem Arm ihrer Mutter. „So sah ich vor etwa 25 Jahren aus.“
„Ein wirklich sehr hübsches Bild“, sagt einer der Gäste, „aber wer ist denn das Baby, das Sie auf dem Foto im Arm halten?“

Der Vater sitzt am Bett seines Sohnes und liest ein Märchen vor. „Du, Papi“, unterbricht ihn der Sprössling, „würde es dir etwas ausmachen, leiser zu lesen? Ich möchte schlafen.“

Vater zum Sohn: „Ich zeige dir jetzt mal, wie höfliche Menschen reagieren.“ Er greift zum Telefonhörer, wählt eine Nummer und sagt zu dem, der abhebt: „Kann ich bitte mal Ingo sprechen?“
„Tut mir leid, aber einen Ingo gibt es hier nicht.“
Jetzt sagt der Vater: „Nun zeige ich dir mal, wie Menschen reagieren, die gereizt sind.“
Er wählt die gleiche Nummer, stellt dieselbe Frage:
„Ich habe Ihnen doch gerade gesagt, dass es hier keinen Ingo gibt.“
Der Vater: „So, und nun präsentiere ich dir einen wütenden Menschen.“ Er wählt die Nummer, stellt die Frage:
„Verdammt noch mal, hier gibt´s keinen Ingo, Sie Dämelak.“
Daraufhin sagt der Sohn zum Vater:
„Und ich zeige dir jetzt mal wahnsinnige Menschen.“
Die besagte Nummer wird vom Sohn gewählt:
„Hallo, hier ist Ingo, hat jemand für mich angerufen?“

„Mami, ich kann nicht einschlafen, bitte erzähl mir noch ein Märchen!“
„Warte noch ein Weilchen, meine Süße, dann kommt Papi heim und erzählt uns beiden eins!“

Die siebzehnjährige Trudi hat etwas überraschend ein Baby bekommen. Die Hebamme sagt zu ihr: „Mensch, Trudi, schau mal, wie klug der Kleine schon jetzt dreinschaut!“
Daraufhin Trudi: „Kein Wunder, er ist neun Monate lang mit mir im Gymnasium gewesen!“

Im Bundestag wird vollkommen überraschend ein Baby gefunden. Es wird jedoch schnell klar, dass das Baby nicht von einem der Beamten sein kann. Warum? Ein Beamter bringt in der viel zu kurzen Frist von neun Monaten sicherlich nichts zustande, was Hand und Fuß hat.

Vor dem Kindergarten wurde ein Paar Handschuhe gefunden. Die Kindergärtnerin zeigt sie ihren Kindern: „Wem gehören diese Handschuhe?“
„Sie sehen aus wie meine“, sagt die kleine Barbara, „aber das können sie gar nicht sein, denn die sind ja weg.“

Fritzchen und Paulchen stehen vor einer Skulptur, einem männlichen Akt. „Das ist Adam“, behauptet Fritzchen.
Fragt Paulchen: „Warum macht der denn so ein böses Gesicht? Eva ist doch noch gar nicht da.“
Fritzchen weiß es: „Ich sage dir, der ahnt schon was.“

Kleiner Junge beklagt sich bei seinem Freund: „Ich wünsch mir so sehr einen Hund, aber meine Eltern wollen mir keinen schenken.“
Freund: „Du bist ja auch doof. Du musst dir ein Brüderchen wünschen – dann bekommst Du einen Hund.“

Ein Mann fährt von der Arbeit nach Hause, als ihm plötzlich einfällt, dass seine Tochter Geburtstag hat. Also stürmt er schnell noch in ein Spielzeuggeschäft, schaut sich kurz um und sagt zur Verkäuferin: „Ich hätte gerne eine Barbie-Puppe."
Die Verkäuferin fragt, welche es denn sein soll: „Wir haben ‚Barbie geht einkaufen' für € 29,95, ‚Barbie geht an den Strand' für € 29,95, ‚Barbie fährt in den Urlaub' für € 29,95 und ‚Barbie ist geschieden' für € 395,–!"
„Was soll denn das", fragt der Mann, „alle Barbies kosten € 29,95, nur ‚Barbie ist geschieden' kostet € 395,–?"
„Ja", sagt die Verkäuferin, „bei ‚Barbie ist geschieden' ist ja auch noch Kens Haus, Kens Boot, Kens Auto und Kens Motorrad dabei!"

Vater wirft einen Blick in seine Brieftasche und sieht dann forschend von seiner Frau zu seinem Sohn. „Der Junge hat Geld genommen!"
„Wie kannst du das wissen?", widerspricht seine Frau, „es könnte ja auch sein, dass ich es genommen habe."
Der Vater schüttelt den Kopf. „Ausgeschlossen", entgegnet er, „es ist noch etwas drin in der Geldbörse."

Uschi will sich leise aus dem Haus schleichen, aber der Vater erwischt sie: „Wohin willst du denn noch so spät?"
„Nur noch rasch zum Briefkasten und zwei Briefe einwerfen." – „Dann musst du dich aber beeilen, der Briefkasten hat schon zweimal gepfiffen ..."

Zwei Jungen haben auf dem Friedhof Kastanien gesammelt. Nun teilt der eine auf: „Eine für dich, eine für mich, eine für dich ..."
Ein alter Mann hört die Jungs, kann sie aber wegen des dichten Gestrüpps nicht sehen. Voller Angst rennt er ins Dorf und schreit: „Der Herrgott und der Teufel teilen sich auf dem Friedhof die Seelen!"
Ein junger Mann geht mit ihm zurück, um ihn zu beruhigen, und nun hören beide, starr vor Entsetzen, die Jungen sagen „Eine für dich, eine für mich ..." und bemerken nicht einmal die zwei Kastanien, die auf sie herabfallen. Das hört der Junge, und als er mit dem Zählen fertig ist, sagt er laut:
„Pack deine schon mal ein. Wenn ich nun noch die beiden vor dem Zaun hole, haben wir jeder dreiundsechzig!"

Die Personalien der Schüler werden aufgenommen.
„Ich bin halbehelich, Frau Gürtner", sagt Moritz.
„Das gibt's nicht, Moritz. Entweder ehelich oder unehelich."
„Das gibt es doch. Bei uns war's nämlich so: Mama ist ledig, aber mein Papa ist verheiratet."

Mutter zum Vater: „Ich glaube, unser Sven misstraut uns."
„Wie kommst du denn darauf?"
„Er hat für seine fünf Euro Taschengeld ein Nummernkonto in der Schweiz angelegt!"

Empört hält die weltfremde, ältliche Leiterin des Mädchenpensionats eine leere Schachtel hoch und fragt: „Wer raucht denn hier BLAUSIEGEL?“

Ein Mann fragt entsetzt die Mutter: „Warum, um alles in der Welt, fahren Sie denn Ihr Baby mit dem Fahrrad durch die Stadt? Das Kleine brüllt doch ununterbrochen wie am Spieß.“
Daraufhin die Mutter: „Aber darum habe ich es doch dabei – die Klingel an meinem Fahrrad ist kaputt.“

„Stimmt es, dass man vom Küssen blind werden kann?“
„Ja, gestern hab ich meine junge Nachbarin im Flur geküsst – und seitdem kann mich meine Frau nicht mehr sehen.“

„Man darf Tiere niemals küssen“, sagt warnend der Lehrer, „weil das wegen der vielen Krankheiten, die dabei übertragen werden können, sehr gefährlich ist. Kann mir jemand ein Beispiel nennen?“
„Ja, Herr Lehrer, ich. Meine Tante hat immer den Papagei geküsst.“
„Und?“
„Das Tier ist eingegangen.“

Der angehende Schwiegersohn zum angehenden Schwiegervater: „Ich rauche nicht, ich trinke nicht und ich rühre keine Spielkarten an und bitte Sie um die Hand ihrer Tochter!“
Der angehende Schwiegervater: „Das schlagen Sie sich mal aus dem Kopf. Glauben Sie, ich will einen Schwiegersohn, der mir immer als Beispiel vorgehalten wird?“

Adventszeit. Die Mutter ist in der Küche, das Söhnchen im Wohnzimmer.
„Kläuschen“, ruft die Mutter, „zünde schon mal den Adventskranz an!“
Da fragt der Knirps nach einer Weile: „Auch die Kerzen?“

Jana und ihr kleines Julchen sind bei den Großeltern zu Besuch. Opa fragt: „Was ist das für ein Geräusch im Bad?“
Jana antwortet aus dem Bad: „Julchen klappert mit den Zähnen, während ich sie bade.“
„Aber Julchen hat ja noch gar keine Zähne.“
„Sie klappert ja auch mit deinen, Paps.“

Brief aus dem Mädchenpensionat: „Liebe Eltern, obwohl das Essen hier alles andere als gut ist, nehme ich ständig zu. Wenn die Waage am Hauptbahnhof stimmt, wiege ich nackt 58 Kilo.“

Fragt der Lehrer in der Schule: „Kinder, was ist die erotischste Zahl, die ihr kennt?“
Es meldet sich klein Lieschen: „218593“.
Der Lehrer ist ganz erstaunt und fragt nach: „Wieso denn das?“
Lieschen erklärt: „Das ist doch ganz einfach, Herr Schubert. Wenn 2 sich 1 sind und nicht 8 geben, dann merken sie spätestens nach 5 Wochen, dass sie in 9 Monaten 3 sind.“

Als der Dreijährige das Geburtstagsgeschenk seiner Großmutter auspackt, entdeckt er eine Wasserpistole. Er quietscht vor Vergnügen und rennt zum Waschbecken. Die Mutter ist nicht sehr begeistert und sagt zu ihrer Mutter: „Ich staune über dich. Hast du vergessen, wie du dich früher über diese Dinger geärgert hast?“
Ihre Mutter lächelt und erwidert: „Nein, das habe ich nicht vergessen.“

„Kannst du mir ein Beispiel für die inneren Werte eines Menschen nennen“, wird Katja im Ethikunterricht gefragt. Katja überlegt eine Weile, dann sagt sie unsicher: „Vielleicht Opas Goldzähne ...“

„Du Mama, ich erwarte ein Baby!“, gesteht die Tochter kleinlaut der Mutter.
Daraufhin die Mutter: „Aber Schatz, das ist doch kein Problem, wer ist denn der Vater?“
Die Tochter antwortet beschämt: „Dreizehnmal darfst du raten ...“

Ein Ehepaar hat das erste Kind bekommen. Nach vier Monaten zeigt der stolze Vater dem Baby seinen Laptop. Es beginnt sofort mit der Tastatur zu spielen. Er ruft seine etwas übermüdete Ehefrau: „Guck mal, Schatz, unser Kind hat sein erstes Wort getippt.“
Sie fragt begeistert zurück: „Welches Wort?“
Der Vater: „wrzdggghaadfzzggfkltu3.“

Vor der Hochzeit sagt die Patentante mahnend zur jungen Braut:
„Im Leben jeder Frau, mein Kind, gibt es nur eine große Liebe!“
„Und wer war das bei dir, Tante?“
„Matrosen, mein Kind, Matrosen!“

Die Jungvermählte sagt zur Nachbarin: „Eigentlich wollten wir ursprünglich ein Baby, aber dann haben wir uns doch für ein Auto entschieden, weil die Lieferzeit dabei ein klein wenig kürzer ist.“

Es treffen sich zwei Freunde. Der eine fragt: „Hast du morgen schon was vor?"
„Ja, ich fahre ins Grüne und lasse mit meinem Sohn einen Drachen steigen. Und Du?"
„Etwas Ähnliches. Ich mache mit meiner Schwiegermutter eine Bergtour."

Fritzchens Eltern bekommen Besuch. Fritzchen wird in den Keller geschickt, um zwei gute Flaschen Wein zu holen. Nach ein paar Minuten ist er wieder da und verkündet lauthals: „Papa, das geht nicht mehr."
„Was geht nicht mehr?"
„Wein aus dem Keller holen."
„Wieso, ist keiner mehr da?"
„Doch – aber die Müllers haben die Latten wieder angenagelt!"

Sohn: „Papi, heiraten auch Kamele?"
Vater: „Nur Kamele, mein Sohn, nur Kamele!"

Der Herausgeber einer Londoner Zeitung veranstaltete eine Rundfrage über das Thema ‚Bücher, die mir geholfen haben'."
Eine Antwort lautete: „Das Kochbuch meiner Mutter und das Scheckbuch meines Vaters."

„Na, hat Ihnen das Christkind zu Weihnachten was Schönes gebracht?“
„Danke, ich bin zufrieden, mein Freund hat mir ein Buch zurückgebracht, das er vor langer Zeit borgte, mein silbernes Taschenmesser fand sich in einer alten Hose, und meine Tante ist krank und wird mich nicht besuchen.“

Ein neugeborenes Baby beginnt sofort nach der Entbindung laut zu kichern. Es lacht und lacht. Es kann sich gar nicht mehr beruhigen und hält die beiden kleinen Fäustchen stolz nach oben.
Die Hebamme ist völlig ratlos. Sie holt den betreuenden Arzt. Dieser öffnet ganz vorsichtig die kleinen geballten Babyhände. Und was fällt aus jedem Händchen? Eine Antibabypille.

Die Nachbarin sagt verwundert zur jungen Mutter:
„Oje, Ihr Baby ist aber klein!“
Daraufhin die Mutter: „Kein Wunder – ich bin ja schließlich auch erst seit zwei Monaten mit meinem Mann verheiratet!“

Tante Frieda hat tausend eingebildete Krankheiten und stirbt jedes Jahr mindestens zwei Mal. Jedes Mal wird die gesamte Familie per Telegramm ans Sterbebett gerufen. Als es wieder einmal so weit ist, kommt vom Neffen ein Telegramm:
„Sterbe auch gerade, wir sehen uns drüben!“

Drei Kinder unterhalten sich, und jedes will ein bisschen mehr angeben. Das erste: „Wir sind zu Hause drei Kinder, und jedes hat sein eigenes Besteck!“
Darauf das zweite: „Na und? Wir sind fünf Kinder daheim, und jedes hat ein eigenes Zimmer!“
Schließlich das dritte Kind: „Ist doch gar nichts. Wir sind acht Kinder zu Hause, und jedes hat seinen eigenen Papi!“

Frage: Wie spielen sechs Blondinen russisches Roulette? Antwort: mit fünf Smarties und einer Antibabypille!

Britta bekommt für den Abiturball ein traumhaftes Abendkleid.
„Mutti, was ist das für ein toller Stoff?“
„Reine Seide, mein Kind.“
„Oh, was für eine Pracht, und alles von einem unscheinbaren Wurm!“
„Bitte sprich nicht so über deinen Vater!“

Ein Kind steht am Straßenrand und weint. Ein Passant fragt es besorgt: „Warum weinst du denn?“
„Meine Mutti hat gesagt, ich soll erst alle Autos vorbeilassen, aber ich warte und warte und es kommt keins!“

Erst bekam die hübsche Sekretärin, dann die Werkstudentin und schließlich auch noch eine der Kontoristinnen ein Baby. Als die Dame vom Empfang auch noch niederkam, brüllte der aufgebrachte Chef: „Was ist denn los bei uns? Leisten die Störche seit neuestem Akkordarbeit?“

„Nun, Oma, wie funktioniert das neue Hörgerät?“
„Sehr gut, ich habe jetzt schon dreimal mein Testament geändert.“

Klein Fritzchen ist mit seiner Mutter im Kaufhaus und sagt: „Du Mama, ich muss mal pissen!“
Sie antwortet: „Mein Junge, so etwas sagt man nicht! Sag lieber, ich muss mal singen, und dann ist mir alles klar.“
Die Woche darauf ist Klein Fritzchen bei Oma und darf bei ihr im Bett schlafen.
Da sagt er: „Du Oma, ich muss mal singen!“
„Ach nee, Fritzchen, nicht jetzt, wir wollen schlafen!“
„Du Oma, ich muss aber wirklich mal singen!“
„Na gut, dann sing mir was ins Ohr!“

Was sagt denn der Papi, der zur Zeit bei der Polizei arbeitet, zu seinem Kind beim Füttern?
„Los, aufmachen! Polizei!“

Die junge Mutter hält nach der Entbindung glücklich ihr Baby auf dem Arm. „Draußen wartet der mächtig stolze Vater“, sagt die Krankenschwester, „soll ich ihn holen?“ „Um Gottes willen, bitte nicht“, ruft die Mutter vollkommen erschrocken, „schicken Sie ihn bloß weg. Mein Ehemann wird in jedem Augenblick hier sein!“

Zwei Freunde treffen sich auf der Straße. Sagt der eine: „Mensch du – ich habe gehört, deine Schwiegermutter ist gestorben. Was hatte sie denn?
„Och, ein bisschen Schmuck, ein Fernseher und etwas Gespartes ...“
„Ach Schmarrn – so habe ich das doch nicht gemeint. Ich wollte wissen, was ihr gefehlt hat.“
„Naja, eine anständige Altersvorsorge, Sparbücher, Eigentum ...“
„Mann – das mein ich doch auch nicht. Ich wollte wissen, warum sie gestorben ist!“
„Ach sooo. Tja – das lief ganz dumm. Ich sagte zu ihr, sie soll mal in den Keller gehen und Kartoffeln raufholen. Dabei ist sie auf der Treppe ausgerutscht und hat sich das Genick gebrochen.“
„Ja Wahnsinn, ehrlich ... und, was habt ihr dann gemacht?“
„... Nudeln.“

Die Mutter ruft: „Kinder! Kommt nörgeln, das Essen ist fertig.“

Zwei Mütter, die zur gleichen Zeit im Krankenhaus entbunden haben, treffen sich im Park und haben ihre Babys im Kinderwagen. Sagt die eine zur anderen: „Ich bin so glücklich, meine Kleine hat heute tatsächlich ihr erstes Wort gesagt."
Das andere Baby im Wagen richtet sich auf und dreht sich um: „Und, was hat Ihr Kleines denn heute als ersten Ausspruch von sich gegeben?"

Stehen zwei Babywagen nebeneinander im großen Park. Sagt das eine Baby zum anderen: „Bist du ein Mädchen oder ein Junge?"
Antwortet das andere: „Das weiß ich nicht."
Daraufhin sagt das Mädchen: „Zieh doch mal deine Decke hoch. Noch 'n Stück weiter, ich seh jetzt noch nichts. Aha, ja, du bist ein Junge."
„Woher weißt du das jetzt?", fragt der kleine Junge.
Daraufhin antwortet das Mädchen: „Na, du hast blaue Strampelhosen an!"

Der Sohn kommt nach Hause: „Mami, ich bin in eine Pfütze gefallen."
„Mit deinen guten Sachen?"
„Ja, es war leider keine Zeit mehr, mich umzuziehen."

„Soeben höre ich, dass Tante Frieda gestorben ist. Sie wurde im Schlaf überrascht."
„Schrecklich – sie weiß also noch gar nichts davon."

Schon über eine Stunde schreit das süße Baby in der Wiege. Anna erbarmt sich, nimmt das Kleine auf den Arm und singt ihm was vor.
Nach etwa einer halben Stunde meint der ältere Bruder: „Es wäre mir eigentlich doch lieber, wenn das Baby weiter schreien würde."

Bei Meiers klingelt's an der Tür.
„Guten Tag, wir sammeln für das städtische Altersheim."
„Mami, Mami, da sind zwei Frauen, die sammeln fürs Altersheim!"
„Na gut, gib ihnen doch Opa mit!"

Der Pfarrer erklärt vor dem Weihnachtsgottesdienst: „Unser Organist kann heute leider nicht spielen. Daher stimme ich jetzt das Lied Nummer 244 an, und danach fällt die ganze Kirche ein!"

Uschi schwelgt in Erinnerungen: „Als Kind liebte ich es, an Winterabenden in der Stube vorm wärmenden Feuer zu sitzen. Leider gefiel das meinem Vater nicht. Er hat es verboten."
„Warum denn das?"
„Wir hatten keinen Kamin!"

Arbeitskollege zum stolzen Vater:
„Was macht denn Ihre kleine Tochter?"
„Oh, die läuft schon seit zwei Wochen!"
„Na, dann müsste sie ja bald in Hamburg sein ..."

Spielt der Teenager dem Vater die neueste Heavy-Metal-Platte vor ...
Teenager: „Na, Papi, hast du schon mal so einen tollen Sound gehört?"
Vater: „Ja, das war vor etwa drei Wochen, als auf einer Kreuzung ein Lkw voll, beladen mit Milchkannen, mit einem Laster voller Schweine zusammenstieß!"

Wenn Maisöl aus Mais gemacht wird, aus was wird dann das Babyöl gemacht?

Die schwierigste Aufgabe des Vaters zu Weihnachten: den Kindern klarmachen, dass er der Weihnachtsmann ist, und der Frau klarmachen, dass er es nicht ist.

Einige Tage vor dem Heiligen Abend sagt das kleine Mädchen zu seiner Mutter: „Mami, ich wünsche mir zu Weihnachten ein Pony!" Darauf die Mutter: „Gerne, mein Schatz, morgen gehen wir zum Friseur."

Die beiden Kinder streiten sich ausgerechnet am 4. Advent heftig und laut um die Weihnachtsplätzchen. Die Mutter ist völlig entnervt und jammert: „Könnt ihr beide denn nicht ein einziges Mal gleicher Meinung sein?“
Die Kinder anworten: „Sind wir doch – wir wollen beide die gleichen Kekse!“

„Ach, Omi, die Trommel von dir war wirklich mein schönstes Weihnachtsgeschenk.“
„Wirklich?“, fragt die Omi erfreut.
„Ja, Mami gibt mir jeden Tag fünf Euro, damit ich nicht darauf spiele!“

„Was stellt ihr euch unter einer Hängebrücke vor?“, will der Sachkundelehrer wissen.
Schweigen. Dann eine Stimme aus der letzten Reihe: „Wasser!“

# Schmunzeln über Frauen und Männer

„Bitte helfen Sie mir. Ich brauche dringend zehn Euro, um zu meiner Familie kommen!“
„Wo ist denn Ihre Familie?“ „Im Kino!“

Der eheliche Kommentar nach der Party auf dem Heimweg: „Du hast mal wieder ein Blech geredet. Ich kann nur hoffen, niemand hat mitgekriegt, dass du nicht betrunken warst.“

Warum hat Gott zuerst den Mann geschaffen? Ein Künstler macht ja auch erst eine Skizze, bevor er das Meisterwerk erschafft.

Ein Fünfzigjähriger will eine Zwanzigjährige heiraten. Sein guter Freund bittet ihn zu überlegen: „Bedenk doch, nach zehn Jahren bist du sechzig und sie ist dreißig. Nach weiteren zehn Jahren bist du siebzig und sie vierzig – was willst du denn mit so einer alten Frau?“

„Deine Augen sind wie glühende Kohlen!“, raunt der junge Mann seiner Tanzpartnerin zu. „Ich fürchte, ich fange noch Feuer!“
„Tja, das ist gut möglich“, sagt sie, „hölzern genug dafür tanzt du ja!“

Die Sekretärin über die Sprechanlage zum Firmenchef: „Hier ist ein Herr, der Sie über die Geheimnisse Ihres Erfolgs befragen will, Herr von Obenauf.“
„Presse, Finanzamt oder Kripo?“

„Du liebst Fußball mehr als mich!“
„Ja, mein Schatz, aber dafür liebe ich dich mehr als Leichtathletik, Reiten und Gewichtheben!“

„Ich muss mir unbedingt mal neue Unterhosen kaufen“, sagt Herrmann zu seiner Frau. „In den alten kann ich mich ja wirklich nirgends mehr sehen lassen!“

Max zu Heiner: „Gestern habe ich dem Klaus 1.000 Euro geliehen."
„Bist du wahnsinnig? Das Geld siehst du nie wieder, und heute Morgen ist er mit deiner Frau durchgebrannt."
„Was denkst du denn, warum ich dem Geld geliehen habe."

Sie zu ihm: „Danke für den schönen Ring, was kostet der denn?"
Er zu ihr: „Wenn sie mich erwischen, mindestens zwei Jahre!"

„Hat sich schon mal jemand gefragt, warum es Lebensgefährte heißt?", fragt Melly ihre Freundin Hella.
„Weil es von Lebensgefahr abgeleitet ist", antwortet die Freundin.

„Die Frauen wollen alle nur das eine von mir – dass ich sie in Ruhe lasse."

Lisa heult sich bei Sarah aus: „Ich liebe meinen Mann, aber ich fürchte, er ist untreu. Was soll ich nur tun?"
„Du musst ihn eifersüchtig machen. Betrüg ihn doch auch mal!"
„Das bringt nichts, das mach ich schon seit Jahren!"

Das Geheimnis einer glücklichen Ehe liegt in vier Worten: „Du hast recht, Liebling!“

Zwei Männer an der Bar: „Guck mal, die beiden da drüben“, sagt der eine. „So wie die geschminkt sind, würde ich sie für Prostituierte halten.“
„Nee“, meint der andere, „ich würde eher auf Nutten tippen.“

„Du, Gitta, ich habe deinen Mann am Strand mit einer Blondine gesehen.“
„Na und? Was hattest du erwartet, mit Eimerchen und Schaufel?“

„Die Polizei sucht einen großen blonden Mann um die Dreißig, der Frauen belästigt!“, liest Frau Schröder ihrem Mann vor.
Er: „Meinst du wirklich, dass das der richtige Job für mich ist?“

Die Frau des Beamten fragt ihren Mann:
„Warum kommst du so spät von der Arbeit?“
„Mein Wecker war kaputt und meine Kollegen haben mich nicht geweckt!“

Ein Mann steht am Beckenrand eines Hallenbades und sagt begeistert: „Fantastisch, großartig, toll!“
Da kommt der Bademeister und fragt: „Was bitte ist denn hier so fantastisch?“
Darauf die Antwort: „Gestern hat meine Frau schwimmen gelernt und heute taucht sie schon über eine Stunde!“

„Fräulein Uschi, haben Sie nicht gestern auf der Party auf dem Tisch getanzt?“
„Mann, müssen Sie aber früh gegangen sein!“

Eine Frau kommt nach ihrem Tod in den Himmel und bittet Petrus, ihren verstorbenen Mann treffen zu können. Petrus verspricht nachzusehen, in welcher Abteilung der Verblichene zu finden sein könnte. Doch im Computer findet er keinen Eintrag. Vielleicht ist er bei den Seligen? Kein Eintrag. Auch bei den Heiligen ist er nicht zu finden.
„Sagen Sie, gute Frau, wie lange waren Sie denn verheiratet?“
„Über 50 Jahre“, antwortet sie stolz.
„Das ist natürlich etwas anderes, dann finden wir ihn bei den Märtyrern.“

„Ach du liebe Güte, Sie sehen aus wie mein dritter Mann“, ruft die Frau.
„Wie viele Männer hatten Sie denn schon?“
„Zwei.“

„Hi, Süße, bist du für den nächsten Tanz noch frei?"
„Ja, klar."
„Kannste mal auf mein Bier aufpassen?"

„Als ich dich heiratete, muss ich ein Idiot gewesen sein!"
„Stimmt. Aber damals war ich so verliebt, dass ich es leider nicht gemerkt habe!"

„Diese Pilzsuppe schmeckt aber besonders köstlich, woher hast du denn bloß das Rezept?"
„Aus einem Kriminalroman!"

„Erzählst du wirklich allen Leuten, ich sei blöd?"
„Wieso, ist das ein Geheimnis?"

Eine Dame am Straßenrand winkt ganz aufgeregt ein Taxi heran: „Hallo, junger Mann, sind Sie frei?"
„Jawohl!"
„Dann fahren Sie schnell zum Standesamt!"
Der Taxifahrer macht vor der Frau die Autortür schnell wieder zu und meint: „Sorry, aber so frei bin ich nun auch wieder nicht."

„Du, Paul, kannst du eben noch mal runterlaufen und mir ein Kilo Zucker besorgen?“
„Bei dem Wetter? Da schickt man keinen Hund vor die Tür!“
„Den Hund sollst du ja auch nicht mitnehmen!“

„Gefällt es dir hier am Meer?“, fragt der Mann seine Frau.
„Ja, die Landschaft macht mich ganz sprachlos.“
„Das ist schön, dann bleiben wir mindestens drei Wochen!“

„Geh doch mal in die Speisekammer und hol die Benzinflasche, auf der ‚Essig‘ steht. Es muss Himbeersaft drin sein. Riech aber erst dran, ob es nicht doch Spiritus ist!“

Freundinnen unter sich: „ ... Deine Goldkette ist ja traumhaft schön. Und so lang! Wie bist du denn an die gekommen?“
„Die hab ich aus meinen alten Verlobungsringen anfertigen lassen!“

„Schätzchen“, sagt ein Ehemann, der die Hand schon auf der Fernbedienung der Fernsehers hat, „willst du noch irgendwas sagen, bevor die Fußballsaison beginnt?“

„Ich möchte meine Frau als vermisst melden."
„Seit wann wird sie denn vermisst?"
„Seit drei Jahren!"
„Und da kommen Sie heute erst?"
„Wir haben in 14 Tagen Silberhochzeit, und es wäre schön, wenn sie dabei wäre."

„Hast du meinen Rat befolgt und dir den preiswerten Anzug mit zwei Hosen gekauft?"
„Ja. Aber das sag ich dir: Nie wieder. Da schwitzt man sich ja tot."

„Ich bin erstaunt, wie genau Sie die Preise der Haustiere von der Ente bis zur Kuh kennen. Sind Sie Viehhändler?"
„Nein, Autofahrer!"

„Ich gebe Ihnen 100 Euro für eine einzelne Locke von Ihrem bezaubernden Haar", schmeichelt Peter seiner schönen Kollegin.
„Geben Sie mir 200 Euro", kommt die prompte Antwort, „dann können Sie gleich die ganze Perücke bekommen!"

Er: „Ich mache dich zur glücklichsten Frau der Welt."
Sie: „Aber ich werde dich vermissen."

„Du brauchst dir keine Gedanken mehr zu machen, was für einen Wagen wir uns im neuen Jahr kaufen wollen“, sagt die junge Frau zu ihrem Mann bei dessen Heimkehr, „es wird nämlich ein Kinderwagen sein.“

„Du, Egon, warum ist eigentlich deine Verlobung mit Antje in die Brüche gegangen?“
„Weil ich sagte, dass ihre Strumpfhose Falten wirft.“
„Aber das ist doch keine Beleidigung!“
„Doch, sie hatte nämlich gar keine an!“

„Ich bin so deprimiert, keine Frau mag sich mit mir verabreden“, sagte der 135 Kilogramm schwere Mann zu seinem Kaplan. „Alles habe ich versucht, ich nehme einfach nicht ab!“
„Da weiß ich ein bewährtes Mittel“, tröstet ihn der Kaplan. „Halten Sie sich morgen früh um acht Uhr in Sportkleidung bereit.“
Am nächsten Morgen klopfte eine wunderschöne Frau im hautengen Trainingsanzug bei dem Mann an die Tür. „Wenn du mich fängst, kannst du mich haben“, sagt sie und rennt los. Der Mann schnauft und keucht hinter ihr her.
Das wiederholt sich fünf Monate lang jeden Tag. Der Mann nimmt über 50 Kilogramm ab und ist sicher, dass er die Frau am nächsten Morgen einholen wird. Er reißt die Tür auf. Draußen steht eine 130 Kilogramm schwere Frau im Jogginganzug. „Der Herr Pfarrer lässt Ihnen ausrichten, wenn ich Sie fange, kann ich Sie haben.“

„Hast du schon gehört, dass unsere Nachbarin mit einer Vergiftung im Krankenhaus liegt?“
„Na, die hat sich bestimmt auf die Zunge gebissen.“

„Hast du schon jemanden vor mir geliebt?“, will der neue Freund wissen.
„Nein“, erwidert Gaby. „Ich habe Männer wegen ihrer Kraft, ihres Mutes, ihrer Intelligenz und anderer Eigenschaften vergöttert. Aber in deinem Fall ist es reine Liebe!“

„Hast du deiner Frau schon mal die Meinung gesagt?“
„Klar. Soll ich dir die Narbe zeigen?“

Mrs. Flinders will sich porträtieren lassen und verlangt vom Künstler: „Malen Sie mich mit Brillantohrringen, einer Goldkette, Smaragdarmbändern und einem Rubinanhänger.“
„Aber Sie tragen doch nichts davon.“
„Stimmt“, erwiderte Mrs. Flinders. „Es ist für den Fall, dass ich vor meinem Mann sterbe. Ich bin sicher, er heiratet gleich wieder, und ich will, dass die Neue bei der Suche nach dem Schmuck den Verstand verliert.“

„Es freut mich sehr, Sie zu sehen. Wie geht es Ihrem Mann?“ – „Ich bin nicht verheiratet, Herr Professor!“ „Ach so, dann ist der Herr Gemahl also Junggeselle!“

Ein Ehemann klagt: „Seit drei Jahren rede ich nicht mehr mit meiner Frau.“
„Aber warum denn nicht?“
„Weil ich sie nicht unterbrechen kann!“

„Kein Verlass mehr auf die Post“, schimpft Frau Meyer.
„Wieso?“
„Mein Mann ist zur Kur in Bad Homburg, und die Post benutzt die Stempel von Paris.“

„Sag mal, warum nennst du deine Freundin eigentlich ‚Maus‘?“, fragt der Freund.
Dagobert: „Weil sie dauernd an meiner Brieftasche herumnagt!“

Was ist der Unterschied zwischen einer ledigen und einer verheirateten Frau? Die Ledige kommt nach Hause, schaut in den Kühlschrank, findet nichts Leckeres und geht frustriert ins Bett. Die Verheiratete kommt nach Hause, schaut ins Bett, findet nichts Leckeres und geht frustriert an den Kühlschrank.

Die Frau liest Gedichte und sagt zum Ehemann: „Du, Wolf-Dieter, irgendein Goethe hat deine Gedichte herausgegeben, die du für mich vor Jahren geschrieben hast!"

Fritzchen sitzt in der Badewanne. „Mama, Mama", ruft er, „wo ist denn der Waschlappen?"
Mamas Antwort aus der Küche: „Bier holen!"

Eine Frau ist mit ihrem Liebhaber im Bett, der der beste Freund ihres Ehemanns ist. Nach einigen Stunden ungetrübter Freuden klingelt plötzlich das Telefon. Die Frau hebt ab und sagt fröhlich: „Hallo? Oh, ich bin so froh, dass du anrufst. Wirklich? Das ist ja wunderbar, das freut mich aber für dich. Also bis dann, tschüs." Sie legt auf. Der Liebhaber fragt: „Wer war denn das?"
„Ach, nur mein Mann, der mir gerade erzählt hat, welch wundervolle Zeit er mit dir beim Angeln verbringt."

„Sie haben sich in der Tür geirrt", sagt der Gynäkologe zu einem Besucher. „Ich bin Spezialist für Frauenleiden!"
„Deswegen kommen ich ja zu Ihnen", erwidert der Mann. „Ich leide sehr unter meiner Frau!"

Klaus ist zu Besuch bei seinem Freund Max und dessen Frau. Während des ganzen Abendessens spricht Max seine Frau nur mit ‚Schatzi', ‚Mauseschwanz', ‚Engelchen' usw. an. Nach dem Essen, als die beiden mal kurz allein sind, sagt Klaus zu seinem Freund:
„Mann, das finde ich ja toll, dass du deine Frau nach all den Ehejahren noch immer so liebevoll ansprichst."
Darauf wiegt Max seinen Kopf bedächtig hin und her und meint dann: „Nun, um der Wahrheit die Ehre zu geben, ist der Grund ein anderer: Ich habe nämlich schon vor drei Jahren ihren Namen vergessen."

In einem Anfall von Ordnungswut räumt eine Frau den Bücherschrank aus. „Die Bücher auf diesem Stapel", erklärt sie ihrem Mann, „sollten wir aussortieren!"
„Bei einem Buch bin ich mir aber nicht sicher", fährt sie fort. „Es ist ein blutrünstiges Melodram, das von Mord und Selbstmord handelt. Ein Mann bringt seinen Bruder um und reißt dann dessen Arbeit und dessen Frau an sich."
„So ein Schund!", sagt der Mann.
„Außerdem kommt ein paranoider Neffe vor, der nachts Stimmen hört, den Vater seiner Freundin tötet, danach ihren Bruder und seinen eigenen Onkel. Ganz zuletzt begeht er Selbstmord."
„Typisch moderner Ramsch!", erklärt der Mann. „Ein Wunder, dass sie daraus noch kein Theaterstück gemacht haben!"
„Doch, haben sie", antwortet die Frau. „Das Werk heißt Hamlet und ist von Shakespeare."

Der Freund fragt: „Kennst du den Unterschied zwischen einem glücklichen und einem unglücklichen Ehemann?"
„Klar doch", antwortet Maximilian, „der eine hat ein trautes Heim, der andere traut sich nicht heim!"

„Ich hab nur Pech mit den Frauen."
„Sag bloß ..."
„Ja, die erste ist mir weggelaufen, die zweite ist geblieben."

Ein junges Ehepaar sitzt beim Abendessen. Der Mann erkundigt sich: „War das Essen wieder aus der Dose?"
„Ja, mein Schatz, und stell dir vor, es war so ein süßer Hund darauf abgebildet, und außerdem stand drauf: ‚Für Ihren Liebling'."

Ein Mann geht in eine Bar und setzt sich an die Theke.
Der Barkeeper fragt: „Warum denn so traurig?"
Der Mann antwortet: „Meine Frau hat gesagt, sie will einen Monat lang nicht mit mir sprechen!"
Da sagt der Barmann: „Das ist doch nicht so schlimm. Diese Zeit geht auch vorbei."
Der Mann erklärt leise: „Ja, heute!"

Es gibt zwei Arten von Frauen. Entweder sie sind Engel – oder sie leben noch.

„Haben Sie denn gar nichts mit Ihrem Mann gemeinsam?“
„Doch“, brummt Frau Keller, „wir haben am gleichen Tag geheiratet!“

Ehe beginnt, weil ein Mann der einzigen Frau begegnet, die ihn versteht – und endet aus demselben Grund.

Eine Frau sagt zu ihrem Mann: „Früher warst du glücklich, wenn du mich bloß ein paar Stunden am Tag gesehen hast.“
Er: „Daran hat sich nichts geändert!“

„Seit mich meine Frau verlassen hat, schlafe ich schlecht!“
„Warum?“
„Sie hat das Bett mitgenommen!“

„Liebling, du bist wie Zucker!“
„Wirklich so süß?“
„Nein, so raffiniert.“

„Kommt Ihr Mann immer noch so spät nach Hause?"
„Nein, nicht mehr, mir ist ein ganz einfaches Mittel eingefallen. Wenn er sich nachts ins Schlafzimmer schleicht, sage ich ganz leise: Max, bist du's?"
„Na und?"
„Mein Mann heißt Fritz."

„Ingo, warum willst du denn unbedingt die Stelle auf meiner Brust sehen, wo mich im vergangenen Sommer eine Wespe gestochen hat?"
„Ich bin Kunstliebhaber. Und ganz besonders liebe ich alte Stiche."

Er in der Buchhandlung: „Ich hätte gern das Buch ‚Der Mann, der absolute Herr im Haus'."
Die Verkäuferin: „Tut mir leid, Märchenbücher führen wir nicht."

In einem Lokal flirtet ein Mann sehr heftig mit der hübschen Serviererin. Sie ist beeindruckt, aber sie seufzt am Ende bedauernd: „Leider wohnt schon ein anderer Mann in meinem Herzen!"
Er schaut traurig. Dann flüstert sie: „Aber der ist ja nicht immer zu Hause!"

„Früher sind mir die Frauen immer massenhaft nachgelaufen."
„Und warum heute nicht mehr?"
„Weil ich keine Handtaschen mehr klaue!"

„Oh Gott", sagt die Wahrsagerin der wissbegierigen Kundin, „ich sehe Furchtbares, Ihr Mann wird in den nächsten Tagen sterben!"
„Das ist mir bekannt", entgegnet die Kundin, „ich will doch nur wissen, ob ich freigesprochen werde?"

„Ich werde dem Chauffeur kündigen," tobt Direktor Feuerstein, „heute hat er mich schon zum dritten Mal in Lebensgefahr gebracht!"
„Bitte, Maximilian", besänftigt ihn seine Frau, „gib ihm noch eine Chance!"

„Mama, wie lang bist du schon mit Vati verheiratet?"
„Zehn Jahre, mein Kind!"
„Und wie lange musst du noch?"

Die Nachbarin sagt: „Mein Mann starb genau vier Wochen nach unserer Hochzeit."
„Na, dann hat er ja nicht lange gelitten."

Eine Familie aus Ostfriesland ist zum ersten Mal in einem Kaufhaus. Während die Mutter sich die Kleider anschaut, stehen Vater und Sohn voller Staunen vor einer Tür, die sich wie von Geisterhand öffnet und einen kleinen Raum freigibt (es ist ein Aufzug).
Der Sohn fragt verblüfft: „Vater, was ist das?"
Der Vater: „Mein Sohn, so etwas habe ich im Leben auch noch nicht gesehen!"
Da humpelt eine kleine alte Dame mit einem schrumpeligen Gesicht und einem Buckel, der einer Hexe zur Ehre gereicht hätte, in den Aufzug. Die Tür schließt sich, und Vater und Sohn beobachten die Zahlen über der Tür, wie sie nacheinander aufleuchten: 12 - 13 - 14 - 15 - 14 - 13 - 12. Da geht die Tür wieder auf, und eine wunderschöne Blondine verlässt den Lift.
Der Vater zu seinem Sohn: „Schnell! Hol deine Mutter!"

Der Malermeister fragt seinen Sohn: „Wann ist Mutter denn endlich fertig mit Schminken?"
Darauf der Kleine: „Den Unterputz hat sie schon, sie ist gerade beim ersten Anstrich."

„Was hat die Verkäuferin gesagt, als du sie um ihre Hand gebeten hast?"
„Darf es nicht was anderes sein?"

„Ich war gestern mit meinem Mann auf dem Flohmarkt", erzählt Frau Krüger im Büro.
„Und", fragt die Kollegin, „bist du ihn losgeworden?"

Warum haben einige Männer ein so reines Gewissen?
Sie haben es noch nie benutzt.

Ein Gast kommt zu spät zum Festessen. Man hat ihm allerdings einen Platz freigehalten, an dem gerade eine Gans tranchiert wird.
„Oh, ich darf neben der Gans sitzen?", ruft er.
Da fällt ihm die Dame an seiner rechten Seite ein und er sagt entschuldigend: „Ich meine natürlich die gebratene."

„Ach, deine Tochter war auf Sizilien? Hat sie denn auch ein Andenken mitgebracht?"
„Oh ja ... morgen ist die Taufe!"

Eine Frau kommt aus dem Urlaub und erzählt ihrem Mann: „Du, Schatz, in den Ferien wurde ich von allen Seiten umschwärmt."
Und er: „Ach weißt du, wir hatten hier auch eine Mückenplage."

Ehemann: „Es ist doch immer wieder erstaunlich, dass die hübschesten Mädchen die größten Idioten heiraten!“
Ehefrau: „Schätzchen, das ist das schönste Kompliment seit Jahren!“

„Sag mal, woran ist deine Frau denn gestorben?“
„An ihrer ewigen Rechthaberei!“
„Das gibt's doch nicht.“
„Doch, doch! Sie hat behauptet, das sei niemals ein Knollenblätterpilz.“

Zwei Männer treffen sich im Wald.
Der eine fragt freundlich:
„Auch Jäger?“
„Ja!“
„Rotwild?“
„Nein, Schürzen!“

„Meine Frau macht, was ich will.“
„So? Das kann ich kaum glauben.“
„Es ist aber so, ich brauche nur nach heißem Wasser zu verlangen, und schon bekomme ich es.“
„Und wofür brauchst du das?“
„Zum Geschirrspülen!“

Die Tochter fragt ihre Mutter:
„Mama, sag mal, warum hast du Papa eigentlich geheiratet?“
„Siehst du, Hans-Heinrich“, antwortet die Mama, „nicht mal das Kind versteht es.“

Frau Müllbein macht die Wohnung sauber und singt vor sich hin. Auf einmal steht ihr Mann hinter ihr und knurrt: „Das hättest du mir auch gleich sagen können, dass du singst, ich öle seit einer halben Stunde die Gartentür!“

Die Kundin: „Ich brauche Äpfel für meinen Mann, sind diese hier mit Gift bespritzt?“
„Nein, das müssen Sie schon selbst machen!“

Rudi tanzt mit Jutta: „Du, ich glaube, unsere Freundschaft festigt sich langsam.“
Jutta lächelt: „Das fühle ich!“

Herr Reisner ist beim Scheidungsanwalt.
„Seit Jahren wirft meine Frau mit Tellern nach mir.“
„Und da kommen Sie erst jetzt?“
„Ja, denn neuerdings trifft sie.“

Der Ehemann kommt von der Arbeit nach Hause, sagt „Guten Abend“ und hockt sich vor den Fernseher.
Die Ehefrau ist enttäuscht: „Warum hast du mir keinen Begrüßungskuss gegeben?“
Er ist irritiert: „Waas, zwei Jahre verheiratet und dann noch Orgien?“

Während Sven lange auf See war, hat Ilse ein Baby bekommen. Er fragt:
„Von wem ist das Kind?! Von Arne?“
„Nein.“
„Von Henning?“
„Nein.“
Da brüllt er: „Meine Freunde sind dir wohl nicht mehr gut genug, was?“

Hans wird von seiner Frau gebeten, Schnecken zu kaufen, was er auch brav erledigt. Auf dem Rückweg geht er noch auf ein schnelles Bier, in die Kneipe. Aus dem kurzen wird ein langes Bier und als er nach sechs Stunden vor der Haustür steht, bekommt er doch Angst vor seiner Frau. Also stellt er die Schnecken in Zweierreihen vor der Tür auf und klingelt. Seine Frau öffnet die Tür, und er sagt:
„So, hopp und hopp, nur noch ein paar Schritte, und wir sind zu Hause. „

„Liebling, dein neuer Hut steht dir ausgezeichnet."
„Findest du? Er verdeckt doch fast mein ganzes Gesicht!"
„Eben!"

Nachdem ein Vater während einer kompletten Mahlzeit versucht hat, seinem Jungen Tischmanieren beizubringen, sagt er zu seiner Frau: „Nimmt denn die Erziehung so eines Bengels nie ein Ende?"
„Nein", erwidert sie. „Und wenn er mal heiratet, muss sich die Frau damit abquälen. Also gewöhne dir doch endlich mal ab, mit vollem Mund zu reden."

„Ich habe es satt, mit einem Geizhals verlobt zu sein. Hier hast du deinen Ring zurück!"
„Und wo ist das Etui?"

„Woher hast du das blaue Auge?"
„Ach, als wir gestern bei Tisch „... und erlöse uns von dem Übel!" gebetet haben, „hab ich zufällig meine Schwiegermutter angeguckt ..."

„Mama, wo warst du, als ich geboren wurde?"
„Im Krankenhaus, mein Schätzchen."
„Und der Papa?" – „Im Büro."
„Tolle Zustände. Als ich ankam, war also keiner da!"

Ein Anwalt hat mit seiner Kanzlei Anlaufschwierigkeiten und bittet deshalb den Teufel um Hilfe. Der kommt natürlich sofort und macht folgenden Vorschlag:
„Du kriegst vollkommene Gesundheit, gewinnst jeden Prozess, bist für Frauen unwiderstehlich, dein Tennis-Aufschlag ist nicht zu erwischen, und jeden Morgen weißt du die Aktienkurse vom nächsten Tag. Dafür bekomme ich sofort deine Frau und deine Kinder, und die werden auf ewig in der Hölle schmoren. Na, was sagst Du dazu?“
Der Anwalt stutzt, denkt heftig und lange nach und sagt dann:
„Moment mal. Irgendwo muss doch da ein Haken sein ...“

Uschi schreit Arne an:
„Du bist immer anderer Meinung als ich!“
Arne: „Zum Glück, sonst hätten wir beide unrecht.“

Ein elegantes junges Paar speist im Nobelrestaurant. Da tritt der Chefkellner an den Tisch und wendet sich leise an die Dame:
„Haben Sie bemerkt, dass Ihr Herr Gemahl gerade unter den Tisch gerutscht ist?“
„Das haben sie falsch beobachtet, Herr Ober, denn mein Gemahl ist nämlich gerade erst reingekommen.“

Klaus: „Ich finde Biggi toll. Sie ist nett, freundlich und hat Humor. Trotzdem habe ich sie noch nie lachen gesehen."
Max: „Dann mach ihr doch mal einen Heiratsantrag ..."

Kurz vor der Geburt fragt die Hebamme die werdende Mutter:
„Möchten Sie, dass der Vater bei der Geburt dabei ist?"
Die werdende Mutter: „Auf keinen Fall, nein, denn mein Mann kann den überhaupt nicht leiden!"

Kommt der Mann von der Lottogesellschaft in die Firma des Gewinners und sagt: „Ich hätte gern Herrn Meister gesprochen!"
Der wird ausgerufen und erscheint. „Ich habe eine gute und eine schlechte Nachricht für Sie!", sagt der Lottomann.
„Bitte nennen Sie mir erst die gute!", sagt Meister.
„Sie haben eine Million Euro gewonnen! Jetzt die schlechte: Als ich das Ihrer Gattin mitgeteilt habe, ist sie tot umgekippt!"
Darauf entgegnet Herr Meier: „Na, wenn's läuft, dann läuft es aber super!"

Zwei Feministinnen sitzen am Frühstückstisch.
Die eine bittet: „Reich mir doch mal die Salzstreuerin!"

Warum ist hübsch zu sein für eine Frau wichtiger als klug zu sein? Weil Männer besser sehen als denken können.

Er fährt mit ihr durch den Stadtwald.
Nach einer Weile beginnt sie zu weinen:
„Du liebst mich nicht mehr!“
Er erstaunt: „Wie kommst du denn darauf?“
Sie: „Früher hattest du hier immer eine Panne!“

Er sitzt verkatert am Frühstückstisch.
Sie stichelt: „Ich möchte zu gerne wissen, wo du die ganze Nacht gewesen bist!“
Er: „Ich auch!“

Die Ehefrau sieht ihren Mann die Koffer packen und fragt ihn, was das denn solle. Der Mann antwortet: „Ich habe gelesen, dass man auf einer Insel im Indischen Ozean für jedes Mal Sex mit einer Frau 25 Euro bekommt. Da fliege ich jetzt hin.“
Die Ehefrau packt nun ebenfalls einen Koffer. Fragt der Mann, was das nun solle.
Sagt die Frau: „Ich komme mit. Ich möchte sehen, wie Du mit 25 Euro im Monat auskommst.“

Er sagt: „Schätzchen, wenn du mich noch einmal küsst, gehöre ich dir für immer!“
Sie antwortet: „Danke für die Warnung, Liebling.“

Die Frau sagt zu ihrem Mann: „Das Auto ist kaputt. Es hat Wasser im Vergaser.“
Der Mann reagiert ungläubig: „Wasser im Vergaser? Das ist doch unmöglich!“
Sie erklärt: „Es ist aber so. Das Auto hat Wasser im Vergaser!“
Der Mann sagt: „Du weißt doch nicht einmal, was ein Vergaser ist! Ich werde das mal überprüfen. Wo ist das Auto?“
Die Frau: „Im Swimmingpool.“

„Ich gebe dir einen guten Rat“, sagt der Vater zur Tochter, „wenn du einmal heiraten solltest, dann nur einen Soldaten. Denn der kann kochen, Betten machen, aufräumen und hat gelernt zu gehorchen!“

Ein Ehepaar steht am Wunschbrunnen. Der Mann wirft eine Münze ins Wasser und wünscht sich etwas.
Dann beugt sich seine Frau über den Brunnenrand, allerdings etwas zu weit, und sie fällt rein.
Der Mann ist total verblüfft: „Unglaublich, hätte nie gedacht, dass das so gut funktioniert.“

Ein Mann fährt am späten Nachmittag viel zu schnell nach Hause. Plötzlich bemerkt er im Rückspiegel ein Polizeiauto mit eingeschaltetem Blaulicht. „Den häng ich doch ab!“, denkt er sich und tritt aufs Gas. 130, 140, 150, 160, mit 170 km/h rasen die Autos über die Landstraße. Endlich, als sein Tacho die 200 überschreitet, gibt er auf und fährt rechts an den Seitenstreifen. Der Polizist steigt aus seinem Auto und geht zu dem Mann. Er beugt sich zu ihm herunter und sagt: „Hören Sie mal, ich hatte heute einen wirklich schlechten Tag und ich möchte einfach nach Hause. Wenn Sie mir eine gute Entschuldigung geben können, lasse ich Sie einfach weiterfahren.“
Der Autofahrer denkt einen Moment nach und erkärt: „Vor drei Wochen ist meine Frau mit einem Polizisten durchgebrannt. Als ich das Polizeiauto im Rückspiegel sah, dachte ich, Sie wären dieser Polizist und wollten versuchen, sie mir zurückzubringen!“

> Die Idealmaße eines Mannes: 80 – 20 – 42.
> 80 Jahre alt, 20 Millionen auf der Bank,
> 42 Grad Fieber.

Die Tochter versucht, ein Kreuzworträtsel zu lösen. Plötzlich stockt sie und fragt den Vater: „Papa, Lebensende mit drei Buchstaben?“
Der Vater: „Ehe.“

Jörg steigt aus seinem neuen Ferrari. Sein bester Freund fragt, wie er zu dem Superwagen gekommen sei. „Also, da stehe ich als Anhalter an der Autobahn, und da kommt diese Frau mit dem Ferrari. Sie hält an, ich steige ein, und am nächsten Rastplatz parkt sie und zieht sich aus."
„Und dann?"
„Sie hat gesagt, du kannst jetzt alles von mir haben, was du willst – da habe ich natürlich den Ferrari genommen."

Der Ehemann ist vor Sorge grün im Gesicht.
Fragt ihn ein Freund: „Was ist denn los mit dir?"
„Ich mache mir Sorgen um meine Frau."
„Was hat sie denn?"
„Mein Auto."

„Ich muss höllisch aufpassen, dass ich kein Kind kriege!"
„Aber wieso denn? Dein Mann hat sich doch gerade erst sterilisieren lassen?"
„Eben drum!"

Ein junges Ehepaar, das sich sehr oft streitet, geht in ein Restaurant. Plötzlich lässt der Kellner das Tablett mit dem Geschirr fallen. Die Scherben klirren laut.
„Horch mal", sagt der Gatte, „sie spielen unser Lied!"

„Du kannst mir zur blechernen Hochzeit gratulieren."
„Blechern? Kenn ich nicht!"
„Zwanzig Jahre Mahlzeiten aus der Dose!"

Sie schimpft wieder über ihren
rauchenden Ehemann:
„Du weißt doch, dass Nikotin ein
schleichendes, langsam wirkendes Gift ist?"
Er reagiert gereizt: „Na und, glaubst du,
dir zuliebe fange ich an, Arsen zu rauchen?"

„Warum heiratest du nicht?"
„Ganz ehrlich gesagt, weil ich dauernd an
deine Frau denke."
„Was? Meine Frau! Du Schuft!"
„Keine Angst! Ich fürchte nur, dass ich auch so eine
erwischen könnte."

Frisch verheiratet schwärmt Oliver seinem
Schwiegervater vor:
„Die Ehe bringt Musik ins Leben."
Der antwortet darauf:
„Ja, das stimmt, ich habe auch schnell gelernt,
die zweite Geige zu spielen!"

Ein Ehepaar will zum Fasching gehen und hat sich schon Kostüme besorgt. Doch am betreffenden Abend hat die Frau Kopfschmerzen und legt sich zu Bett. Der Mann muss allein gehen. Nach wenigen Stunden erwacht die Frau, fühlt sich sauwohl und beschließt, doch noch zum Fasching zu gehen. Da ihr Mann ihr Kostüm nicht kennt, will sie ihn heimlich beobachten. Er tanzt und flirtet mit vielen Frauen. Woraufhin sie beginnt, mit ihrem Mann zu flirten. Schließlich lädt sie ihn in ein benachbartes Schlafzimmer ein und sie verbringen schöne Stunden. Anschließend geht sie nach Hause und liest. Als ihr Mann kommt, fragt sie ihn, ob er Spaß gehabt hätte. Er antwortet: „Nein, ohne dich habe ich keinen Spaß auf Partys."
„Hast du getanzt?"
„Nein, ich habe ein paar alte Freunde getroffen und wir haben gepokert. Aber der Freund, dem ich mein Kostüm geliehen habe, der hat sich königlich amüsiert."

Zwei Angler unterhalten sich.
„Woran mag es liegen, dass Frauen sich immer an ihren Hochzeitstag erinnern und Männer ihn meistens vergessen?", fragt ein Angler den anderen.
Der Andere fragt zurück: „erinnerst du dich noch an den Tag, an dem du deinen größten Fisch geangelt hast?"
„Na, hör mal, aber selbstverständlich! Wie sollte ich das jemals vergessen? Das war ..."
„Siehst du!" unterbricht ihn der Andere. „Aber der Fisch erinnert sich nicht!"

Ein 70jähriger Millionär heiratet eine bildschöne Zwanzigjährige. Sein Freund fragt neugierig: „Wie hast du das bloß geschafft?“
„Ganz einfach“, sagt der Millionär, „ich habe ihr gesagt, ich sei 95.“

Ein Mann will aus dem Fenster springen. Da kommt seine Frau aus der Küche und sagt: „Kannst du den Müll gleich mitnehmen?“

Die Neuvermählten sind in Stratford-upon-Avon, der Stadt Shakespeares, angekommen. Alle Zimmer des Hotels sind nach den Werken des großen Dramatikers benannt. Der Empfangschef schaut auf seinen Plan und meint: „Wir haben noch die Zimmer ‚Sommernachtstraum‘ und ‚Der Widerspenstigen Zähmung‘ frei.“ Mit einem Seitenblick auf ihren Gatten sagt die Ehefrau: „Wenn's noch frei ist, können Sie uns auch das Zimmer ‚Viel Lärm um nichts‘ geben?“

Sie: „Wieso laufen Sie eigentlich die ganze Zeit hinter mir her?“
Er: „Jetzt, wo Sie sich umdrehen, frage ich mich das auch.“

Eine Emanze faucht einen Herrn an, der ihr die Tür aufhält: „Bloß weil ich eine Frau bin, brauchen Sie mir nicht die Tür aufzuhalten!"
„Ich halte Ihnen nicht die Tür auf, weil Sie eine Dame sind, sondern weil ich ein Gentleman bin!"

„Gabi, der Uwe ist gestern vor mir auf die Knie gefallen!"
„Ich hab ja schon oft gesagt, der Belag im Korridor ist zu glatt."

„Hast du schon gewusst, dass Krokodile auch Seide fressen?"
„Nein, wieso?"
„Ich sah neulich im Schaufenster eine Handtasche mit der Aufschrift: ‚Echt Krokodilleder, mit Seide gefüttert'."

„Ich habe gehört, dass Ihre Tochter sich mit dem Gerichtsvollzieher verlobt hat."
„Stimmt. Praktisch, nicht wahr? Denn von heute an fällt es keinem mehr auf, wenn er dienstlich zu uns kommt!"

„Ich bin froh, dass ich nicht in Paris geboren worden bin“, erklärt Suse der Freundin.
„Wieso?“
„Weil, na ja, ich spreche doch kein Wort Französisch!“

„Ach“, seufzt eine alte Dame, „die Jugend von heute ist viel verdorbener als zu unserer Zeit. Und es wird immer schlimmer!“
„Stimmt“, bestätigt die Freundin, „jetzt müsste man jung sein!“

„Ein Leben ohne Männer kann ich mir nicht vorstellen.“
„Bist du verheiratet?“ – „Nein!“
„Eben, sonst würdest du anders denken!“

„Finden Sie es nicht komisch, dass Ihre Tochter immer mit glatzköpfigen Freunden rumzieht?“
„Nein, gar nicht. Sie war schon als Kind mondsüchtig!“

„Finden Sie nicht auch, dass mein Sohn viel Ähnlichkeit mit mir hat?“
„Schon. Aber es gibt wirklich Schlimmeres. Hauptsache, der Junge ist gesund!“

„Ich habe mit meinem Freund gewettet, dass ich einen Monat lang tagsüber nichts essen und nachts nicht schlafen werde."
„Und? Du hast die Wette natürlich verloren!"
„Ganz und gar nicht. Denn ich habe nachts gegessen und tagsüber geschlafen."

„Mein Mann hat immer Glück! Gestern ließ er sich gegen Unfall versichern, und heute schon wurde er überfahren!"

„Mein Mann ist ein Engel!"
„Da hast du aber Glück, meiner lebt noch!"

„Mein Mann ist schon nachmittags müde, wenn er von der Arbeit nach Hause kommt!"
„Das liegt am Wetter!"
„Glaubst du? Ich dachte schon, der Grund sei seine neue Sekretärin!"

„Ist Ihr Mann auch so aufmerksam wie meiner?"
„Ich glaube schon. Immer, wenn ich einen Koffer trage, darf ich mich bei ihm einhaken!"

„Jetzt reicht es mir aber“, schimpft Daggi.
„Seit vier Uhr warte ich auf meinen Freund, und jetzt ist es gleich halb fünf.“
„Und wann wolltet ihr euch treffen?“
„Na, um drei!“

„Klaus hat gesagt, dass er mich schön, klug und interessant findet, und dann hat er mir einen Heiratsantrag gemacht.“
„Und, willst du ihn heiraten?“
„Ich werde mich hüten, einen Mann zu heiraten, der mich schon vor der Ehe belügt.“

„Läuft Ihr Mann auch dauernd den Mädchen nach?“
„Ja, aber seit seiner Pensionierung schafft er es nur noch, wenn es bergab geht.“

Als im Kino das Licht wieder angeht, sieht eine Frau ihren Mann ein paar Reihen vor ihr sitzen. Wütend baut sie sich vor ihm auf:
„So hütest du also die Kinder. Amüsierst dich hier im Kino, während ich bei meiner kranken Oma bin!“

„Es ist furchtbar, aber mein Mann ist so eifersüchtig“, beschwert sich Irmi bei ihrer Bekannten. „Kommt er doch heute morgen in die Küche gestürmt, blättert im Kalender und fragt dann wütend: ‚Wer, verdammt nochmal, ist August?‘“

„Mein idealer Freund“, meint Sieglinde, „müsste tadellos aussehen, sehr gesprächig und über alles im Bilde sein, nicht rauchen, nicht trinken und abends grundsätzlich zu Hause bleiben!“
„Dann kauf dir doch einfach einen Fernsehapparat!“

„Mein Mann raucht zu Hause nur nach einem gutem Essen.“
„Sehr vernünftig. Eine Zigarette pro Jahr kann ja wohl nicht viel Schaden anrichten!“

Nach dem Streit spricht das Ehepaar schon drei Tage nicht mehr miteinander. Am vierten Tag findet sie einen Zettel, auf dem steht: ‚Morgen um sieben Uhr wecken!‘
Am nächsten Tag wird er um halb zehn wach und sieht einen Zettel auf seinem Nachttisch: ‚Sieben Uhr! Aufstehen!‘

Ein Ehemann überrascht seine Frau mit einem anderen Mann im Bett.
Darauf ruft er entrüstet: „Was macht ihr denn da?“
Seine Frau zu dem anderen: „Hab dir doch gesagt, dass er keine Ahnung davon hat!“

Eva schaut Adam tief in die Augen und fragt: „Liebst du mich auch wirklich?“
Adam brummt zurück: „Ja, ganz sicher, wen denn sonst?“

Henning zu Susie: „Ich schwöre dir, du bist das erste Mädchen, das ich je geliebt habe!“
„Das brauchst du nicht zu schwören, das habe ich auch so gemerkt!“

Die Kisters haben Zwillinge bekommen. Als die Mutter heimkommt, wird sie von Söhnchen Fritz begrüßt: „Ich habe der Lehrerin von dem neuen Brüderchen erzählt, und habe drei Stunden frei bekommen!“, freut er sich.
„Warum hast du denn nicht gesagt, dass es zwei sind?“, fragt die Mutter.
„Ich bin doch nicht blöd“, erklärt er, „den anderen heb ich mir für nächste Woche auf!“

# Friseure und Blondinen passen gut zueinander

Eine Blondine mit drei Haaren geht zum Friseur.
„Wie hätten Sie es gerne?"
Die Blondine antwortet: „Ein Haar nach links, ein Haar nach rechts und den Rest wild verwuscheln."

Eine Blondine geht mit einem Kopfhörer auf dem Kopf zum Friseur, und der fragt: „Wollen Sie den nicht lieber abnehmen?"
Die Blondine: „Nein! Auf gar keinen Fall!"
Der Friseur versucht trotzdem, ihr die Haare zu schneiden, aber das klappt natürlich nicht. Da nimmt er ihr einfach den Kopfhörer ab, und kurz darauf kippt die Blondine um. Der Friseur nimmt sich den Kopfhörer und hört: „Einatmen, ausatmen ..."

Eine Blondine lernt einen Mann kennen.
Er fragt: „Zu dir oder zu mir?"
Sie: „Oh je, wenn das schon so kompliziert anfängt, dann lassen wir es lieber gleich bleiben."

Eine Blondine bekommt Zwillinge und weint ununterbrochen. Von der Schwester wird sie gefragt, warum sie weine. Da antwortet die Blondine: „Ich weiß nicht, von wem das Zweite ist!"

Eine Blondine kommt ins Elektrogeschäft und sagt: „Ich möchte diesen Fernseher."
Darauf der Verkäufer: „An Blondinen verkaufen wir nichts."
Am nächsten Tag erscheint sie mit einer rothaarigen Perücke. Darauf wieder der Verkäufer: „An Blondinen verkaufen wir nichts."
Am nächsten Tag ist sie braun gefärbt, doch der Verkäufer ändert seine Meinung nicht. Jetzt fragt die Blondine: „Woher wissen Sie, dass ich blond bin?"
„Weil das kein Fernseher, sondern eine Mikrowelle ist!"

Eine Blondine geht zur Bank und sagt zum Angestellten: „Ich muss sofort ein neues Konto eröffnen."
Darauf der Angestellte: „Sie haben bei uns doch schon ein Konto."
Die Blondine: „Ja, aber da ist kein Geld mehr drauf ..."

Eine Schwarzhaarige, eine Brünette und eine Blondine wohnen in einer WG. Eines Abends hören sie, wie Einbrecher versuchen, die Haustür zu öffnen. Die drei entscheiden sich, in den Keller zu gehen und sich in Säcken zu verstecken. Als die Einbrecher im Haus nichts finden, entdecken sie den offenen Keller und gehen runter. Dort sehen sie die drei Säcke, und voller Neugier tritt einer gegen den ersten Sack, in dem sich die Schwarzhaarige befindet. Die reagiert mit: „Wau, wau!"
Meint der Einbrecher: „Ach, nur ein Köter."
Der zweite Sack wird getreten und die Brünette sagt: „Miau, miau!"
Meint der Einbrecher wieder: „Ach, nur eine Katze."
Der dritte Sack wird getreten. Sagt die Blondine: „Kartoffeln, Kartoffeln, Kartoffeln!"

Warum erschuf Gott Blondinen? Weil Schafe kein Bier holen können.

Was macht eine Blondine, wenn sie ihre Hände an die Ohren presst? Sie versucht krampfhaft, einen Gedanken festzuhalten.

Zwei Blondinen stehen auf einem Bahnhof. Fragt die Erste: „Kann ich mit diesem Zug nach Gelsenkirchen fahren?"
Der Schaffner: „Nein, wir fahren nach Hamburg."
Darauf die zweite Blondine: „Und ich?"

# Der Husky nimmt den Hörer ab ...

Das Telefon klingelt. Der Husky nimmt den Hörer ab und sagt: „Wau! Wau!“
Der Anrufer: „Wie bitte!?“
Der Husky: „Wau! Wau!“
Der Anrufer: „Wie bitte?“
Der Husky: „W wie Wilhelm – A wie Anton – U wie Ulrich!“

„Mein neuer Hund ist echt super. Jeden Morgen um 8 Uhr bringt er mir die Zeitung. Dabei habe ich gar keine abonniert!“

Das Kamelkind fragt den Kamelvater:
„Du, Papi, warum haben wir eigentlich zwei Höcker auf dem Rücken?“
Darauf der Kamelvater: „Damit speichern wir Nahrung, wenn wir durch die Wüste ziehen.“
Kamelkind: „Und warum haben wir so lange Wimpern?“
Kamelvater: „Damit uns der Wind nicht den Sand in die Augen bläst, wenn wir durch die Wüste ziehen.“
Kamelkind: „Und warum haben wir Hufe anstelle von Füßen?“
Kamelvater: „Damit wir nicht im Sand einsinken, wenn wir durch die Wüste ziehen.“
Kamelkind: „Und was machen wir dann im Zoo?“

„Wir haben da ein Prachtexemplar, gnädige Frau“, sagt der Verkäufer zu der Kundin, die einen Papagei kaufen will, „der spricht sogar Englisch und Französisch.“
„Wann spricht er denn Englisch?“, fragt die Kundin.
„Wenn Sie an dem Faden an seinem linken Fuß ziehen.“
„Und wann spricht er Französisch?“
„Wenn Sie am Faden vom rechten Fuß ziehen.“
„Und was geschieht“, bohrt die Kundin weiter, „wenn ich an beiden Fäden gleichzeitig ziehe?“
Da krächzt der Papagei: „Dann falle ich auf den Schnabel, blöde Gans!“

Ein Huhn kommt zum Schwein: „Was hältst du von einem Joint Venture? Das gibt Synergieeffekte, und wir könnten richtig gut verdienen.“
„Prima“, sagt das Schwein. „Was wollen wir denn produzieren?“
Das Huhn antwortet: „Ham and Eggs.“
Das Schwein ist entsetzt. „Dabei gehe ich drauf, und du machst Profit.“
Das Huhn antwortet: „So ist das nun mal bei einem Joint Venture.“

Schild am U-Bahnhof: Auf der Rolltreppe müssen Hunde getragen werden!
Da stöhnt ein Passant: „O je, wo bekomme ich denn jetzt einen Hund her?“

Der Hahn wuchtet ein riesiges Straußenei in den Hühnerstall und kräht zornig: „Meine Damen, schauen Sie sich mal an, was anderswo geleistet wird!“

Kunde im Zoogeschäft: „Haben Sie zufällig einen sprechenden Papagei?“
„Nein, haben wir leider nicht, aber einen Specht hätten wir!“
„Kann der denn sprechen?“
„Das nicht – aber morsen.“

Ein Mann hat nach einem trinkseligen Abend am nächsten Morgen einen mächtigen Brummschädel. Er zieht die Vorhänge auf und traut seinen Augen kaum. Dort unten auf der Straße steht neben dem Hydranten doch tatsächlich ein ausgewachsener Pinguin. Der Mann denkt sich: „Gestern hast du aber wirklich übertrieben", reibt sich noch mal fest die Augen, aber es hilft nichts, der Pinguin steht immer noch dort. Da der Mann ein Tierfreund ist, zieht er sich an, geht nach unten und nimmt den Pinguin mit aufs Polizeirevier, um zu fragen, was er mit dem Tier bloß machen soll.
Der Polizeibeamte dort sagt ihm: „Tja guter Mann, ich weiß leider auch nicht, wohin mit dem Pinguin. Wieso gehen Sie mit ihm nicht einfach mal in den Tierpark?"
Der Mann bedankt sich und zottelt mit dem Pinguin davon. Am anderen Tag begegnet der Polizist dem Mann zufällig in der Stadt, und der hat den Pinguin immer noch bei sich. Der Polizist fragt: „Ich habe Ihnen doch gesagt, dass Sie mit dem Pinguin in den Tierpark gehen sollen?"
„Das stimmt", entgegnet der Mann, „da waren wir gestern auch, aber heute gehen wir ins Kino."

Eine Kuh und ein Kamel liegen nebeneinander in der Sonne. Da sagt das Kamel: „Du, wir sollten eine Milchbar aufmachen."
„Klasse Idee", sagt die Kuh, „aber wie?"
„Ganz einfach: Du lieferst die Milch und ich die Hocker!"

Ein Mantafahrer hat auf seinem Beifahrersitz einen Papagei sitzen und das Fenster ist offen. Er hält an der roten Ampel neben einem Mercedes. Der Fahrer des Mercedes kurbelt sein Fenster ebenfalls runter und fragt: „Kann der auch sprechen?"
Darauf der Papagei: „Weiß ich doch nicht!"

Eine fromme Frau hat einen Papagei, der ständig schreit: „Ich bin Lora, das Freudenmädchen!"
Der Pfarrer verspricht, das Tier mit Hilfe seiner Papageien Peter und Paul zu erziehen, die aus der Bibel lesen können. Im Käfig sitzen Peter und Paul andächtig vor Bibel und Gesangbuch.
Lora fängt an zu schreien: „Ich bin Lora, das Freudenmädchen!"
Darauf Peter: „Paul, mach die Bibel zu! Der Herr hat unser Flehen erhört!"

Fragt ein Spaziergänger einen Angler: „Na, beißen die Fische?"
„Nein, Sie können sie ruhig streicheln."

Kommt ein kleines Schweinchen an einer Steckdose vorbei und sagt ganz entsetzt: „Armer Kumpel, wer hat dich denn eingemauert!"

Ein Gast betritt eine Hotelpension, ein kleiner Hund springt bellend um ihn herum.
Der Gast fragt den Portier: „Beißt Ihr Hund?"
„Na, der beißt net."
Der Gast bückt sich zu dem kleinen Hund, um ihn zu streicheln, und der beißt sofort in die Hand des Gastes.
„Aber Sie haben doch gesagt, ihr Hund beißt nicht!"
Der Portier: „Das ist ja auch nicht mein Hund."

„Hallo, ist dort der Tierschutzverein? Kommen Sie sofort her! Bei mir sitzt ein unverschämter Briefträger auf dem Baum und bedroht meine Dogge!"

Ein Häschen hoppelt durch den Wald und begegnet einem sehr zottigen Hund.
„Was bist du denn für ein Tier?"
„Ich bin ein Wolfshund. Meine Mutter war ein Wolf, mein Vater ein Hund."
Das Häschen hoppelt weiter und begegnet einem Muli.
„Was bist du denn für ein Tier?"
„Ich bin ein Maultier. Mutter Esel, Vater Pferd."
Das Häschen wundert sich, was es alles gibt, hoppelt weiter und begegnet einem ganz unbekannten Tier.
„Was bist du denn für ein Tier?"
„Ich bin ein Ameisenbär."
Häschen: „Nee, das glaube ich aber nun wirklich nicht!"

Ein Mann kommt in eine Tierhandlung und möchte etwas ganz Exquisites erwerben. Der Verkäufer empfiehlt ihm sein Superangebot: „Hier habe ich ein indonesisches Stepphuhn."
„Stepphuhn? Was ist das denn?"
„Tja, eine ganz besondere Art von Hühnervogel. Der steppt wie Fred Astaire, das garantier ich Ihnen! Guck'n Se mal!"
Der Mann schaut sich das Huhn an – und tatsächlich, das tanzt wie aufgezogen im Käfig herum.
„Toll! Den nehm ich mit!"
Gut, der Kunde nimmt den Käfig mit dem Vogel, bezahlt und fährt nach Hause. Zwei Tage später ruft er bei der Tierhandlung wieder an. Leider erwischt er nicht den Chef, sondern nur eine Aushilfe:
„Ich wollt nur noch mal sagen, wie toll dieses Stepphuhn ist. Vorgestern hab ich das gekauft, und seitdem tanzt es un-un-ter-bro-chen. Echt Wahnsinn!"
Daraufhin sagt die Aushilfe: „Na ja, also ... während der Nacht sollten Sie schon mal die Käfigschubladen rausziehen und die Teelichter auspusten."

Der alte Tortschiner klärt seinen Sohn über ökonomische Zusammenhänge auf: „Alles, was selten ist, ist teuer. Ein gutes Pferd ist selten. Darum ist es teuer."
„Aber Papa", wendet der Sohn ein, „ein gutes Pferd, das billig ist, ist doch noch seltener."

Die Arche Noah ist zu voll und droht zu sinken, deshalb halten die Tiere eine Versammlung ab, um zu beschließen, welches die Arche zu verlassen hat. Es soll der Breitmaulfrosch sein, und sie sagen zu ihm:
„Du, wir haben beschlossen, dass das Tier mit dem breitesten Maul die Arche zu verlassen hat."
Darauf der Breitmaulfrosch: „Oh! Das arme Krokodil!"

Im wilden Westen will sich ein Wanderprediger einen Gaul kaufen, um die Indianer zum Glauben zu bekehren. Er geht zu einem Pferdehändler und schildert ihm seinen Fall. Da meint der Verkäufer: „Da haben wir ein Pferd, das ist für Sie wie gemacht. Auf das Kommando ‚Gott sei Dank' läuft es los, bei ‚Amen' bleibt es wieder stehn." Der Prediger ist ganz begeistert und macht gleich einen Proberitt: „Gott sei Dank", sagt er und das Pferd läuft los. Aus der Stadt raus und über die Prärie geht alles gut, bis das Pferd genau auf eine Schlucht zu galoppiert. Der Priester hat das Kommando zum Anhalten längst vergessen, er zerrt am Zügel, probiert alles, nichts hilft. In letzter Verzweiflung fängt er an zu beten: „Vater unser im Himmel, Dein Wille geschehe ... Amen." Das Pferd hält bei „Amen" an, genau einen Meter vor der Schlucht. Der Priester wischt sich den Angstschweiß von der Stirn und sagt: „Gott sei Dank."

Zwei Schlangen kommen an einem Teller Spaghetti vorbei. Entrüsten sich beide: „So klein und schon Gruppensex!"

Zwei Hunde aus einem Dorf kommen zum ersten Mal in die Stadt. Dort sehen sie eine Parkuhr. Da sagt einer: „Nicht nur, dass sie uns die Bäume wegnehmen, jetzt nehmen sie fürs Pinkeln auch noch Geld!“

Zwei Kühe grasen gemütlich auf der Weide.
Da fragt die eine: „Wie viel Uhr ist es?“
Da antwortet die andere: „Bist du blöd, wir können doch gar nicht sprechen.“

Eine Maus und ein Elefant gehen an den Strand zum Baden. Während der Elefant schon begeistert im Wasser plantscht, rennt die Maus aufgeregt am Strand auf und ab. Nach einer Weile ruft sie dem Elefanten zu, er möge doch mal aus dem Wasser kommen. Schwerfällig trabt das schwere Tier aus dem Wasser. Darauf sagt die Maus ganz zufrieden: „Alles klar, du kannst wieder reingehen, ich wollte nur mal sehen, ob Du meine Badehose anhast.“

Zwei Regenwürmer begegnen auf der Münchner Maximilianstraße einer haarigen Raupe.
Der eine sagt spöttisch: „Seit ‚Kir Royal‘ kann ich diese aufgetakelten Schickimickiwürstchen mit ihren Pelzmänteln nicht mehr sehen!“

# Hast du den Wagen in die Garage gefahren?

„Hast du den Wagen in die Garage gefahren?"
„Nicht ganz, aber die wichtigsten Teile ..."

„Wie war denn deine Führerscheinprüfung?"
„Leider bin ich durchgefallen. Ich habe einen Geisterfahrer überholt."

Der Chef einer Werkstatt zum Azubi: „So, mein Junge, und nun üben wir noch einmal das Kopfschütteln nach dem Öffnen der Motorhaube, das nachdenkliche Kratzen an der Schläfe und den Ausruf ‚Oje, oje!'"

17 Prozent aller Unfälle werden von betrunkenen Autofahrern verursacht. Das bedeutet, dass 83 Prozent aller Unfälle von nicht betrunkenen Autofahrern verursacht werden. Das ist nicht hinnehmbar! Warum können sich diese nüchternen Idioten nicht von der Straße fernhalten und unsere Sicherheit um 400 Prozent steigern!

„Ist Ihr Auto schon oft überholt worden?", fragt der Werkstattbesitzer den Autobesitzer.
„Ja, sogar schon von Fußgängern!"

Der Autofahrer bezahlt wutschnaubend das Verwarnungsgeld. Der Polizist gibt ihm die Quittung.
„Was soll ich denn damit?", fragt der Autofahrer wütend.
Der Polizist bleibt freundlich: „Schön aufheben! Und wenn Sie 12 Stück davon haben, gibt's ein Fahrrad!"

Ein Fiat und ein Ferrari stehen an einer Ampel. Der Ferrari zieht ab. Nach drei Kilometern kommt der Fiat an eine scharfe Kurve. Die Leitplanke ist kaputt, und der Ferrari steckt im Teich. Da ruft der Fiat-Fahrer: „Na, geben Sie Ihren Pferdchen zu saufen?"

Wie nennt man höfliche Autofahrer?
Geisterfahrer – die sind immer so entgegenkommend!

Zwei Freunde haben eine Autopanne. Sie klopfen bei einem allein stehenden Haus an. Ohne viel zu fragen, quartiert die Bewohnerin den einen der beiden ins Gästezimmer, der andere bekommt im Wohnzimmer die Couch. Nach einigen Monaten ruft der eine Freund den andern an: „Sag mal, mein Lieber, ich habe da einen seltsamen Brief von einem Rechtsanwalt bekommen, der nur einen Schluss zulässt: Du musst dich damals von deiner Couch in das Schlafzimmer geschlichen und der Dame allerlei geboten haben. Aber was schlimmer ist, du hast dabei meinen Namen benutzt."
„Also, ich schwöre dir bei allem, was mir wichtig ist: Das kann nur ein Missverständnis sein. Sollte sie schwanger sein ..."
„Wer spricht denn von Schwangerschaft? Gestorben ist sie und hat mir eine Million hinterlassen ..."

In der Autowerkstatt bekommt der Besitzer die Auskunft: „Das Problem ist größer, als ich dachte. Ihre Batterie braucht ein neues Auto!"

Ein Mann rennt verzweifelt neben einem Bus her. Eine alte Dame beugt sich aus dem Fenster und ruft:
„Den kriegen Sie aber nicht mehr!"
„Ich muss aber", ruft der Mann außer Atem, „ich bin doch der Fahrer!"

Ein Taxi-Passagier tippt dem Fahrer auf die Schulter, um etwas zu fragen. Der Fahrer schreit laut auf, verliert die Kontrolle über den Wagen, verfehlt knapp einen entgegenkommenden Bus, schießt über den Gehsteig und kommt wenige Zentimeter vor einem Schaufenster zum Stehen. Für ein paar Sekunden ist alles ruhig, dann schreit der Taxifahrer laut los: „Machen Sie das nie wieder! Sie haben mich ja zu Tode erschreckt!"
Der Fahrgast ist ganz baff und entschuldigt sich voll Erstaunen: „Ich konnte ja nicht wissen, dass Sie sich wegen eines Schultertippens so sehr erschrecken."
„Ist ja auch mein Fehler", sagt der Fahrer etwas ruhiger. „Heute ist mein erster Tag als Taxifahrer. Die letzten 25 Jahre habe ich einen Leichenwagen gefahren."

Fahrlehrer: „Was haben Sie bitte beim Überholverbot zu beachten?"
Fahrschüler: „Ich schaue in den Rückspiegel."
Fahrlehrer: „Warum das?"
Fahrschüler „Um mich zu vergewissern, dass mir keine Polizeistreife folgt, die beobachten kann, wenn ich überhole!"

Meier schiebt seinen Wagen in die Autowerkstatt. „Er springt mal wieder nicht an, aber es kann nicht an den Zündkerzen liegen, die hab ich gestern rausgenommen!"

Eine Frau und ein Mann werden in einen ziemlich schlimmen Unfall verwickelt. Beide Autos haben Totalschaden. Wundersamerweise wird keiner der beiden verletzt. Sie steigen aus und der Mann sagt:
„So ein Zufall! Sie sind eine Frau, ich bin ein Mann. Schauen Sie nur unsere Autos an, Beide total demoliert, aber wir sind unverletzt. Das ist ein Fingerzeig Gottes! Er will, dass wir von nun an bis ans Ende unseres Lebens zusammenbleiben."
Die Frau schaut den Mann an, der nicht unattraktiv ist, und sagt:
„Sie haben recht, dass muss ein Fingerzeig Gottes sein."
Der Mann sagt außerdem: „Ein weiteres Wunder, mein Auto ist Schrott, aber die Weinflasche auf dem Rücksitz ist noch heil: Anscheinend will Gott, dass wir auf unser Glück anstoßen!"
Er öffnet die Flasche und reicht sie der Frau. Die trinkt die Flasche halb leer und gibt sie dem Mann zurück. Der verkorkt den Rest wieder.
Die Frau fragt ihn schon etwas undeutlich: „Willst du nicht auch trinken?"
Der Mann schüttelt den Kopf und meint: „Nein, ich warte lieber erst mal, bis die Polizei kommt ..."

„Sie haben soeben ein Stoppzeichen überfahren!", schnauzt der Polizist.
„Was für ein Stoppzeichen, ich sehe keins."
Der Polizist schaut sich um und kratzt sich verlegen am Kopf: „Also so was – da bin ich doch glatt in der falschen Straße!"

„Liebster, willst du wirklich unser Auto verkaufen?"
„Ja, Schatz", antwortet der Ehemann, „das Ding ist eine einzige Blechbeule. Jedes Mal, wenn ich irgendwo in der Stadt parke, kommt ein Polizist und fragt mich, ob ich den Unfall schon gemeldet habe."

Mit einem total verbeulten Auto fährt ein Mann zur Tankstelle und sagt: „Waschen, bitte!"
Und der Tankwart fragt: „Soll ich ihn auch bügeln?"

Nur durch scharfes Bremsen können zwei Autofahrer das Schlimmste verhindern. Wütend brüllt der eine: „Sie Vollidiot. Das Autofahren haben Sie wohl per Telefon gelernt?"
„Stimmt. Und Sie waren am anderen Ende der Leitung!"

Ein Fahrschüler bei der Fahrprüfung. Vor einem Kreisverkehr steht ein rundes Schild, auf dem 30 steht (also 30 km/h). Der Prüfling fährt und fährt und fährt 30 Runden im Kreisverkehr und dann erst raus. Da meint der Prüfer: „Halten Sie an der Seite an und steigen Sie aus. Sie sind durchgefallen."
Am nächsten Tag erzählt der durchgefallene Prüfling die Geschichte seinem Freund. Dieser überlegt und meint: „Da gibt es nur eine Erklärung: Du musst dich verzählt haben."

„Meister, wie steht es mit meinem Auto?"
„Sagen wir es einmal so: Wenn Ihr Auto ein Hund wäre, müssten wir ihn erschießen!"

Vor einem Mann stehen ein Jaguar und ein Löwe. Der Mann hat ein Gewehr bei sich, aber nur einen Schuss. Was macht er? Er erschießt den Löwen und fährt mit dem Jaguar weg!

Es gibt einen Verkehrsstau, und der unvermeidliche Huper hupt, was das Zeug hält. Da beugt sich eine junge Dame neben ihm aus dem Fenster ihres Wagens und erkundigt sich teilnahmsvoll: „Und was haben Sie sonst noch zu Weihnachten bekommen?"

„Es ist ja okay, dass du Ferrari-Fan bist. Es ist auch okay, dass unsere Wände in der Wohnung rot sind. Dass du im Kiesbett schläfst, ist mir auch egal, aber dass unsere beiden Töchter jetzt auch noch Michael und Ralf heißen sollen, das geht wirklich zu weit."

„Haben Sie das Schild mit der Geschwindigkeitsbegrenzung denn nicht gelesen?"
„Was, ich soll auch noch lesen bei dem Tempo?"

Heini rempelt mit seinem Moped einen sehr dicken Mann an, der mitten auf der Straße steht. „Au, du frecher Bengel. Hättest du nicht einen Bogen um mich fahren können?“ – „Doch, vielleicht! Ich war mir aber nicht sicher, ob das Benzin dafür reicht!“

Und dann war da noch der Polizist, der auf der Kreuzung stand und wild mit den Armen winkte, weil die gerade anfahrende Straßenbahn anhalten sollte. Der Fahrer bremst, steckt seinen Kopf aus der Fahrerkabine und schimpft: „Mann, was is'n los?! Ich muss den Fahrplan einhalten!“ – „Diskutiern'se nicht dumm rum; fahrn'se erstmal rechts ran!“

Der Verkehrspolizist stoppt Peter Maier an der Ortsausfahrt: „Haben Sie einen Führerschein?“
„Selbstverständlich“, antwortet Maier, „wollen Sie ihn sehen?“ Der Polizist winkt ab: „Nein danke, nicht nötig. Nur wenn Sie keinen gehabt hätten, dann hätten Sie ihn mir zeigen müssen!“

Die Polizei hält einen Autofahrer an, weil der bemerkenswerte Schlangenlinien fährt.
Der Polizeibeamte fragt den Fahrer: „Na, wie viel haben Sie denn getrunken?“
Meint der: „Notieren Sie ‚10 Bier‘, Champagner können Sie ja sowieso nicht schreiben.“

Sie lächelt verführerisch und sagt zu dem Polizisten:
„30 Euro Strafe ist aber verdammt viel!“
„Was sind Sie denn von Beruf?“
„Verkäuferin in einem Warenhaus.“
„Dann macht das für Sie nur 29,95 Euro.“

Morgendliche Verkehrskontrolle: „Haben Sie vielleicht noch Restalkohol?“ – „Nein, aber da vorn am Kiosk müssten Sie schon was kriegen können.“

Ein Polizist stoppt einen Autofahrer: „Herzlichen Glückwunsch, Sie sind der hunderttausendste Autofahrer auf dieser Straße und bekommen dafür 5.000 Euro. Wissen Sie schon, was Sie mit dem ganzen Geld machen werden?“ Der Fahrer antwortet nach langem Überlegen: „Als Erstes werde ich meinen Führerschein machen!“ Dann sagt die Frau auf dem Beifahrersitz: „Glauben Sie ihm kein Wort, Herr Polizist, er ist stockbesoffen!“ Darauf der taube Opa auf dem Hintersitz: „Ich wusste gleich, dass wir mit dem geklauten Auto nicht weit kommen!“

Ein Autofahrer überfährt eine rote Ampel und wird von einer Polizistin angehalten.
Er kurbelt das Fenster runter und fragt: „Wie viel?“
„30 Euro“, erwidert die Polizistin.
Darauf der Autofahrer: „OK, steig ein!“

Polizist: „Blasen Sie in das Röhrchen!“
Autofahrer: „Geht nicht. Ich habe Asthma.“
Polizist: „Kommen Sie mit zur Blutprobe!“
Autofahrer: „Geht nicht, bin Bluter.“
Polizist: „Dann gehen Sie auf dieser Linie!“
Autofahrer: „Geht nicht, bin betrunken.“

Die erste Fahrstunde. Der Neuling ist ganz verwirrt: „Die doofen Fußgänger laufen mir ja ständig vors Auto!“
Der Fahrlehrer schlägt vor: „Fahren Sie doch erstmal vom Bürgersteig runter!“

Fahrzeugkontrolle. „Ihr linkes Rücklicht brennt nicht“, belehrt der Polizist den Lastwagenfahrer. Der steigt aus, geht nach hinten und bleibt fassungslos bei seinem Fahrzeug stehen.
„Sehen Sie, es funktioniert nicht“, wiederholt der Beamte freundlich.
„Zum Teufel mit dem Rücklicht“, schreit der Kapitän der Landstraße den Polizisten an, „erklären Sie mir lieber, wo mein Anhänger geblieben ist.“

Der Geisterfahrer zum Polizisten: „Was heißt hier falsche Richtung? Sie wissen doch gar nicht, wohin ich will!“

Ein Polizist stoppt einen jungen Mann, der in einer 30-km/h-Zone mit 80 km/h erwischt wird, und es kommt zu einer Unterhaltung:
„Kann ich bitte Ihren Führerschein sehen?“
„Ich habe keinen mehr. Der wurde mir vor ein paar Wochen entzogen, da ich zum dritten Mal betrunken Auto gefahren bin.“
„Aha, kann ich dann bitte den Fahrzeugschein sehen?“
„Das ist nicht mein Auto, ich habe es gestohlen.“
„Der Wagen ist geklaut?“
„Ja – aber lassen Sie mich kurz überlegen, ich glaube, die Papiere habe ich im Handschuhfach gesehen, als ich meine Pistole reingelegt habe.“
„Sie haben eine Pistole im Handschuhfach?“
„Richtig. Ich habe sie schnell dort reingeworfen, nachdem ich die Fahrerin des Wagens erschossen und die Leiche dann hinten in den Kofferraum gelegt habe.“
„Wie bitte? Sie haben eine Leiche im Kofferraum?“
„Ja!“
Nachdem der Polizist das gehört hat, fordert er über Funk Unterstützung an. Der eintreffende Kollege sagt wieder:
„Kann ich bitte Ihren Führerschein sehen?“
„Sicher, hier bitte!“ (Fahrer zeigt den gültigen Führerschein.)“ – „Wessen Auto ist das?“
„Meins, hier sind die Papiere.“
„Können Sie bitte noch das Handschuhfach öffnen, ich möchte kurz prüfen, ob Sie eine Pistole dort deponiert haben.“
„Natürlich, gern, aber ich habe keine Pistole darin.“
(Und dort war auch keine Pistole.)
„Kann ich dann noch einen Blick in Ihren Kofferraum werfen? Mein Mitarbeiter sagte mir, dass Sie darin eine Leiche haben.“

Der Kofferraum wird geöffnet: keine Leiche.
„Das verstehe ich jetzt überhaupt nicht. Der Polizist, der Sie angehalten hat, sagte mir, dass Sie keinen Führerschein hätten und das Auto gestohlen sei. Außerdem hätten Sie eine Pistole im Handschuhfach und eine Leiche im Kofferraum."
„Na super. Und ich wette, er hat Ihnen auch erzählt, dass ich zu schnell gefahren bin ..."

„Ihre Bremsen sind nicht in Ordnung!", sagt der Polizist zu Herrn Schulze, „das kostet 20 Euro."
„Siehst du", strahlt Schulze seine Frau an, „20 Euro! Und dein Bruder wollte für die Reparatur 60 Euro haben!"

Der Polizist stoppt einen Lastwagen.
„Jetzt sage ich Ihnen schon zum siebten Mal, dass Sie Ihre Ladung verlieren", schimpft der Beamte.
Daraufhin schnauzt der LKW-Fahrer zurück: „Und jetzt sage ich Ihnen zum siebten Mal, dass dies ein Streuwagen ist!"

Truckfahrer: „Gibt es 1,60 Meter große Pinguine?"
Polizist: „Nicht dass ich wüsste."
Truckfahrer: „Ooooops. Dann hab ich eine Nonne überfahren!"

„Pusten Sie mal in dieses Röhrchen“, sagt der Polizist.
„Nee“, sagt der Autofahrer.
„Sie, Sie pusten jetzt!“
„Nee!“
„Sie, wenn Sie jetzt nicht pusten, dann puste ich für Sie! Aber dann haben Sie 3,5 Promille!“

Der Smart hat sein erstes Opfer in England gefordert. Ein 23-jähriger Broker aus Dover fuhr mit seinem gerade erst gekauften Smart versehentlich über die Kante der berühmten Kreidefelsen.
Der Wind erfasste das Fahrzeug und wehte es bis ins französische Calais. Dort erlag der Mann einem Herzinfarkt.

Was sagt ein Mantafahrer, wenn er gegen einen Baum fährt?
„Ey Mann ey, ey boah ey, ich hab doch gehupt, ey.“

Was sagt ein Mantafahrer, wenn er das Schild ‚100‘ sieht?
„Boh ey, so weit noch?“

# Der Witz der virtuellen Welt

User: „Ich habe Ihre Update-Software erhalten, aber ich bekomme immer noch die gleiche Fehlermeldung!“
Berater: „Haben Sie das Update installiert?“
User: „Nein. Hätte ich es installieren müssen damit es funktioniert?“

Kundendienst: „Guten Tag, ZComm Kundendienst, Müller.“
Kunde: „Ich habe eben Windows installiert.“
Kundendienst: „Und?“
Kunde: „Ich habe ein Problem.“
Kundendienst: „Sagten Sie doch schon ...“

Ein Mediziner, ein Bauingenieur und ein Informatiker diskutieren, welcher Beruf der älteste sei.
Der Mediziner: „Schon in der Bibel steht, Gott nahm Adams Rippe und formte daraus Eva. Daraus folgt, dass Arzt der älteste Beruf ist."
Der Bauingenieur: „Wenn du in der Bibel ein paar Seiten zurückblätterst, findest du die Stelle: Aus dem Chaos schuf Gott Himmel und Erde. Das ist definitiv Baukunst. Daher haben wir den ältesten Beruf."
Der Informatiker lächelt: „Und wer, glaubt ihr, hat mit Gottes Hilfe das Chaos erschaffen?"

Ein Mann bewirbt sich bei einem größeren Unternehmen. Wie alle anderen Bewerber muss er einen Testfragebogen ausfüllen. Als er diesen dem Personalchef zurückgibt, sagt der:
„Ihr Test wird von einen Hochleistungs-Computer ausgewertet. Das Ergebnis liegt in vier bis sechs Wochen vor ..."

Wissenschaftler wollten wissen, ob Computerstrahlung schädlich ist. Sie sperrten drei Ratten mit einem eingeschalteten Computer in einen Käfig, gaben ihnen Futter und Wasser und ließen das Ganze für eine Woche so stehen.
„Und, sind die Ratten krank geworden?"
„Nein, aber sie haben drei neue UNIX-Versionen programmiert!"

Drei männliche Programmierer in der Toilette vor den Urinalen: Der erste ist fertig und geht zum Waschbecken, um sich die Hände zu waschen. Dann trocknet er sich die Hände, ist dabei äußerst gründlich und benutzt ein Papierhandtuch nach dem anderen – streng darauf bedacht, nicht das kleinste Wassertröpfchen auszulassen. Als er fertig ist, sagt er zu den anderen beiden:
„Bei MICROSOFT achten wir darauf, extrem gründlich zu sein."
Der zweite ist fertig und geht zum Waschbecken, um sich die Hände zu waschen. Dann trocknet er sich die Hände ab und ist dabei nicht nur gründlich, sondern er benutzt nur ein Blatt Papier, aber davon auch jedes noch so kleine Fitzelchen. Als er fertig ist, sagt er zu den anderen beiden:
„Bei INTEL achten wir nicht nur darauf, extrem gründlich zu sein, wir sind auch sehr sparsam."
Der dritte ist fertig, geht und ruft:
„Bei APPLE pissen wir uns nicht auf die Hände ..."

Zwei Microsoft-Mitarbeiter unterhalten sich.
Sagt der eine:
„Du, ich hab jetzt gehört, wenn man die Windows-CDs rückwärts abspielt, sind satanische Botschaften zu hören!"
Meint der andere: „Ich hab gehört, es ist sogar noch viel schlimmer: Wenn man sie vorwärts abspielt, installieren sie Windows!"

Zwei Freunde unterhalten sich. „So ein Mist. Bei mir ist facebooks seit Stunden down“, sagt der eine.
Meint der andere: „Die Leute vom NSA brauchen eben auch mal Urlaub.“

Zwei Studenten im UNIX-Rechenzentrum.
Der eine klickt wie wild auf die linke Maustaste, total verärgert und fluchend.
Der andere: „Das ist nicht Windows, sondern UNIX. UNIX kann man nicht überreden.“

Wie viele Microsoft-Mitarbeiter braucht man, um eine Glühbirne einzuschrauben?
Antwort: Vier.
Einen, der die Birne einschraubt,
einen, der die Fassung für Sun-Glühbirnen unbrauchbar macht,
einen, der einen Kurzschlussmechanismus für Apple-Glühbirnen einbaut und
einen, der erklärt, dass das alles lauterer Wettbewerb ist.

Es brauchte die Rechenpower eines Pentium IV, 256 MB RAM und 10 GB Festplattenspeicher, um Windows XP laufen zu lassen. Es brauchte die Rechenpower von drei C64, um zum Mond zu fliegen.

In einem Streitgespräch zwischen Computeranwendern wurde versucht zu klären, ob der Computer „männlich“ oder „weiblich“ sei. Die Frauen votierten für „männlich“, weil:

Man muss ihn erst anmachen, um seine Aufmerksamkeit zu erregen.

Er hat jede Menge Wissen, ist aber trotzdem planlos.

Er sollte einem helfen, Probleme zu lösen, die meiste Zeit aber ist er selbst das Problem.

Sobald man sich einen zulegt, stellt man fest, dass man nur ein wenig hätte warten müssen, und ein besserer wäre zu haben gewesen.

Die Männer stimmten aus folgenden Gründen für „weiblich“:

Nicht einmal der Schöpfer versteht ihre innere Logik.

Die Sprache, mit der sie sich untereinander verständigen, ist für niemand sonst verständlich.

Sogar die kleinsten Fehler werden im Langzeitgedächtnis zur späteren Verwendung abgespeichert.

Sobald man einen hat, geht fast das ganze Geld für Zubehör drauf.

„Computer zum halben Katalogpreis“ steht groß am Schaufenster eines Computerfachhändlers. Ein Passant sieht das Schild, schüttelt den Kopf und betritt den Laden mit den Worten: „Also, was kostet bei euch ein Katalog?“

Anruf beim PC-Pannendienst:
„Hallo, hier PC Helferlein, wie kann ich Ihnen helfen?“
„Guten Tag, ich habe gerade meinen Computer angeschaltet, allerdings erscheint kein Bild.“
„Leuchtet am Bildschirm ein kleines Lämpchen?“
„Nein!“
„OK, bitte überprüfen Sie, ob ein Kabel vom Bildschirm zum PC führt!“
„Moment bitte!“ – kurze Stille – „Ja, da ist ein Kabel!“
„Nun gut, dann überprüfen Sie mal, ob ein Kabel vom Bildschirm zu einer Steckdose führt!“
„OK, kleinen Moment“ – kurze Stille – „leider kann ich das nicht genau erkennen, es ist so dunkel hier!“
„Schalten Sie doch das Licht ein!“
„Geht nicht, wir haben einen Stromausfall!“

Ein Projektmanager, ein Maschinenbauingenieur und ein Informatiker machen einen Autoausflug durch die Berge. Als sie gerade einen Pass hinunterfahren, reagieren auf einmal die Bremsen nicht mehr. Das Auto kommt von der Straße ab und stürzt den Berg runter. Etwas benebelt steigen die drei aus, und der Projektmanager meint: „Tja, am besten machen wir mal ein Meeting und checken die Lage.“
Der Maschinenbauingenieur schlägt vor: „Ach was, ich hab mein Sackmesser dabei, damit repariere ich die Bremsen.“
Doch der Informatiker sagt: „Warum so kompliziert? Wir schieben die Karre wieder die Straße hinauf, steigen ein und schauen, ob es noch einmal passiert.“

Und dann war da noch die telefonische Installationsanweisung, weil bei einem PC-Kunden das Einlesen der Software nicht funktionierte.
Berater: „Legen Sie bitte die erste CD ein und schicken Sie den Befehl [..] ab.“
User: „Hab ich. Jetzt steht da 2. Diskette in A einlegen.“
Berater: „Dann machen Sie das mal und drücken Return.“
User: „Jetzt steht hier so 'ne komische Fehlermeldung!“
Berater: „Das kann eigentlich nicht sein. Nehmen Sie doch bitte noch mal die CD heraus.“
User: „Welche von den beiden?“

User mit Faxsoftware beklagt sich am Telefon, dass kein Fax verschickt wird, sondern die Software immer „Besetzter Anschluss“ meldet.
Berater: „Sagt das Faxgerät überhaupt nichts? Piept es nicht vielleicht?“
User: „Nein, nichts, überhaupt nichts.“
Berater: „Keine Meldung im Display des Faxgeräts?“
User: „Nein, nichts.“
Berater: „Steht neben dem Faxgerät ein Telefon, das an der gleichen Leitung hängt wie das Faxgerät?“
User: „Ja.“
Berater (schmunzelt): „Na ... klingelt's jetzt nicht bei Ihnen?“
User: „Nein, ich telefoniere ja gerade.“

User: „Ich habe ein Problem mit meinem Computer."
Berater: „Was funktioniert denn nicht?"
User: „Auf meinem Bildschirm steht, dass ich eine Diskette einlegen soll."
Berater: „Dann tun Sie das doch."
User: „Ja, aber muss ich denn die Schutzhülle von der Diskette abmachen?"
Berater: „Ja, selbstverständlich."
User: „Einen Moment bitte." (Man hört ein lautes Krachen und andere merkwürdige Geräusche.)
User: „Nun hab ich so eine schwabbelige, runde Scheibe in der Hand. Wie krieg ich die denn jetzt in den Schlitz?"
Berater: „So, nun erstellen Sie ein File mit Ihren Daten."
User: „Ok. Jetzt fragt er mich nach dem Namen."
Berater: „Ja. Nehmen Sie irgendeinen."
User: „Welchen?"
Berater: „Egal. Irgendeinen!"
User: „Aber woher soll ich wissen, wie das heißen soll?"
Berater: „ES IST EGAL!" (Kollege im Hintergrund: „OH was ist das denn für einer!")
User: „Gut, dann nehme ich keinen."
(Kollege: „Oh je oh je")
Berater *leichter Anfall* (Kollege: „Hilfe!")
Berater: „Es ist totel egal, wie es heißt, aber nicht egal, ob einen Namen hat!"
User: „Ok. Wie soll es nun heißen?"
Berater (resignierend): „Nehmen Sie schnurz.dat."
(Kollege: „Ist das so schwer, sich einen Namen auszudenken?")
User: „Warum haben Sie mir nicht gleich gesagt, dass ich es schnurz nennen muss?"
Berater *SCHWERER ANFALL*

„Na, hattest du auf deiner Griechenlandtour Schwierigkeiten mit deinem neuen Sprachcomputer?“
„Ich nicht, aber die Griechen ...“

User: „Mein Monitor geht nicht.“
Berater: „Ist er denn eingeschaltet?“
User: „Ja.“
Berater: „Schalten Sie ihn doch mal bitte aus.“
User: „Ah, jetzt geht's ...“

Drei Programmierer in der Psychiatrie. Nach Wochen unterzieht sie der Chefarzt einem Test. Er fragt den ersten: „Wie viel ist fünf mal fünf?“ Der Mann antwortet blitzschnell: „Einhundertzehn!“ Der Arzt verschiebt die Entlassung, ruft den zweiten herein und stellt ihm dieselbe Frage. Der antwortet ebenso schnell: „Donnerstag!“ Wieder vertröstet der Arzt auf später. Der dritte Patient schließlich hat blitzschnell die richtige Antwort: „Fünfundzwanzig!“ Der Arzt stellt hocherfreut die Entlassungspapiere aus. Dann fragt er: „Wie sind Sie auf dieses Ergebnis gekommen?“ Antwortet der Programmierer: „Ganz einfach: Hundertzehn geteilt durch Donnerstag!“

Berater: „Ok, sehen Sie den OK-Button im unteren Teil des Bildschirms?“
User: „Wow, Sie können meinen Bildschirm von sich aus sehen?“

„Papa, was ist denn ein Kosmopolit?“, fragt die achtjährige Lisa ihren Vater.
„So genau kann ich das auch nicht sagen, aber schauen wir doch mal im Brockhaus nach“, sagte der Vater und zieht einen dicken Band aus dem Regal.
Die kleine Lisa schaut ganz verdutzt und sagt: „Ach, das wusste ich gar nicht Papa. Wikipedia gibt es also auch als Buch?“

Bill Gates tippt in seinen Computer: „Gibt es einen Gott?“
Antwort: „Zu wenig Rechenkapazität.“
Bill lässt alle Computer bei Klein & Weich einschließlich des gesamten MSN zusammenschalten und tippt erneut seine Frage ein.
Antwort: „Zu wenig Rechenkapazität.“
Bill ruft alle Bekannten bei Cray, Sun, etc. an. Auch diese Computer werden zu einem gigantischen Netzwerk zusammengeschaltet. Erneut tippt er seine Frage ein. Antwort: „Jetzt ja! ...“

Viktors PC spinnt mal wieder rum, und er sagt zu seinem Freund:
„Manchmal frag ich mich, warum mein Virenscanner Windows und Steam nicht als Viren anzeigt.“
Daraufhin sein Freund: „Das können beides keine Viren sein, denn dann würden sie effizienter arbeiten.“

Ein kleines amerikanisches Flugzeug hat sich im dichten Nebel verflogen. Der Pilot kreist um das oberste Stockwerk eines Bürohauses, lehnt sich aus dem Cockpit und brüllt durch ein offenes Fenster: „Wo sind wir?“
Ein Mann blickt von seinem PC auf: „In einem Flugzeug!“
Der Pilot dreht eine scharfe Kurve und landet fünf Minuten später mit dem letzten Tropfen Treibstoff auf dem Flughafen von Seattle. Die verblüfften Passagiere wollen wissen, wie der Pilot es geschafft habe, sich zu orientieren.
„Ganz einfach“, sagt der Pilot. „Die Antwort auf meine Frage war kurz, korrekt und völlig nutzlos. Ich hatte demnach mit der Microsoft-Hotline gesprochen. Das Microsoft-Gebäude liegt 5 Meilen westlich vom Flughafen Seattle, Kurs 87 Grad.“

Bill Gates geht zum Psychologen: „Herr Doktor, ich glaub, alle Leute hassen mich!“
Meint der Doktor: „Aber Herr Gates, das geht doch gar nicht ... es kann Sie ja nicht jeder kennen.“

Die amerikanische Post hat die Verdienste Bill Gates gewürdigt, sein Konterfei ziert eine Briefmarke. Im täglichen Betrieb zeigte sich jedoch, dass diese Briefmarken nicht klebten. Die eingesetzte Untersuchungskommission kam nach wenigen Monaten zu folgendem Ergebnis: Die Briefmarke ist völlig korrekt. Gegen den Kleber ist ebenfalls nichts zu sagen. Die Kunden spucken nur auf die falsche Seite ...

Warum klebten auf allen Intel-PCs „Intel inside“?
Ein Warnhinweis war einfach nötig.

Eine Minute kann verschieden lang sein.
Es kommt darauf an, auf welcher Seite der Toilettentür man steht!

Amerikanische Wissenschaftler haben einen Supercomputer entwickelt, der angeblich alles wissen soll! Ein Kaufinteressent möchte ihn natürlich vor dem Kauf testen und stellt eine Testfrage: „Wo ist mein Bruder zur Zeit?“, will er vom Computer wissen.
Die Wissenschaftler geben die Frage ein und der Computer rechnet. Dann druckt er aus: „Ihr Bruder sitzt in der Maschine LH474 nach Peking! Er will dort mit der Firma Osuhushi einen Vertrag in Höhe von 2 Mio. Dollar abschließen über die Lieferung von ...“
Der Käufer ist begeistert, will aber noch einen Test durchführen lassen und wissen: „Wo ist mein Vater zur Zeit?“
Wieder rechnet der Computer und druckt aus: „Ihr Vater sitzt am Mississippi und angelt!“
„Haa!“, schreit der Käufer, „wusste ich's doch, dass der Computer nicht alles weiß! Mein Vater ist seit fünf Jahren tot!“
Die Wissenschaftler sind bestürzt, überlegen und geben dann die Frage noch mal zur Kontrolle ein. Der Computer rechnet länger und druckt: „Tot ist der Gatte Ihrer Mutter! Ihr Vater sitzt am Mississippi und angelt!“

Bill Gates geht am Privatstrand seiner Villa spazieren. Er sieht eine Flasche auf dem Sand liegen, öffnet Sie, und es erscheint ein Flaschengeist: „Danke für die Rettung aus der Flasche, Bill. Du hast nun einen Wunsch frei. Was es auch sei, ich werde ihn dir erfüllen."
Gates überlegt und sagt: „Hier ist eine Landkarte mit allen Krisen- und Kriegsgebieten der Erde. Ich möchte, dass dort überall Frieden herrscht."
Der Geist nimmt die Karte, stöhnt und meint: „Das ist einfach zu viel. Hunderte von Kriegen, hassende Menschen, religiöse Fanatiker. Ich bin doch nur ein einfacher Flaschengeist, das kann ich nicht alles wieder geradebiegen. Hast du nicht noch irgendeinen einfacheren Wunsch?"
Gates: „Ja, doch. Ich möchte, dass alle gröberen Fehler aus Windows verschwinden."
Der Flaschengeist überlegt und sagt: „Zeig mir doch noch einmal die Landkarte ..."

Ein leerer Bus kommt an eine Haltestelle, zehn Fahrgäste steigen ein. An der nächsten Haltestelle steigen elf Menschen aus und der Bus fährt weiter.
Drei Wissenschaftler beobachten und kommentieren das Geschehen.
Biologe: „Ganz einfach! Die Fahrgäste haben sich vermehrt." Physiker: „Zehn Prozent Messtoleranz muss man wohl berücksichtigen."
Informatiker: „Wenn jetzt einer einsteigt, ist der Bus leer."

Sie können so lange in Zuverlässigkeit investieren, bis die Kosten eines Fehlers überholt sind oder jemand darauf besteht, mal sinnvolle Arbeit zu leisten.

Treffen sich Windows und ein Kuhfladen.
Fragt der Fladen: „Was bist du denn?"
„Ich bin ein Betriebssystem."
„Wenn du ein Betriebssystem bist, bin ich eine Sachertorte."

In der Microsoft-Zentrale wird ein Säugling gefunden. Das Jugendamt ermittelt, wer der Vater ist. In Betracht gezogen werden auch Bill Gates und seine Mitarbeiter. Dieser Verdacht wird jedoch bald verworfen:
„Ein Microsoft-Mitarbeiter kann unmöglich der Vater des Kindes sein:
1. Bei Microsoft wird nichts mit Lust und Liebe gemacht.
2. Bei Microsoft war noch nie etwas innerhalb von neun Monaten fertig.
3. Bei Microsoft ist noch nie etwas entstanden, was von Anfang an Hand und Fuß hatte."

Microsoft-Programmierer fliegen zur Comdex. Ein Kranich schlägt durch die Frontscheibe ins Cockpit. Der Pilot setzt zur Notlandung an. Die Programmierer protestieren: „Weiterfliegen! Vielleicht merkt's keiner."

Dialog zwischen Computer und Anwender
Passworteingabe: ananas
„Dein Passwort ist zu kurz."
geschaelte ananas
„Dein Passwort muss mindestens eine Ziffer enthalten."
geschaelte 1 ananas
„Dein Passwort darf keine Leerzeichen enthalten."
verdammtegeschaelte1ananas
„Dein Passwort muss Grossbuchstaben enthalten."
VERDAMMTEgeschaelte1ananas
„Dein Passwort darf nur Großbuchstaben enthalten, die nicht aufeinander folgen."
VerdammteGeschaelte1AnanasdieIchDirindenHinternSchiebe,WennDuNichtEndlichDasVerdammtePasswortAnnimmst!!!
„Dein Passwort darf keine Satzzeichen enthalten."
JetztWerdeIchLangsamRichtigSauerVerdammteGeschaelte1AnanasdieIchDirindenHinternSchiebeWennDuNichtEndlichDasVerdammtePasswortAnnimmst
„Das Passwort ist bereits vergeben. Wähle bitte ein anderes!"

In einem Auto fahren ein Ingenieur, ein Physiker und ein Programmierer. Das Auto bleibt plötzlich mit einer Panne liegen.
Da sagt der Ingenieur: „Mist, das liegt bestimmt an der Einspritzanlage, ich schau mir das mal an."
Sagt der Physiker: „Ach was, da ist nur ein Kabel lose."
Sagt der Programmierer: „Glaube ich nicht. Wir steigen alle mal aus, dann wieder ein, und dann wird's schon wieder gehen."

Bill Gates besichtigt den Rohbau seines 50-Millionen-Dollar-Hauses. Bei der Inspektion der Netzwerkinstallation stürzt er 20 Meter tief in einen Kabelschacht, wird schwer verletzt per Hubschrauber ins Krankenhaus gebracht. Um Mitternacht betritt ein Geist die Intensivstation:
„Ich habe zwei Nachrichten für Sie, Herr Gates, eine gute und eine schlechte."
Gates: „Zuerst die gute!"
Geist: „Wir haben im Himmel alle PCs auf Windows umgestellt."
Gates: „Toll, und wie lautet die schlechte Nachricht?"
Geist: „Wir haben jede Menge Probleme, und ich nehme Sie jetzt mit zum Troubleshooting."

Prozeß Apple gegen Microsoft. Es geht um Copyrightrechte, die sich Microsoft exklusiv sichern wollte.
Der Tag der Hauptverhandlung bricht an. Bill Gates möchte von seinem Anwalt ständig über den Lauf der Dinge unterrichtet werden.
Nachmittags trifft eine E-Mail bei ihm ein: „Die gerechte Sache hat gesiegt!"
Bill Gates schreibt zurück: „Sofort Berufung einlegen!"

Wenn SAP Toaster herstellen würde, wäre das Bedienungshandbuch etwa 5.000 Seiten dick, der Toaster hätte 500 Schalter, die alle nach exaktem Muster eingeschaltet werden müssten. Ein Team von Basis- und Funktionsunternehmern würde ungefähr ein Jahr brauchen, um den Toaster bestmöglich zu konfigurieren, und dann nochmals sechs Monate, um ihn zu testen. In der Zwischenzeit müsste Ihre gesamte Familie ausgedehnte Ausbildungskurse besuchen, um zu lernen, wie der Toaster zu bedienen ist. Und wenn einmal alles läuft, so werden Sie sagen, dass Sie den besten Toaster der Welt haben.

Stoßgebet eines Computergeschädigten: „Computer unser, der Du bist in der EDV, geheiligt sei Dein Bildschirm, meine Eingabe komme, Dein Wille geschehe, wie im Speicher, so auch auf dem Drucker. Unsere täglichen Listen gib uns heute, und vergib uns unsere Errors, obwohl wir nicht denen vergeben, die falsch programmiert haben. Lass uns nicht zu lange warten und erlöse uns von den Systemabstürzen. Denn Dein ist die Firma, die Macht und das Personal In Ewigkeit: Enter."

„Der Kaffeetassenhalter ist abgebrochen."
„Der was, bitte?"
Der Tassenhalter, bis jetzt funktionierte er tadellos, nur ist er für große Tassen zu schwach."
„Äh, was steht denn auf diesem Tassenhalter?"
„Mitsumi 8x ..."

Bill Gates warb damals für Windows 95 mit dem Stones-Song „Start me up“. Er soll dafür 14 Millionen Dollar an Mick Jagger bezahlt haben. Anwender sollen ihm schon früh angeraten haben, die nächsten 14 Millionen bereitzumachen, damit er den Song „I Can't Get No Satisfaction“ kaufen kann.

Wenn Baumeister Gebäude so bauten, wie Programmierer Programme machen, dann würde der erste Specht, der vorbeikäme, die Zivilisation zerstören.

Anruf bei der AOL-Hotline.
Anrufer: „Ich habe da gerade Ihre CD bekommen, mit Internet und so, aber sie funktioniert nicht!“
Hotline: „Was passiert denn, wenn Sie die CD ins Laufwerk legen?“
Anrufer: „Gar nichts.“
Hotline: „Was haben Sie denn für ein Computersystem?“
Anrufer: „Eine Playstation.“

Theorie ist, wenn man alles weiß und nichts klappt. Praxis ist, wenn alles funktioniert und keiner weiß warum. Bei Windows sind Theorie und Praxis vereint: Nichts funktioniert, und keiner weiß warum.

Kunde: „Ich hätte gern ein TAG-Ram für das ASUS P55."
Verkäufer: „Ist das was mit Hardware?"
Kunde: (??) „Hmm, ja."
Verkäufer: „Geht das in Richtung Festplatte oder CD-ROM?"
Kunde: „Weniger. Das ist ein kleiner Käfer, mit vielen Beinen dran."
Verkäufer: „Moment, da muss ich meinen Kollegen holen ..."

Auf dem Weg zum Büro findet der Programmierer einen Frosch. „Eine Hexe hat mich verzaubert. Ich bin eine Prinzessin. Küsse mich und ich werde deine Freundin." Der Programmierer nimmt den Frosch mit ins Büro. Nach einer Weile quakt der Frosch: „Warum küsst du mich nicht? Eine Hexe hat mich verzaubert. Ich bin eine Prinzessin. Küsse mich und ich werde deine Freundin."
„Für eine Freundin fehlt mir die Zeit, aber ein sprechender Frosch ist ziemlich cool."

Hilfloser Kunde ruft die Hotline der Herstellers an: „Ähm, ich brauche Hilfe beim Auspacken des Computers!"
Berater: „Was ist denn das Problem?"
Kunde: „Ich bekomm den Karton nicht auf."
Berater: „Hmm, ich würde das Klebeband abreißen und dann den Karton öffnen."
Hilfloser Kunde: „Äh ... ok. Danke."

# Legen Sie Ihr Geld doch in Alkohol an ...

Gespräch in einer Bank: „Wie soll ich nur meine Gewinne investieren?“
„Legen Sie das Geld doch in Alkohol an. Wo sonst gibt es vierzig Prozent?“

Bei einem Vorstellungsgespräch sagt der Bewerber zum zukünftigen Boss: „Wie viel werde ich denn ungefähr verdienen?“
Der Boss antwortet: „So um die 500 Euro im Monat.“
Der Mann sagt: „Das ist aber ganz schön wenig!“
Antwort des Chefs: „Später wird es sicher mehr!“
Daraufhin erklärt der Mann: „Na gut, dann komme ich später wieder!“

Zwei Börsianer unterhalten sich. Fragt der eine: „Hast du Devisen?"
Da antwortet der andere: „Nur eine: Seid nett zueinander!"

Ein Familienvater denkt nach und sagt: „Ich weiß jetzt genau, warum ich Weihnachten als Kind immer so schön fand. Ich musste damals die Geschenke nicht bezahlen!"

Wie macht man an der Börse ein kleines Vermögen?
Indem man ein großes mitbringt.

Wann ist denn ein Mann tatsächlich einen Euro wert?
Dann, wenn er im Supermarkt einen Einkaufswagen schiebt.

Die Uroma Klara bekommt zum 100. Geburtstag von der Stadt 5.000 Euro.
Ein Reporter fragt sie: „Was machen Sie denn mit dem vielen Geld?"
„Das hebe ich mir für meine alten Tage auf!"

Zwei Daytrader unterhalten sich: „Was machst du mit deinem Jahresgewinn?"
„Ich kaufe mir einen Anzug."
„Und mit dem Rest?"
„Den stottere ich ab."

Ein Broker will seinen Sohn unbedingt standesgemäß verheiraten. Deshalb geht er zu Rothschild: „Ich habe einen fabelhaften Schwiegersohn für Sie."
Der Baron Rothschild antwortet: „Um meine Tochter reißen sich die attraktivsten und erfolgreichsten Junggesellen."
„Ist darunter auch ein Vizepräsident der Weltbank?"
„Nein, den würde ich selbstverständlich vorziehen."
Daraufhin fliegt der Vater nach Washington zum Chef der Weltbank: „Ich habe einen großartigen neuen Vizepräsidenten für Sie."
Der Chef der Weltbank meint: „Für diesen Job bewerben sich die besten Banker dieser Welt."
„Mag ja sein, aber ist darunter auch schon ein Schwiegersohn von Rothschild?"

„Unsere Bank scheint kurz vor der Pleite zu stehen. Heute habe ich einen Scheck über 900 Euro vorgelegt, und die Angestellten mussten zugeben, dass er nicht gedeckt ist!"

Zwei Schiffbrüchige landen auf einer einsamen Insel.
Einer jammert: „Mein Gott, wir sind verloren!“
Der andere tröstet: „Keine Sorge, die suchen uns ganz bestimmt, ich schulde dem Finanzamt nämlich noch 50.000 Euro!“

Ein Anleger zu seinem Berater: „Ist tatsächlich mein ganzes Geld weg?“
Der Berater antwortet: „Nein, natürlich nicht. Es gehört jetzt nur einem anderen!“

„Wie behandeln Banker ihre Kunden?“
„Wie rohe Eier!“
„Und wie behandelt man rohe Eier?“
„Man haut sie in die Pfanne!“

In der Bank hebt ein Mann 2.000 Euro in 50-Euro-Scheinen ab. Vorsichtshalber zählt er das Geld nach: „50-100 150-200-250 ...“ Bei 1000 hört er auf.
„Warum zählen Sie denn nicht weiter?“, fragt der Kassierer.
„Och“, meint der Kunde, „wenn's bis dahin stimmt, dann ist der Rest sicher auch in Ordnung.“

Wann rechnet die Mehrheit mit einem Crash?
Wenn in den Bankhochhäusern die Fenster versiegelt werden.

Zwei Broker unterhalten sich nach einem niederschmetternden Zusammenbruch. Der erste meint: „Hast du dir schon einen Revolver gekauft?“
Der andere resigniert: „Wovon denn?“

„Seit Helmut sein ganzes Vermögen verloren hat, will die Hälfte seiner Freunde nichts mehr von ihm wissen.“
„Und was ist mit der anderen Hälfte?“
„Die weiß es noch nicht!“

Eine alte Dame hebt am Bankschalter das ganze Geld von ihrem Konto ab. Nach nicht mal zehn Minuten kommt sie wieder zurück und zahlt das gesamte Geld wieder ein. Daraufhin fragt der Bankangestellte: „Aber warum haben Sie das Geld denn überhaupt abgehoben?“
Antwort: „Man wird ja wohl mal nachzählen dürfen!“

Durchsage: „Der kleine DAX möchte von seinen Anlegern im Keller abgeholt werden.“

Peter Petersen ist in den Himmel aufgefahren und bekommt seine Wolke zugewiesen. Leider muss er feststellen, dass er diese mit Herrn Kisters teilen muss. Das ärgert ihn um so mehr, als er auf einer anderen Wolke seinen besten Freund, Professor Weniger, mit der gesamten Baywatch-Crew sieht.
Auf seine Beschwerde hin tröstet ihn ein Engel: „Bedenke doch, das ist deren Strafe.“

Herr Müller will bei der Bank ein neues Konto eröffnen. Er füllt zusammen mit einem Banker das Antragsformular aus.
Der Banker: „Name!“
Müller: „Müller.“
„Vorname!“
Müller: „Peter.“
„Geburtstag!“
Müller: „Nächste Wochc.“
Banker: „Nein, ich meine Geburtsdatum, wann sind Sie geboren?“
Müller: „15.04.62“
Banker: „Beruf!“
Müller: „Tontechniker – Blöde Fremdwörter – schreiben Sie einfach: Töpfer!“

Liebling, wie wär es, wenn wir dieses Jahr unseren Urlaub auf den Bahamas verbringen?“
Er antwortet: „Es tut mir wirklich leid, Schatz, aber wir müssen doch an unsere Schulden denken!“
Daraufhin meint sie: „Ja, gewiss, aber das können wir doch auch auf den Bahamas tun.“

Oma Frühsam gibt einem Bettler zwei Euro und ermahnt ihn: „Dass Sie mir aber keinen Alkohol kaufen!“
„Ihnen?“, fragt dieser, „wie käme ich denn dazu?“

Opa Knurrer seufzt am Stammtisch: „Wie viel besser war es früher. Damals aßen die Fußballer ihre Suppe noch zu Hause und nicht im Werbefernsehen!“

Die Oma sagt zu ihrer Enkelin: „Zu Weihnachten darfst du dir von mir ein ganz schönes Buch wünschen.“
Daraufhin antwortet die Enkelin: „Das ist aber schön, da wünsche ich mir natürlich dein Sparbuch!“

Ein Ölscheich sagt in einer Galerie: „Picasso bewundere ich nun wirklich. Es gibt niemanden, der sein Öl so teuer verkaufen konnte wie er.“

„Hör mal, wo hast du mein Ratgeberbuch ‚Wie werde ich 120?' gelassen?"
„Das hab ich verbrannt."
„Warum denn?"
„Deine Mutter hat schon darin gelesen!"

„Mein Opa ist schon achtzig und joggt noch jeden Morgen drei Kilometer."
„Toll, und was macht er am Nachmittag?"
„Da macht er sich auf den Heimweg."

Was macht der englische Rentner morgens um acht Uhr? Er trinkt seinen Tee und geht zum Kricketspiel.
Und was macht der französische Rentner um acht Uhr? Er trinkt seinen Kaffee und besucht die Freundin.
Und was macht der deutsche Rentner morgens um acht Uhr? Er wirft seine Herztabletten ein und rennt zur Schwarzarbeit, um die Rente aufzubessern.

„Herr Schroeder, Sie sind wirklich kerngesund!", lobt der Internist den fitten Patienten. „Mit Ihrer Konstitution werden Sie mindestens achtzig Jahre alt!"
„Aber ich bin doch schon achtzig, Herr Doktor!"
Darauf reagiert der Arzt begeistert: „Na, was habe ich Ihnen gesagt!"

Wie viele Aktienhändler sind notwendig, um eine Glühbirne zu wechseln?
Zwei – einer lässt die Birne fallen, und der andere versucht sie zu verkaufen, bevor sie abgestürzt ist.

Eine Frau ruft bei einem Radiosender an.
„Ich habe gestern eine Börse mit 10.000 Euro drin gefunden. Außerdem habe ich noch eine Visitenkarte darin entdeckt. Diese ist auf den Namen Bernd Maier, Langer Weg 17 ausgestellt. Bitte spielen Sie doch irgendein schönes Lied für diesen Mann ...“

„Den Jahresüberschuss tragen Sie in Schwarz ein“, sagt der Chef zu seinem Buchhalter.
„Wir haben aber keine schwarze Tinte mehr.“
„Mann, dann kaufen Sie eben welche.“
„Dann sind wir aber wieder in den roten Zahlen!“

„Für zwanzig Euro sage ich Ihnen die Zukunft voraus“, verspricht die Wahrsagerin.
„Sie wollen eine Wahrsagerin sein?“, kommt es ungnädig zurück. „Wenn Sie nur etwas davon verstünden, dann wüssten Sie, dass ich gar kein Geld habe!“

# Lauter Macken: unsere und die der anderen

# Was haben ein Hühnerei und ein Kölner gemeinsam?

Was haben ein Hühnerei und ein Kölner gemeinsam?
Beide kann man in die Pfanne hauen.

Der Vater geht mit seiner Tochter durch die Stadt. Als ihnen ein Mann entgegenkommt, begrüßt ihn die Tochter mit einem freundlichen „Hallo!“. Da wundert sich der Vater und fragt das Kind:
„Woher kennst du denn den Mann da eben?“
Das Mädchen hingegen wundert sich auch: „Kennste den etwa nicht? Das ist doch der Typ vom Umweltschutz, der kommt doch jeden Tag und fragt die Mama, ob die Luft rein ist.“

Zwei kölsche Putzfrauen bei der Arbeit. Die eine: „Ich mach' Diät." Darauf die andere: „Joot, dann mach ich die Finster."

Fliegt eine Taube über den Chlodwigplatz, kommt eine Birne vorbei.
„Hää?", sagt der Vogel. „Birnen können doch gar nicht fliegen!"
Antwortet die Birne: „Ich schon, ich bin nämlich die Birne Maja."

Ein Einbrecher ist gerade bei einem Einbruch in Marienburg zu Gange, als er plötzlich von einer Stimme erschreckt wird: „Voooorsicht, Jeeeeesus sieht dich." Er durchsucht den Raum, leuchtet mit seiner Taschenlampe alles ab und findet tatsächlich den Übeltäter. In einer Raumecke steht ein Papageienkäfig.
Darauf der Einbrecher zum Papagei: „Warst du das etwa? Kannst du sprechen? Wie heißt du denn?"
„Ottfried Fischer."
„Ottfried Fischer??? Das ist ja ein total bescheuerter Name für 'nen Papagei!"
Darauf der Papagei: „Ja, aber Jesus ist auch ein total bescheuerter Name für 'ne Bulldogge."

Warum fährt der Mannschaftsbus von den Kölner Haien neuerdings über jede rote Ampel, die er kriegen kann? Die haben gehört, dass man damit wenigstens ein paar Punkte in Flensburg holen kann.

Ein Mann kommt in den Himmel und sieht eine Menge Uhren, deren Zeiger sich alle in verschiedenen Geschwindigkeiten bewegen. Er fragt Petrus: „Was sind denn das für seltsame Uhren?"
Petrus antwortet: „Für jede Stadt auf der Erde gibt es eine Uhr, und jedes Mal, wenn dort ein Schlawiner geboren wird, bewegt sich der Zeiger um eine Sekunde nach vorn."
„Aha. Und wo ist die Uhr für Köln?"
„In der Küche – wir benutzen sie als Ventilator."

Ein Krefelder und ein Kölner basteln an einer Schrotflinte herum. Der Kölner schaut vorn ins Rohr, während der Krefelder hinten am Abzug rumspielt. Plötzlich löst sich ein Schuss. Der Kölner vor dem Rohr sieht gleich ganz anders aus. Meint der Krefelder: „Schau doch nicht so, ich hab mich doch auch erschreckt!"

Ein Tourist spricht einen Düsseldorfer an: „Wie komme ich schnell ins Krankenhaus?"
Der Düsseldorfer: „Nenn mich Kölner."

Ein Kölner, ein Berliner und ein Düsseldorfer sitzen in Saudi-Arabien (ein Land, in dem absolutes Alkoholverbot herrscht) in einem Hotel und leeren ein ins Land geschmuggeltes Fass Bier. Plötzlich fliegt die Türe auf, die Polizei steht im Rahmen und nimmt sie mit zum Scheich.
Urteil: Todesstrafe. Sie legen Berufung ein.
Urteil: Lebenslang. Da aber Nationalfeiertag in Saudi-Arabien ist, werden sie vom Scheich begnadigt, jeder soll aber 20 Peitschenhiebe bekommen. Der Scheich verkündet das Urteil, sagt aber, dass jeder noch einen Wunsch frei habe.
Sagt der Berliner: „Binde mir ein Kissen auf den Rücken!“
Nach 10 Peitschenhieben geht das Kissen kaputt.
Als Nächstes ist der Kölner dran. Der überlegt kurz, denkt, dass zwei Kissen besser wären, und wünscht sich zwei Kissen auf dem Rücken. Nach 10 Peitschenhieben sind aber wieder beide Kissen kaputt.
Jetzt ist der Düsseldorfer dran. Als der Scheich hört, dass er aus Düsseldorf kommt, hat er Mitleid. Er sagt: „Du bist ein armer Kerl. Mit Fortuna ist nichts los, die DEG hatte auch schon bessere Zeiten. Du hast zwei Wünsche frei!“
Da antwortet der Düsseldorfer: „Ich wünsche mir 40 Peitschenhiebe!“
Der Scheich ist verblüfft und fragt: „Was ist denn dein zweiter Wunsch?“
Der Düsseldorfer antwortet: „Binde mir den Kölner hinten drauf!“

Warum sprechen Blondinen nicht mit Kölnern? So doof sind sie nun auch wieder nicht.

Ein Engel steht an der „Kinderentstehungsmaschine“. Er dreht an einer Kurbel, und bei jeder Umdrehung kommt hinten ein Kind heraus. Damit er eine gerechte Aufteilung hat, sagt er immer vor sich her: „Mädel, Bub, Depp, Mädel, Bub, Depp, Mädel, Bub, Depp“ usw. Da wird er zu einer wichtigen Besprechung gerufen, übergibt die Arbeit seinem Lehrling und befiehlt ihm: „Du machst weiter, genau wie ich, immer nur drehen: Mädel, Bub, Depp, Mädel, Bub, Depp, Mädel, Bub, Depp...“
Als der Engel nach zwei Stunden von der Besprechung zurückkehrt, hört er schon von Weitem: „Depp, Depp, Depp, Depp, Depp, Depp ...
Er rennt zu seinem Lehrling: „Bist du wahnsinnig – du bringst ja alles durcheinander!“
Darauf der Lehrling: „Keine Sorge, alles in Ordnung. Wir haben einen Großauftrag für Köln bekommen.“

Was haben Wolken und Kölner gemeinsam? Wenn sie sich verziehen, könnte es ein schöner Tag werden.

Ein Düsseldorfer, ein Kölner und ein Afrikaner warten auf der Entbindungsstation. Kommt die Hebamme aufgeregt raus und schreit: „Meine Herren, wir haben die Kinder verwechselt.“ Da rennt der Düsseldorfer rein und schnappt sich das Kind des Afrikaners.
Sagt die Hebamme: „Das kann doch nicht Ihr Kind sein.“
Darauf der Düsseldorfer: „Egal, Hauptsache, kein Kölner.“

Warum heißt die große Kirche in Köln Dom?
Weil die Kölner Kathedrale nicht schreiben können.

Ein Düsseldorfer fährt mit der Bahn. Auf einmal fährt der Zug die Böschung runter, am Fluss entlang, die Böschung wieder hoch und erneut auf die Schienen. Da fragt der Düsseldorfer den Schaffner: „Hören Sie mal, der Zug ist gerade die Böschung runter, am Fluss entlang, die Böschung wieder hoch und auf die Schienen. Was war denn los?“
„Keine Ahnung“, antwortet der, „fragen Sie den Lokführer.“
Er fragt den Lokführer: „Eine Frage: Der Zug ist doch gerade die Böschung runter, am Fluss entlang, die Böschung wieder hoch und auf die Schienen. Was ist denn passiert?“
Darauf antwortet der Lokführer: „Ein Kölner hat auf den Schienen gestanden.“
„Aber da fährt man doch einfach drüber“, meint der Düsseldorfer.
„Ja eben“, antwortet der Lokführer,
„der ist nämlich dann die Böschung runter, am Fluss entlang, die Böschung wieder hoch und wieder auf die Schienen!“

Wie viele Kölner braucht man, um eine Glühbirne auszuschrauben?
Alle, die müssen erst mal suchen, wo ihnen denn überhaupt ein Licht aufgegangen sein soll!

Lieber PC-Benutzer, bei einer Routineuntersuchung fiel auf, dass bei vielen Rechnern immer noch die Düsseldorfer Tastatur in Benutzung ist. Dies ist sofort zu ändern! Entfernen Sie umgehend die Taste „Alt". Die IT-Abteilung wird Ihnen stattdessen eine Taste „Kölsch" zur Verfügung stellen. Vorgenanntes gilt selbstverständlich auch für die nie benutzte Taste „Alt Gr". Diese ist gegen „Kölsch 0,4 l" auszutauschen.

> Was ist eine Blondine zwischen zwei Kölnern?
> Antwort: „Nicht mehr die Dümmste".

Traue nie den funkelnden Augen eines Kölners, denn es könnte die Sonne sein, die durch seinen hohlen Kopf scheint.

> Warum sind die Düsseldorfer dafür, die Autobahnausfahrten genauer beschriften zu lassen?
> Damit sie von den Kölnern nicht mehr verstanden werden und die nicht mehr nach Düsseldorf finden!

Was ist der Unterschied zwischen ‚gratis' und ‚umsonst'?
In den meisten Städten gehen die Kinder gratis zur Schule, in Köln gehen sie umsonst.

Ein Düsseldorfer und ein Kölner gehen durch den Wald. Plötzlich kommt ihnen ein Bär entgegen. Der Kölner zittert vor Angst, und der Düsseldorfer setzt sich auf einen Baumstamm, greift in seinen Rucksack und holt ein paar Joggingschuhe heraus. Der Kölner wird immer nervöser, der Düsseldorfer zieht sich in aller Ruhe den linken Schuh an und grinst. Als er den rechten Schuh anzieht, ist der Bär schon ziemlich wütend und nah an beide herangekommen.
Der Kölner sagt: „Hey, Düsseldorfer, wie dumm bist du eigentlich? Was soll das mit den Joggingschuhen? Ich habe gehört, dass Bären viel schneller laufen können als Menschen."
Da sagt der Düsseldorfer: „So wie ich die Sache sehe, reicht es völlig, wenn ich schneller bin als du!"

Was ist ein Kölner auf dem Mond?
Ein Versuch.
Was sind alle Kölner auf dem Mond?
Die Lösung.

Warum liegt auf dem Kölner Marktplatz so wenig Taubendreck?
Auch Tauben haben ihren Stolz!

Ein Münchner kommt nach Köln und schaut bei einer Prozession mit sichtlichem Wohlgefallen den kleinen, weiß gekleideten Mädchen zu. Er beugt sich zu einem der Mädchen, streicht ihm übers Haar und sagt: „Du bist aber ein hübsches Kind!“
Antwort: „Ich bin awwer 'en Engelcher, du Blödmann.“

Treffen sich zwei Düsseldorfer. Der eine erzählt: „Ich flog neulich mit einem Flugzeug über Köln.“
Sein Freund fragt: „Und was haste gesehen?“
„Einen riesigen Parkettfußboden!“
„Wie?“
„Wirklich! Alle mit 'nem Brett vorm Kopf haben hochgeguckt!“

Warum kann ein Kölner nicht schön und klug gleichzeitig sein? – Weil es sonst ein Düsseldorfer wäre!

Ein Mensch möchte sich ein neues Gehirn einsetzen lassen. Der Chirurg berät ihn: „Wir haben hier normale Gehirne, die kosten 1.000 Euro. Dann haben wir noch die Gehirne von Akademikern, die kosten 5.000 Euro. Und die von Kölnern kosten 10.000 Euro.“ Darauf der Mann verwundert: „Aber warum sind denn ausgerechnet die Gehirne von Kölnern am teuersten?“
„Die sind doch noch nie benutzt worden!“

Woran erkennt man, dass ein Kölner ins Internet einsteigen wollte?
An den Fußabdrücken auf dem Bildschirm.

Warum fahren Kölner gerne BMW?
Weil sie wenigstens das buchstabieren können ...

Wann verliert ein Kölner acht Prozent seiner Intelligenz?
Wenn seine Düsseldorfer Freundin ihn verlässt!

Was passiert, wenn man einen Kölner mit einem Husky kreuzt?
Entweder man bekommt einen winterfesten Kölner oder einen blöden Hund!

Drei Bettler, die den ganzen Tag in der Königsallee sitzen, vergleichen am Abend ihre Einnahmen. Der erste hat 5 Euro. „Was hast du auf dein Schild geschrieben?“, fragt der zweite. „‚Habe Hunger‘.“
Der zweite hat 50 Euro erbettelt. „Was stand denn auf deinem Schild?“ fragt der erste.
„‚Habe Hunger und Durst‘.“ Der Dritte hat 500 Euro. „Was stand denn auf deinem Schild?“, will der erste wissen.
„‚Ich will zurück nach Köln.‘“

Während zwei Jungs auf einer Wiese nahe des Geißbockheims in Köln Fußball spielen, wird der eine plötzlich von einem Schäferhund angegriffen und ins Bein gebissen. Der andere Junge nimmt sofort einen Stock, steckt ihn in das Halsband des Hundes und bricht dem Hund das Genick, welcher daraufhin das Bein endlich loslässt. Ein Journalist, der das Geschehen gerade verfolgt hat, rennt sofort zu dem Jungen, um ein paar Bilder zu machen und ihn zu interviewen. Er schreibt in sein Notebook:
„Äffzeh-Fänn rettet dursch Heldentat singe Fründ, dä vun en wilde Bestije anjejriffen wod."
Der Junge: „Aber ich bin doch gar kein FC-Fan."
Der Journalist korrigiert seine Eingabe: „En kölsche Jung rettet singe Fründ noh Hungsbess!"
Der Junge: „Aber ich bin doch gar nicht aus Köln".
Der Journalist: „Un vun wo bess de dann herjekumme?"
Der Junge: „Ich bin aus Düsseldorf und Fortuna-Fan."
Der Journalist notiert: „Widderlische Rotzblag us Düsseldorf erwürscht hilflosen Welpen!"

Warum fallen Kölner nicht durchs Abitur?
Weil sie die Schule nach der 8. Klasse verlassen.

Der Schiedsrichter fragt den Düsseldorfer, den er auf die Strafbank geschickt hat:
„Warum haben Sie den Kölner in den Bauch getreten?"
Antwort des der Düsseldorfers:
„Das ist nicht meine Schuld – er hat sich doch umgedreht!"

Der Kommandant eines Marineschulschiffes will die Navigationskenntnisse eines Aspiranten prüfen. Er befiehlt ihm, den Standort des Schiffes zu bestimmen. Nach einer halben Stunde legt der Offiziersanwärter dem Kommandanten seine Berechnungen vor. Der Kapitän prüft sie und geht dann an eine große Weltkarte, die an der Stirnwand des Raumes hing.
„Junger Mann“, sagte er, „nehmen Sie die Mütze ab!“
Der Aspirant tut, wie ihm geheißen, ist aber deswegen sehr erstaunt. „Sie sollen die Mütze abnehmen“, sagt der Kommandant, „weil unser Schiff nach Ihren Berechnungen soeben in den Kölner Dom einläuft!“

Was macht ein Kölner, der von der Brücke springt?
Er geht mit gutem Beispiel voran!

Drei Kinder sind im Himmel und betteln beim lieben Gott darum, endlich auf die Erde zu dürfen. Der liebe Gott hat ein Einsehen und sagt: „Ich lasse euch auf die Erde, wenn ihr mir sagt, wo ihr leben möchtet!“.
Das erste Kind sagt: „Da, wo immer die Sonne scheint!“
Es erblickt in Kalifornien das Licht der Welt.
Das zweite Kind sagt: „Ich möchte dahin, wo Berge sind!“
Das Kind kommt auf einer Alm in Österreich zur Welt.
Das dritte Kind rutscht auf seiner Wolke aus und ruft: „So ein Mist.“ Und wird in Köln geboren.

Ein Kölner will im Winter angeln und versucht verzweifelt, ein Loch ins Eis zu schlagen. Plötzlich hört er von oben eine laute Stimme: „Hier gibt es keine Fische!“
Der Kölner sieht sich erschrocken um, kann aber niemanden sehen und versucht weiterhin, ein Loch in das Eis zu schlagen. Plötzlich hört er wieder diese schallende Stimme: „Hier gibt es keine Fische!“
Der Kölner springt auf und fragt ängstlich: „Bist du Gott?“
Da antwortet die Stimme: „Nein, ich bin Volker, der Stadionsprecher von der Brehmstraße.“

Was sagte Gott, nachdem er die Kölner erschaffen hatte?
„Ich glaube, ich probier's lieber noch einmal ...“

Der Kölner zu seinem Arzt: „Ich bin schwer krank und habe Schmerzen am ganzen Körper. Wenn ich mir mit dem Finger an den Kopf tippe, tut es weh, wenn ich mir an den Hals tippe, tut es weh, wenn ich mir auf die Brust tippe und sogar, wenn ich mir ans Bein tippe, tut es weh!“
Darauf der Arzt: „Äh, dem Dialekt nach sind Sie Kölner, oder?“
„Ja, warum?“
„Weil mir Ihre Beschwerden vollkommen klar sind: Sie haben sich den Finger gebrochen!“

Warum nehmen Kölner einen Zollstock mit ins Bett? Damit sie messen können, wie tief sie geschlafen haben.

Warum will ein Düsseldorfer auf dem Sterbebett unbedingt ein Kölner werden?
Lieber ein Kölner weniger als ein Düsseldorfer!

Wie kann man einen Kölner tagelang beschäftigen?
Man gibt ihm ein Blatt Papier und schreibt auf beide Seiten: „Bitte wenden!"

Zwei Kölner warten auf den Bus, da sagt der eine:
„Ich warte auf Bus 4."
Der andere: „Und ich auf Bus 12."
Da kommt Bus 16. Sagt der eine: „Jetzt können wir zusammen fahren!"

Bei der Musterung: „Ihr Name ...?"
„Schmitz."
„Schmitz? ... Schmitz? ... Haben Sie eventuell einen Verwandten in Köln?"

Die junge, hübsche Sekretärin ist mit ihrem Chef verreist. Kaum haben die beiden das Hotelzimmer betreten, läutet das Telefon. Der Portier meldet ein Gespräch aus Köln an. Erkundigt sich die Sekretärin: „Wer ist denn dran?“ Darauf der Portier: „Sie selbst, gnädige Frau!“

Sitzen zwei Kölner auf einem Baum, und einer der beiden sägt an dem Ast, auf dem beide sitzen. Da kommt ein Düsseldorfer vorbei, schaut sich das an und sagt: „Hey, ihr beiden, ihr fallt gleich runter und brecht euch alle Knochen!“
Die beiden Kölner schauen ihn verständnislos an, und der eine sägt weiter.
Der Düsseldorfer entfernt sich kopfschüttelnd. Nach kurzer Zeit es so weit, der Ast bricht ab. Die beiden fallen auf die Schnauze und brechen sich alle Knochen. Nach acht Wochen Krankenhaus kommen die beiden, verpackt in viel Gips und mit Verbänden, wieder raus. Der erste Weg führt sie in eine Kneipe, weil sie schnell ein Kölsch zischen wollen. Plötzlich geht die Tür auf, und der Düsseldorfer kommt rein. Da sagt der eine Kölner zu dem anderen: „Mensch, bloß schnell weg hier! Da kommt schon wieder dieser Wahrsager!“

Warum stellen Kölner immer eine leere Flasche in den Kühlschrank?
Falls jemand vorbeikommt, der nichts trinken will.

Ein Düsseldorfer und ein Kölner hatten auf einer Landstraße einen schweren Verkehrsunfall, und beide sind tödlich verunglückt. Sie stehen vor Petrus und wollen in den Himmel. Petrus fragt den ersten: „Was war los?"
Der Düsseldorfer: „Bin gerade bei einem Verkehrsunfall ums Leben gekommen und möchte nun in den Himmel."
Petrus fragt ihn: „Wo kommst du denn her?"
Der Mann sagt, dass er Düsseldorfer sei, und Petrus gewährt ihm Einlass.
Kurz darauf steht der Kölner vor der Himmelspforte und möchte auch in den Himmel. Petrus fragt ihn ebenfalls, wo er denn herkomme. Der Mann sagt, er sei aus Köln, woraufhin Petrus die Türe wieder schließt. Der Kölner reagiert schnell, stellt einen Fuß in die Türe und meint: „Ich möchte auch in den Himmel. Schließlich habe ich auf Erden 40 Jahre lang Kirchensteuer bezahlt!"
Petrus erwidert: „Moment, bitte. Ich sprech mal mit dem lieben Gott."
Nach fünf Minuten kommt er zurück und sagt dem Kölner: „Alles klar! Ich hab mit dem Chef gesprochen! Das Geld kriegst du wieder!"

Ein Kölner kommt nach Düsseldorf und will seinen Wagen verschrotten lassen.
„Wat koss mich dat?"
Der Verschrotter antwortet: „Wenn du im Wagen drin bleibst, ist dat umsonst."

In Köln geht ein kleiner Junge mit einem Rosinenbrot, aus dem er sorgfältig die Rosinen herauspickt, über die Straße. Ein Pater, der ihm begegnet, mahnt: „Mein Sohn, wie kannst du nur die Rosinen aus dem Brot picken, das du deiner Mutter mitbringen sollst!"
Der Junge hält inne und erwidert: „Erstens, Herr Pfarrer, bin ich nicht Ihr Sohn, denn Sie sind nicht mein Vater. Zweitens hat meine Mutter ein Brot ohne Rosinen bestellt. Drittens geht Sie das alles gar nichts an. Und viertens bin ich evangelisch!"

Was sagte der liebe Gott, nachdem er die Düsseldorfer erschaffen hatte?
„So, Hirn ist alle, jetzt machen wir Kölner!"

Fährt ein kölscher LKW-Fahrer über 'ne Landstraße. Plötzlich blinkt ihn ein Düsseldorfer in seinem hellblauen Mazda Cabrio raus.
Der Düsseldorfer sagt: „Hi, ich bin Andy, und dies ist mein Handy, und neben mir sitzt Mandy, und Sie verlieren Ladung!" An der nächsten Ampel wiederholt sich die Szene.
Jetzt reicht es dem Kölner und er sagt: „Ich bin der Günther, und es ist Winter, und ich fahr 'nen Streuwagen!"

Ein Düsseldorfer steht vor Gericht, weil er zwei Kölner überfahren hat.
Richter: „Angeklagter, sagen Sie die Wahrheit!"
Düsseldorfer: „Die Straße war vereist, mein Wagen ist ins Schleudern gekommen."
Richter: „Es ist August, Sie sollen die Wahrheit sagen!"
Düsseldorfer: „Es hat geregnet, und Laub war auf der Straße."
Richter: „Seit Tagen scheint die Sonne, zum letzten Mal: die Wahrheit!"
Düsseldorfer: „Also gut, die Sonne schien, schon von Weitem habe ich die Kölner-Spacken gesehen, hasserfüllt habe ich auf sie draufgehalten. Der eine ist durch die Frontscheibe, der andere in einen Hauseingang geflogen. Ich bereue nichts!"
Richter: „Warum denn nicht gleich so? Den einen verklagen wir wegen Sachbeschädigung, den anderen wegen Hausfriedensbruch!"

Über Köln lacht die Sonne – über Düsseldorf die ganze Welt!

Was ist der Unterschied zwischen einem Kölner und einem weißen Hemd?
Mit einem weißen Hemd kann man sich überall sehen lassen.

# Tünnes und Schäl gehen über die Severinsbrücke

Tünnes und Schäl gehen über die Severinsbrücke. Sagt Tünnes: „Da unten in den Rhein hat mir mal jemand mein Brot geschmissen."
Fragt Schäl: „Mit Absicht?"
Tünnes: „Nä, mit Käse!"

„Tünnes, in deine neue Mantel siehste aus wie 'ne Schafhirte."
„Dat kann ja sein, lieber Schäl. Aber damit et auch wirklich echt aussieht, solltest du vor mir hergehen!"

Schäl erkundigt sich bei Tünnes: „Sach mal, wie jeht dat eijentlich dem ollen Pitter? Den han ich schon so lang nit mehr jesinn!"
„Ich glaube, der jeht arbeiten", sagt Schäl.
„Meinste wirklich? Aber dat ich trau dem zu. Für Jeld macht der alles!"

Tünnes gesteht Schäl am Tresen:
„Schäl, ich muss dir eins sagen: De schönste Stunden in mein Leben verdank ich dem Theater. Wat bin ich froh, dat et Theater jibt!"
„Dat is mir aber janz neu, lieber Tünnes. Jehste denn so oft da hin?"
„Nein, ich nit. Aber ming Fru!"

Tünnes und Schäl gehen wirklich mal in die Oper. Ein Logenschließer fragt: „Ein Textbuch, die Herren?"
Tünnes: „Enä, danke, mer könne alle beide nit singe!"
„Aber vielleicht möchten die Herren ein Opernglas?"
Schäl wehrt ab und klopft auf seine Brusttasche:
„Nä, nä – mer trinken aus de Flasch!"

„Tünnes, sag mal, kennst du eigentlich Shakespeare?"
„Nä, danke, lieber Schäl, ich trink nur Kölsch!"

Tünnes trifft Schäl ein paar Tage vor Weihnachten.
Er seufzt: „Es is wirklich schwer, lieber Schäl, wat de Kinder alles zu Weihnachten haben wollen."
Schäl pflichtet ihm bei: „Mein Ältester will en Sportwagen, meine Tochter will en Telefon für sich janz allein und der Jüngste will sogar en lebendisch Krokodil!"
Tünnes: „Dat is noch jarnix! Mein Jüngster will en Brüderchen haben, dat 'n Konditor als Vater hat!"

Tünnes: „Schäl, weißt du eijentlich, wat 'n Defizit is?"
Schäl: „Dat is janz einfach, lieber Tünnes! Defizit is dat, wat de hast, wenn de wenijer hast, wie de hättest, wenn de nix hast! Klar?"

Tünnes und Schäl angeln zusammen bei Sonnenuntergang.
„Mein lieber Schäl, siehste wie de Sonn im Rhein unterjeht? Dat sind de Momente, wo et mir so richtig klar wird, warum ich eijentlich so jern angele!"
„Und warum angelste so jern?"
„Der eine angelt aus Leidenschaft, de andere aus Sport, wieder ne andere, um de Langeweil zu vertreibe ... aber ich, ich angele wäje minge Nerve, nur wäje minge Nerve! Und du?"
„Wäje de Fisch!"

Tünnes: „Kannste mir sagen, lieber Schäl, warum mir immer dat Blut in de Kopp läuft, wenn ich en Koppstand mach? Et läuft mir doch auch nicht in die Füß, wenn ich stehe!"
Schäl: „Dat is janz einfach, lieber Tünnes: Weil deine Füße nicht hohl sind!"

Tünnes steht wegen verbotenen Angelns vor Gericht. Der Richter fragt ihn:
„Als Sie an der besagten Stelle angelten, haben Sie da bona fide geangelt?"
Tünnes: „Nää – met Würm."
„Ich meine", erläutert der Jurist, „ob Sie gutgläubig gehandelt haben?"
„Selbstverständlich", versichert Tünnes.
„Römisch-katholisch!"

Tünnes: „Ich bin seit Neuestem janz verrückt nach de ausländische Briefmarken, haste dat schon jemerkt?"
Schäl: „Jewiss. Ich wusste nur nicht, dat dat von de ausländische Briefmarken kommt!"

„Tünnes, hier in der Zeitung steht, dat in Kölle alle zwei Stund ein Mensch überfahren wird!"
„Schäl, um Jottes Willen, dat is ja schrecklich, wie hält der Ärmste dat denn aus?"

Tünnes: „Haste dat schon jewusst, lieber Schäl, dat et in Klapsmühlen 40 Prozent mehr Männer jibt als Frauen!"
Schäl: „Dat wundert mich nit, lieber Tünnes. Dreimal darfste raten, wer die dorthin jebracht hat ...!"

„Tünnes, haste jewusst, dat de Amerikaner vor kurzem ein Restaurant auf dem Mond eröffnet haben?"
„Wat de nicht sagst, lieber Schäl! Aber jeht dat denn?"
„Nee, et is schon wieder jeschlossen worden. Dat Essen soll zwar sehr jut jewesen sein – aber dat Lokal hatt leider keine Atmosphäre!"

Tünnes sitzt am Stammtisch, Schäl liest aus der Zeitung vor: „Also, da soll man keine Angst kriegen! Hier steht, dass bei jedem Atemzug, den ich tue, ein Mensch stirbt!"
Tünnes nachdenklich: „Haste denn nich wenigstens mal mit Mundwasser probiert?"

Tünnes hat eine durchzechte Nacht hinter sich und liegt wie tot im Rinnstein. Ein Passant beugt sich besorgt über ihn:
„Soll ich einen Arzt holen?" Keine Antwort. „Oder lieber die Polizei?" Tünnes rührt sich nicht.
„Ich glaube", sagt eine alte Dame, die auch dazugekommen ist, „wir sollten besser einen Priester zur

letzten Ölung rufen."
Da richtet Tünnes sich halb auf und stöhnt: „Um Jottes Willen, jetzt bloß nix Fettes!"
Tünnes: „Du, Schäl, weeßte schon dat Neueste? Ich han mir en Ziejenbock jekauft!"
„Wat? Biste verrückt? Wast machste denn nu mit dem Tier? Wo tuste dat denn überhaupt hin?"
„Na, janz einfach: ins Schlafzimmer."
„Na, und de Jestank?"
„An den wird sich dat Tier schon noch jewöhnen."

Tünnes und Schäl machen eine Seereise. Am Abend vor dem Schlafengehen sieht Tünnes, wie Schäl sich ein orangefarbenes Damennachthemd anzieht. Kopfschüttelnd fragt er: „Schäl, biste nit mehr janz richtig im Kopp, oder haste vor, Transvestit zu werden?"
Schäl macht sich ungerührt fertig und zeigt an die Stirn: „Du Döskopp, denk doch ens nach! Wenn in der Nacht 'ne Sturm kommt und dat Schiff unterjeht, heißt et doch immer ‚Frauen und Kinder zuerst'!"

Schäl, in einem Kölner Restaurant: „Tünnes, du solltest dich wat schämen! Heute ist Freitag – und wat isst du? Nix wie Fleisch und Wurst! Wenn dat der Herr Bischof wüsste!"
Tünnes: „Der Herr Bischof is mir janz ejal. Ich bin seit Neuestem nicht mehr katholisch, sondern Vegetarier."
„Aber Vegetarier essen doch erst recht kein Fleisch!"
„Du Döskopp – heut ist doch Fasttag!"

Tünnes und Schäl sitzen in einer Gastwirtschaft und essen Würstchen.
Tünnes fragt den Kellner: „Bitteschön, Herr Ober, können wir noch ein wenig Salz haben?"
Der Kellner greift in die linke Jackentasche und streut Salz auf ihre Teller.
„Und Pfeffer hätte ich auch noch gern."
Der Kellner greift in die rechte Jackentasche und streut Pfeffer auf die Teller.
Tünnes will gerade noch etwas haben, als Schäl ihn anstößt und flüstert:
„Verlang jetzt bloß nicht auch noch Senf!"

Tünnes geht ins Café und bestellt ein Stück Kuchen.
Als der Kuchen kommt, zieht er eine Nase und sagt:
„Nä, nehmen Se dat wieder mit und bringen Se mir lieber 'n Schnaps!"
Kaum hat er den Schnaps, trinkt er den mit einem Zug aus und will gehen.
Der Ober rennt ihm hinterher: „Hallo, Sie haben den Schnaps nicht bezahlt!"
Tünnes: „Wieso – ich habe doch dafür den Kuchen zurückjegeben!"
Ober: „Den haben Sie aber auch nicht bezahlt!"
Tünnes: „Wieso dat dann? Den hab ich doch auch jarnicht jejessen!"

Tünnes rennt aufgeregt zum Schäl:
„Schäl, um Jottes Willen, haste schon jehört: In de Zeitung steht, dat nächste Sonntag die Welt unterjehn soll!“
Schäl stutzt einen Moment und erwidert dann achselzuckend:
„Nächste Sonntag kann mir dat ejal sein; da bin ich verreist!“

„Du, Tünnes, ich hab heut nacht jeträumt, ich wär im Himmel und werd dem lieben Herrjott vorjestellt. Ich hab en jefragt: „Sag, lieber Herrgott, wie lang is für dich eine Million Jahre?“
Da hat er sich de Bart jestriche un jesagt: „So lang wie 'n Minütche!“
„Un, lieber Herrjott, wie viel is dann für dich 'ne Million Euro?“
„So viel wie ein Cent!“
Da hat et mich jejuckt un ich hab en jefragt: „Dann sei doch so gut und gib mir nur 'n janz kleinen Cent!“
„Un, wat hat er jeantwortet?“
„Ich geh ihn holen. Wart ein Minütchen!“

Tünnes ist totenblass, verängstigt schlottern seine Knie.
„Was ist denn los mit dir?“, fragt der Freund.
„Ach, Tünnes, beinah wäre ich ums Leben gekommen.“
„Wieso denn? Erzähl!“
„Ich steh an der Haltestelle, und einen Mann hinter mir trifft der Schlag. Wie leicht hätte er mich treffen können!“

Tünnes liegt schwer verletzt und überall eingegipst im Krankenhaus. Schäl besucht ihn und ist ganz entsetzt: „Dat is doch nit möchlich, ich hann dich doch jestern noch mit 'nem leckeren Mädchen im Kino jesehn!"
„Dat is et ja", stöhnt Tünnes, „Ming Frau hat mich och jesehn!"

Kommt ein Japaner nach Köln und fragt Tünnes und Schäl auf Deutsch: „Wo ist hier der Dom?"
Achselzucken. Er wiederholt die Frage in fließendem Englisch. Achselzucken. Dasselbe auf Französisch. Auch keine Antwort. Der Japaner wendet sich erbost ab.
Daraufhin Tünnes zu Schäl: „Der konnte aber viele Fremdsprachen!"
Schäl: „Na und? Hat et ihm wat jenützt?"

Tünnes zu Schäl: „Sag mal, Schäl: Wenn ich sterben würde, wärst du dann sehr traurig?"
Schäl: „Ach Jottchen, Tünnes, dat darfste mir nit antun, du weißt doch, wie sensibel ich bin! Schon Kleinigkeiten treiben mir die Tränen in die Augen!"

Schäl erzählt stolz: „Ich bin jenau an dem Tag jeboren, an dem de Konrad Adenauer jestorben is."
„Jojo", nickt der Tünnes, „ein Unglück kütt nie allein!"

„Tünnes, meine Frau hat mir verzellt, dat du ihr alles sagen tätst, wat ich dir jesagt hab!“
„Schäl, dat is 'ne Jemeinheit! Denn mir hat se versprochen, dat se dir nix von dem sagen tät, wat ich ihr jesagt hab!“
„Dann tu du mir jetzt wenigstens de Jefalle un sag ihr nit, dat ich dir jesagt hab, dat sie et mir jesagt hat!“

„Du, Schäl, kannste mir mal zwei Euro leihen?“
„Nee, lieber Tünnes, dat jeht nich. Ich han nur eine Euro!“
„Dat is sogar noch besser: Du leihst mir die statt de zwei Euro. Dann biste mir noch ene schuldig – un ich bin dir auch 'n Euro schuldig – un dann sind wir quitt!“

Tünnes sieht Schäl in einem großen Wagen vorfahren: „Alle Achtung, mein lieber Schäl, seit wann fährst du denn so einen großen Mercedes?“
Schäl antwortet herablassend: „Nun, dat bin ich meinem Ruf schuldig.“
„Und woher nimmste dat Jeld dafür?“
Schäl zuckt mit den Schultern: „Dat bin ich meiner Bank schuldig!“

An der Grenze der Zöllner: „Haben Sie was zu verzollen?"
„Nä." Aber der Zöllner gibt sich damit nicht zufrieden und findet tatsächlich die gut versteckte Flasche. „Und was ist hier in der Flasche?"
Der Tünnes sagt ungerührt mit dem ihm angeborenen dummen Gesicht: „Dat is Lourdes-Wasser."
Der Zöllner glaubt das nicht, öffnet die Flasche und riecht daran.
„Von wegen Lourdes-Wasser! Das ist Cognac!"
„Siehste", sagt der Tünnes zum Schäl: „Schon wieder ein Wunder!"

> Tünnes: „Warum bist du eijentlich aus der Kirche ausjetreten? Haste wat jejen de Herrjott?"
> Schäl: „Ne."
> Tünnes: „Haste wat jejen de Mutter Gottes?"
> Schäl: „Ne."
> Tünnes: „Wat jejen de Heiligen Joseph?"
> Schäl: „Jejen die all han ich nix, aber dat Bodenpersonal kann ich nit leiden."

Schäl philosophiert: „Das Leben heutzutage ist doch en einzig Heetz, und dat mach ich nit mehr mit. Ich sach mir immer wieder, mach et langsam. Ich ess langsam, ich jeh langsam spazieren, ich fahr langsam Auto und mit der Arbeit lass ich mir auch Zeit."
„Das ist aber langweilig", meint Tünnes, „gibt es denn gar nichts, was bei dir schnell geht?"
Schäl: „Oh doch – ich werd janz schnell müde."

# Ostfriesen, Bayern, Schwaben haben auch was zu lachen

Die Telekom verlegt in Ostfriesland neue Telefonleitungen. Ein Bautrupp ist angerückt. Als er auf dem Mast die Leitungen anbringt, kommt ein Ostfriese vorbei, lacht und geht weiter. Kommt ein zweiter vorbei, lacht und trollt sich. Ein dritter und vierter ebenso. Da wundern sich die Leute von der Telekom und fragen den nächsten, der lachend ihrer Arbeit zuschaut: „Warum lachen denn alle, die hier vorbeikommen?“
„Das ist doch klar, unter eurem Zaun können die Kühe ja durchlaufen!“

Warum warten die Ostfriesen jahrelang auf ihre Fotos? Weil sie ihre Filme in die Entwicklungsländer schicken.

Warum nehmen die Ostfriesen einen Stein und eine Schachtel Zündhölzer mit ins Bett? Mit dem Stein werfen sie das Licht aus, und mit den Zündhölzern schauen sie nach, ob sie auch wirklich getroffen haben.

Der Verkehrspolizist in Ostfriesland sieht eine alte Dame neben dem Zebrastreifen über die Straße gehen.
„Oma“, ruft der, „Sie müssen auf den Strich gehen!“
„Hab ich nicht nötig. Ich hab ja meine Rente!“

Der Ostfriese guckt in seine Mülltonne und sieht darin einen Spiegel. Er schreit: „In meiner Mülltonne ist einer drinnen“ und ruft die örtliche Polizei. Die kommt, macht den Deckel auf und sagt: „Tatsächlich, sogar einer von uns!“

Eine junge Ostfriesin und ein junger Ostfriese sitzen in der Abenddämmerung auf einer Parkbank. Plötzlich macht sie ihre Bluse auf. „Übrigens“, sagt sie leise, „ich bin Nymphomanin!“
Darauf er: „Ist ja interessant – ich bin Skorpion!“

Zwei ostfriesische Polizisten sehen ein falsch geparktes Auto. Es hat an der Windschutzscheibe einen Aufkleber mit der Aufschrift „GB“. Der eine will schon den Strafzettel zücken, doch der andere Polizist warnt ihn: „Nee, lass mal, der is von der Griminalbolizei!“

Zwei Ostfriesen spielen „Las Vegas“. Ein jeder merkt sich eine Zahl, und wer die höhere Zahl gemerkt hat, gewinnt den Einsatz.
„Hast du dir schon eine Zahl gemerkt?“
„Ja!“
„Welche ist es denn?“
„Zwei!“
„Verdammt, hast schon gewonnen!“

Und da waren dann noch die beiden blinden Ostfriesen, die auf einer Bank saßen und über den Sonnenaufgang diskutierten!

Warum gibt es in Ostfriesland zwei Sorten Kühe? Die schwarzen sind die Milchlieferanten und die braunen die Kakaolieferanten.

Ein Ostfriese schenkt seinem Freund eine Kamera und sagt: „Die kannst du ruhig verlieren, die hat einen eingebauten Sucher."

Warum hängen die Ostfriesen in der Hochzeitsnacht die Tür vom Schlafzimmer aus? Damit keiner durch das Schlüsselloch schauen kann.

Und da war dann noch der Ostfriese, der hinter der Kerze einen Spiegel aufstellte, um den zweiten Adventssonntag zu feiern.

Was machen Ostfriesen, wenn sie eine Schlange sehen? Sie stellen sich hinten an.

Zwei Ostfriesen sitzen vor dem Zelt. Fragt der eine: „Du, was ist eigentlich Camping?"

Warum haben die Ostfriesen alle AIDS-Plakate überklebt? Sie hätten ihn beinahe gewählt!

Warum rauchen die Ostfriesen eine krumme Pfeife? Damit das Brett vorm Kopf besser passt.

Warum stellt der Ostfriese sein Moped in den Bücherschrank? Weil „Puch“ draufsteht.

Was ist, wenn der letzte Ostfriese stirbt? Dann sind die Polizisten wieder die dümmsten.

Ein guter Rat: Ostfriesen sollen kein kluges Gesicht machen. Sie belügen nur sich selbst.

Wie fängt ein Ostfriese Mäuse? Er jagt sie unter einen Schrank und sägt die Beine ab!

Warum bekommt in Ostfriesland keiner eine Telefonverbindung? Weil ab Oldenburg getrommelt wird.

Warum sieht man Ostfriesen nie bei Nacht? Weil sie für diese Tageszeit kein Visum erhalten.

Der Beamte zum Ostfriesen: „Soll ich Ihren Pass verlängern?"
„Nicht nötig. Mir gefällt das jetzige Format sehr gut!"

Warum essen die Ostfriesen den Kopfsalat mit dem Löffel? Weil mit einer Gabel die Raupen durchfallen können.

Warum haben in Ostfriesland die Elektriker so viel zu tun? Weil die Ostfriesen immer mit dem Hammer das Licht ausmachen.

Warum haben die Ostfriesen montags zerschundene Gesichter? Weil sie am Sonntag versuchen, mit Messer und Gabel zu essen.

Warum haben die Ostfriesen die letzte Kirschenernte ganz aufgekauft? Sie wollen jetzt auch ein Kernkraftwerk bauen.

Woran erkennt man, dass ein Ostfriese nicht bis drei zählen kann? Er sagt immer: „Da kommt einer, der bringt zwei mit."

Haben Sie schon von dem Ostfriesen gehört, dessen Frau Drillinge bekam? Er sucht noch immer die beiden anderen Männer.

Wieso haben die Ostfriesen an einem einzigen Tag ihre ganze U-Boot-Flotte verloren? Es war „Tag der offenen Tür.“

Warum haben die Ostfriesen immer ein blaues Auge? Weil sie beim Teetrinken vergessen, den Löffel aus der Tasse zu nehmen.

Warum gibt es in Ostfriesland so viele Unfälle mit Traktoren? Weil die Biester einfach nicht auf „Brrrrrrrr“ hören wollen!

„Um Himmels Willen“, ruft der Architekt, als er den Neubau besichtigt, „Sie haben ja meine Baupläne verkehrt herum gehalten!“
Der ostfriesische Polier schlägt sich an die Stirn: „Jetzt wird mir auch klar, warum ich jedes Mal in den Vorgarten gefallen bin, wenn ich aus dem Haus ging.“

Warum haben Ostfriesen Saugnäpfe an den Fingern? Damit sie die Biergläser besser festhalten können.

Welcher ostfriesische Verein hat die meisten Mitglieder? Der „Club der witzgeschädigten Ostfriesen."

Warum haben die Oldenburger Watte in den Ohren? Weil sie die Ostfriesenwitze nicht mehr hören können.

Was bedeuten die verschiedenen Streifen an der Uniform der ostfriesischen Polizisten?
Ein Streifen: Er kann lesen.
Zwei Streifen: Er kann schreiben.
Drei Streifen: Er kennt jemanden, der lesen und schreiben kann.

Ein Ostfriese wird bei der Führerscheinprüfung gefragt, was er denn mache, wenn er Pfeile auf der Fahrbahn sehe?
„Ich bin ganz vorsichtig und werfe mich auf den Boden des Autos, damit mich die Indianer nicht sehen können!"

Ein ostfriesischer Bergsteiger ist in eine Gletscherspalte gefallen. Die Retter eilen hinzu und rufen hinunter: „Hier Bergwacht und Rotes Kreuz!“
„Tut mir leid“, schallt es aus der Tiefe, „ich gebe prinzipiell nichts!“

Die Kuh eines Bauern in Ostfriesland ist krank. Er sagt zu seinem Knecht: „Schau ihr mal ins Maul.“
Der Bauer schaut hinten hinein und fragt den Knecht: „Siehst du mich?“
„Nein!“
„Dann muss es Darmverschlingung sein!“

Zwei Besoffene gehen durch ein kleines Dorf in Ostfriesland. Da fragt der eine: „Du, ist das da oben nun die Sonne oder der Mond?“
Antwort des anderen: „Das weiß ich auch nicht, ich bin nämlich auch nicht von hier!“

Frage an Radio Eriwan aus Ostfriesland: „Sollen wir im Frühjahr unsere Kinder auf die saftigen Wiesen treiben?“
Radio Eriwan: „Im Prinzip ja. Aber vom schulpflichtigen Alter an kann auf Stallfütterung umgestellt werden.“

Otto hat endlich alle Weihnachtsgeschenke ausgepackt. Seine Frau bittet: „Probier doch mal die Socken an, die ich dir gestrickt habe!" Er probiert.
„Nun, passen sie?"
„Schon, nur unter den Achseln drücken sie ein wenig!"

Ein Ostfriese hat eine Konzertagentur gegründet. Er spricht einen jungen Mann an: „Mensch, Junge, du hast eine tolle Stimme! Dich kann ich ganz groß rausbringen!"
„Sind Sie verrückt? Ich bin Peter Maffay!"
„Das macht nichts, den Namen können wir ja ändern!"

Die Ostfriesen wollen endlich den Weltraum erobern. Weil auf dem Mond schon die Amerikaner, die Russen und andere waren, beschließen sie eine Landung auf der Sonne.
„Aber ist es da nicht viel zu heiß?", fragt einer ängstlich.
„Natürlich nicht", beruhigen ihn die anderen, „wir werden doch nachts landen."

Was macht ein Ostfriese, wenn er sich die Ohren zuhält und mit den Füßen fest auf den Boden stampft? Er sucht Tretminen.

Das Passagierschiff fährt an einer winzigen Insel vorbei. Ein Mann in zerfetzter Kleidung springt dort wie närrisch herum und schwenkt die Arme. Deshalb fragt ein Passagier den ostfriesischen Kapitän: „Was macht der denn dort?“
„Ach, der freut sich immer so, wenn wir vorbeifahren!“

Samstagnachmittag: Das lang erwartete Fußballspiel Ostfriesen gegen Bayern geht in die zweite Halbzeit. Da fährt plötzlich ein Zug vorbei und pfeift. Die Ostfriesen denken, dass das Spiel aus sei, und gehen in die Kabinen. Eine halbe Stunde später fällt das erste Tor für die Bayern.

Eine Ostfriesin kommt weinend zum Arzt: „Unser Sohn sitzt dauernd im Sandkasten, baut Burgen und backt Sandkuchen. Ist das normal?“
Der Arzt: „Ganz bestimmt!“
„Ja, mein Mann und ich sagen das auch. Aber unsere Schwiegertochter will sich deswegen scheiden lassen!“

Ein Städter kommt nach Ostfriesland. Es ist heiß und er schwitzt. Eine Ostfriesin schenkt ihm tüchtig Buttermilch ein.
„Ah, das tut gut“, ruft der Städter, „vielen Dank, liebe Frau!“
„Ach, Sie brauchen nicht zu danken, die Buttermilch kriegen sonst nur die Schweine.“

Ein ostfriesisches Dorf befindet sich in Aufruhr. Alle Fenster sind geöffnet, die Leute kommen zusammen. Einer kommt verspätet hinzu und fragt: „Was ist denn hier los?“
Sagt ein anderer: „Das muss man gesehen haben: „Da geht einer durch die Straße, den keiner kennt.“

In Ostfriesland in einem Postamt. Der Postbeamte stempelt stundenlang Briefe: Zack – bumm, zack – bumm.
Den fragt ein Tourist: „Sagen Sie mal, ist das nicht langweilig und fade?“
„Nein!“, meint der Beamte, „wir haben doch jeden Tag ein anderes Datum!“

Anfrage aus Ostfriesland bei einer Sportattraktion. „Man hört bei Fußballübertragungen ganz oft, dass ein Spieler abseits steht. Kann in diesen Situationen nicht etwas unternommen werden, um diesen bedauernswerten Menschen wieder in die Gemeinschaft einzugliedern?“

Ein Ostfriese fährt nach Bayern in den Urlaub und sieht in seinem Hotel einen Spiegel an der Wand. Er packt ihn ein und schickt ihn seinen Eltern mit einem Brief, in dem steht: „Schaut nur, wie nett die Bayern sind. Die haben hier sogar ein Bild von mir aufgehängt.“

Warum tragen Ostfriesen beim Zeitungslesen einen Sturzhelm?
Weil sie Angst vor den Schlagzeilen haben.

Ostfriesischer Personalchef zum Bewerber: „Wir suchen einen Mann mit Fantasie, einen Mann mit Tatkraft, Entschlossenheit und Feuer, einen Mann, der niemals aufgibt, einen Mann, der andere begeistern kann: kurz, einen Mann, der unsere Kegelmannschaft vom letzten Platz wegbringt!"

Bahnhofdurchsage: „Werte Reisende, der Eilzug aus München trifft um 7.30 Uhr auf Gleis 2 ein, der Zug nach Bremen fährt um 8.00 Uhr von Gleis 4 ab und der Personenzug nach Ostfriesland fährt auf Gleis 1 ab, wenn der große Zeiger auf 12 und der kleine Zeiger auf 9 steht!"

Auf dem Standesamt erscheint ein junger Ostfriese.
„Ich will meinen Sohn anmelden!", erklärt er stolz.
„Wie soll er denn heißen?"
„Nelkenheini!"
„Aber das ist doch kein Name! So dürfen Sie Ihren Sohn nicht nennen!"
„Wieso nicht? Die Tochter unseres Nachbarn heißt doch auch Rosemarie!"

Warum laufen die Ostfriesen mit schiefen Köpfen umher? Damit das bisschen Hirn an einer Stelle bleibt.

Was macht man in Ostfriesland, wenn der Strom ausfällt? Man geht ins Watt und holt sich ein paar Kilo ...

Warum kann ein Ostfriese keine Gehirnerschütterung bekommen? Wo nichts ist, kann nichts erschüttert werden.

Warum gibt es in Ostfriesland Ebbe und Flut? Als die Ostfriesen ans Meer kamen, hat sich das Wasser so erschrocken, dass es sich ganz weit zurückzog. Und nun kommt es jeden Tag zweimal, um zu gucken, ob die immer noch da sind!

Ein Ostfriese erkundigt sich im Leichenschauhaus nach seiner Frau, die möglicherweise ertrunken ist. „Wir haben zwei Ertrunkene hier. Hat Ihre Frau vielleicht einige besondere körperliche Merkmale?"
„Ja, sie ist auf dem rechten Ohr etwas schwerhörig!"

Ein Ostfriese übernachtet in München. Als er zu Bett gehen will, hört er einen Mann auf der Straße schreien: „Feuer, Feuer!“
„Komische Sitten hier“, brummt der Ostfriese, öffnet das Fenster und wirft sein Feuerzeug runter.

Ein ostfriesischer Bauer kommt freudestrahlend vom Markt heim: „Stellt euch vor, ich habe mein Schaf für 3.000 Euro verkauft!!“
„Toll! Hast du Bargeld oder einen Scheck bekommen?“
„Keines von beiden. Zwei Enten, je 1.500 Euro!“

„Und wie lange waren Sie an Ihrem letzten Arbeitsplatz?“, fragt der Personalchef den ostfriesischen Bewerber.
„Ich war zehn Jahre dort !“
„Immerhin eine lange Zeit. Und warum sind Sie dort weggegangen?“
„Weil man mich begnadigt hat!“

Der Vater schaut sich im Spiegel an und sagt zu seiner Frau: „Mein Gott, ist unser Sohn aber alt geworden.“
Die Mutter schaut über Vaters Schulter auch in den Spiegel und sagt: „Kein Wunder, wenn er mit so einer alten Schachtel zusammen ist.“

Zwei Ostfriesen unterhalten sich. „Pass auf", sagt der eine, „ich habe hier Geld in der Hand, wenn du errätst, wie viel, gehören die fünf Euro dir!"
„Ach", sagt der andere, „wozu soll ich mir wegen lumpiger fünf Euro den Kopf zerbrechen!"

Eine Ostfriesin kommt in die Buchhandlung und sagt: „Ich möchte einen Globus von Ostfriesland!"

Warum haben die Ostfriesen ein langes und ein kurzes Bein? Damit sie besser im Kreis laufen können.

Wie geht der Ostfriese schlafen? Zuerst mit dem Kopf, dann schaut er nach, ob noch Platz im Bett ist.

Wie erkennt man einen Ostfriesen im Unterseeboot? Er ist der einzige, der einen Fallschirm hat.

Warum lacht der Ostfriese so selten?
Weil er befürchtet, dass man ihn für vergnügungssüchtig hält.

Warum essen die Ostfriesen keine Essiggurken? Weil sie mit dem Kopf nicht in das Glas reinkommen.

Der junge Ostfriese geht zum Standesamt, um ein Aufgebot zu bestellen. „Und wo ist die Braut?", fragt der Beamte.
Der verblüffte Ostfriese antwortet: „Braut? Ich denke, die bekommt man hier!"

Ein Ostfriese zu seinem Nachbarn: „Ich habe jetzt ein Zahlenschloss an meinen Schweinestall machen lassen. Alle Ziffern sind Fünfen, aber ich sage nicht, in welcher Reihenfolge."

Warum gehen die ostfriesischen Jungs immer mit Holzschuhen zum Tanz? Weil die sich als Trinkgefäße und als Waffe eignen, und auf der Flucht sind sie sie schnell los.

In Ostfriesland gibt es jetzt Drei-Zimmer-Wohnungen für nur 100,- Euro Miete im Monat. Allerdings hat die Sache einen Haken. Die Klotür geht nur auf, wenn man Zwei-Euro-Münzen einwirft.

Noch etwas aus einem ostfriesischen Gerichtssaal.
„Angeklagter, warum kommen Sie mit einem Schlagstock zur Verhandlung?“
„In der Vorladung steht doch, dass ich für meine Verteidigung selbst sorgen müsse!“

Ein Ostfriese sitzt im Gasthaus neben einem anderen Ostfriesen.
„Sie, mein Herr“, sagt der eine, „Sie sitzen auf meinem Hut!“
„Na und, wollen Sie etwa schon gehen?“

Und da war dann noch der Ostfriese, der an einer Ampel, die Rot zeigte, die ganze Nacht wartete. Erst am nächsten Morgen merkte er, dass es das Warnlicht einer Baustelle war.

Der Sohn des ostfriesischen Friseurs darf zum ersten Mal einen Kunden rasieren. Der Vater sagt mahnend: „Pass aber auf, das wenigstens du dich nicht in die Finger schneidest!“

Ein Zug auf dem Weg nach Stuttgart. Im Abteil sitzen vier Personen: eine ältere Frau mit ihrer zwanzigjährigen Tochter, ihnen gegenüber ein Bayer (erkennbar an seiner Lederhose) und daneben ein Schwabe. Der Zug fährt in den Cannstatter Tunnel, alles wird dunkel. Man hört ein lautes Kussgeräusch und wie jemand einem anderen eine knallt. Was haben sich die Personen gedacht? Die Mutter dachte: So eine Unverschämtheit. Küsst doch einer dieser Flegel meine Tochter. Zum Glück hat sie ihm eine geknallt. Die Tochter dachte: Ach, wie schade, da wollte einer dieser Herrn mich küssen – und erwischte meine Mutter. Zu allem Überfluss langt sie ihm auch noch eine. Der Bayer dachte: So ein Mist. Der Typ da neben mir küsst das junge Mädchen, und ich krieg von der Alten eine gescheuert. Der Schwabe dachte: Hat ja prima geklappt! Im nächsten Tunnel küsse ich mir wieder meine Hand, dann kann ich dem Bayern noch eine scheuern.

> Fragt die junge Osfriesenfrau im Laden: „Haben Sie runde Suppenwürfel?“
> „Runde Suppenwürfel?“
> „Ja, mein Mann kriegt diese eckigen Dinger so schlecht runter.“

Ein Ostfriese klagt seinem Psychiater: „Meine Frau wird von Tag zu Tag kindischer. Gestern, als ich in der Badewanne war, hat sie alle meine Papierschiffchen versenkt.“

Dialog aus einem ostfriesischen Gerichtssaal. Verteidiger: „Wir können froh sein, wenn wir mit einem blauen Auge davonkommen!“
Angeklagter: „Wieso, wird es eine Prügelei geben?“

Ein Bayer vor Gericht. Der Richter fragt: „Warum haben Sie mit Ihrem Auto die Kuh überfahren?“
Der Bayer: „Mei, auf da Stroß, do war a Preiß ...“
Richter: „Ja und warum haben Sie den nicht einfach umgefahren?“
Bayer: „Des wollt i ja, i hab’n aber erst drunt auf der Wies’n derwischt.“

Ein junger Schotte ist mit seinem Mädchen ausgegangen. Als er heimkommt, ist sein Vater noch wach.
„Wieder ausgewesen?" fragt er ärgerlich. „Das hat doch sicher wieder eine Stange Geld gekostet?"
„Zwei Shilling fünfzig, Papa."
„Na, das geht ja noch", sagt der Alte besänftigt.
„Ja", meint der Sohn betrübt, „mehr hatte sie nicht bei sich."

Warum bauen die Schwaben die Schulen auf den Berg?
Damit sie auch mal auf eine höhere Schule können.

Ein Ostfriese fragt einen Türken: „Wo geht's 'n hier nach Aldi?“
Der Türke korrigiert: „Zu Aldi!“
Der Bayer: „Was, Aldi hat scho zu?“

Fußballspiel in einer schwäbischen Stadt: Zur Seitenwahl wirft der Schiedsrichter eine Münze in die Luft. Es gab 2000 Verletzte.

Was ist der Unterschied, wenn man mit einer Französin oder einer Schwäbin ins Bett geht? Die Französin sagt am nächsten Morgen: „O, was bist du für ein guter Liebhaber! Was für eine wundervolle Nacht!“
Die Schwäbin sagt am nächsten Morgen: „Gehören die Möbel alle dir?“

Der Name Handy wurde übrigens von einem Schwaben erfunden. Als er so ein Ding zum ersten Mal sieht, fragt er ganz verblüfft: „Hänn die koi Schnur?“

Der Sommerurlauber aus der Stadt fragt: „Was sagt ihr in Bayern zu einem Laternenpfahl?“
„Was sollen wir zu dem sagen? Wir gehen schweigend an ihm vorbei.“

Kommt ein Schwabe aufs Standesamt und will seinem Namen ändern lassen. Der Beamte fragt ihn: „Warum?" Darauf der Schwabe: „Ich han geschtern en Kartong Visitenkarten auf de Straß' gefunde!"

Wie beginnen schwäbische Kochrezepte?
Man leihe sich einen Topf ...

Vater, Mutter, Sohn sitzen beim Mittagessen. Die Mutter redet allen gut zu: „Also, jetzt machet gut Wetter und esst des Sach ganz auf."
Der Vater hält sich daran, leert alle Teller, worauf der Sohn voller Bewunderung zur Mutter sagt: „Gell, wenn mir dr Vadder net hättet, no müsset mir grad a Sau her do."

Sitzen ein Preuße, ein Schweizer und ein Schwabe im Zug. Sagt der Schweizer zum Preußen:
„San Zi scho mal in Züri xi?"
Der Preuße schaut den Schweizer nur verständnislos an. Sagt der Schwabe:
„Wissens, der meint gewähä."

Schwaben am Stammtisch unterhalten sich über das Verheiratetsein. Zum Schluss meint dann einer: „S'isch halt so: oine isch zviel und koine isch zwenig."

Ein Schwabe breitet im Winter Mist auf dem gefrorenen Bodensee aus. Kommt ein Schweizer vorbei und sagt: „Ja du Depp, im Frühjahr taut es und dein Mist versinkt im See!“
Darauf der Schwabe: „Halts Maul, nachher kommt en Öschderreicher, der will den Acker kaufa.“

Ein Schwabe überrascht seine Frau im zärtlichen Flirt mit einem anderen. Er denkt nicht lange nach und befiehlt: „Stellt euch hintereinander auf – dann reicht eine Kugel!“

Treffen sich zwei Mücken am Flughafen, weil sie endlich mal ein bisschen erholen und Ferien machen wollen. Beide kommen auch weg und treffen sich nach zwei Wochen wieder. Die eine Mücke ist braun und fett, die andere bleich und total abgemagert.
Sagt die fette Mücke: „Sag mal, wo warst denn du? Ich war auf Elba und habe mich zwei Wochen lang so richtig satt gesoffen und Sonne getankt.“
Sagt die andere: „Wollte ich ja auch und habe mich, um wegzukommen, im Geldbeutel von einem Schwaben versteckt, und der hat den zugemacht und erst heute bei der Ankunft wieder geöffnet.“

Was sagt ein Schwabe, wenn ihn seine Frau in einem schwarzen Negligé überrascht?
„Um Gottes Willa, isch ebbes mit dr Oma?“

Weshalb trinken Schwaben die Milch immer in dem Geschäft, in dem sie sie gekauft haben? Weil auf der Packung steht: Hier öffnen!

Auf der Schwäbischen Alb wird die Bäuerin vom Pferd getötet. Bei der Beerdigung kondolieren alle Einwohner des Dorfes. Der Pfarrer beobachtet, wie der Witwer bei jedem den Kopf schüttelt. Er geht davon aus, dass den Trauernden jeder fragt, ob man ihm irgendwie helfen könne. Also fragt ihn auch der Pfarrer: „Kann wenigstens ich etwas für Sie tun?“
„Noi danke. Des isch aber nett, weil Sie senn bis jetzt der oinzigschde, wo mi des frogt!“
„Warum haben Sie denn bei jedem, der Ihnen kondoliert hat, den Kopf geschüttelt?“, fragt der Pfarrer verwirrt.
„Ach ja! Dia wollded alle mei Gaul kaufe, aber i han abg'lehnt!“

Warum lassen sich die Schwaben nach dem Tod nur bis zum Bauch eingraben?
Damit sie ihr Grab selbst pflegen können.

Ein Schwabe kommt zur Autowaschanlage. Der Besitzer erklärt ihm, dass er sich exakt an die Anweisungen auf den Schildern halten solle, dann könne nichts schiefgehen. Kurz darauf kommt ihm der Schwabe triefnass entgegen und er fragt ihn: „Was ist denn mit Ihnen passiert?"
Der Schwabe antwortet: „Ha, do war a Schild: ‚Gang raus', hano, do ben i halt naus ganga."

Wieso kaufen schwäbische Frauen keine Tangas? Sie können sie später nicht mehr als Putzlappen benutzen.

Steht ein Schwabe auf einer Donaubrücke und sieht einen Mann am Ufer knien und das Wasser aus der Donau trinken. Er ruft sofort warnend: „Heh! Bischd verruggd? Des Wassr kaschd doch net saufa. Desch isch doch gifdig ond dreggad!"
Der Sachse am Ufer schreit zurück: „Nuh, was haste gesacht?"
Da ruft der Schwabe: „Langsam trinken! Das Wasser ist kalt!"

Wie nennt man im Schwabenland einen gutaussehenden, attraktiven Mann? Tourist.

# Zwei Burgenländer unterhalten sich …

Zwei Burgenländer unterhalten sich:
„Gestern bei dem Stromausfall habe ich eine Stunde im Lift festgesteckt."
Da meint der zweite:
„Ist noch gar nichts, ich musste zwei Stunden auf der Rolltreppe stehen."

Zwei Burgenländer lösen ein Kreuzworträtsel. Der eine fragt den anderen: „Hier steht: weibliches Geschlecht, fängt mit F an und hat vier Buchstaben"
Der andere fragt: „Waagerecht oder senkrecht"
„Waagerecht"
Worauf der erste antwortet: „Na dann weiß ich es auch nicht."

Zwei Burgenländer kommen in eine Bar und bestellen Martini.
Fragt der Barkeeper: „Dry?"
Sagt einer der beiden: „Na, zwei!"

20 Wiener und 30 Burgenländer machen einen Betriebsausflug nach Salzburg. Sie verteilen sich in einem komfortablen Etagenbus. Die Wiener unten, die Burgenländer oben. Während der Fahrt wird bei den Wienern unten getrunken, geraucht und fröhlich Karten gespielt. Da denkt sich ein Wiener, ich schau mal zu den Kollegen rauf! Er steigt die Treppe hoch, steckt den Kopf in die zweite Etage und stockt. Die Burgenländer sitzen wie paralysiert in ihren Sitzen und halten sich krampfhaft darin fest. Da sagt der Wiener: „Leute, habt Spaß und genießt die Fahrt!" Darauf antwortet ein Burgenländer: „Ihr da unten habt leicht reden, ihr habt ja schließlich auch einen Fahrer!"

Ein Niederösterreicher, ein Burgenländer und ein Russe kommen für 10 Jahre ins Paradies und dürfen sich etwas wünschen, das ihnen nie ausgeht. Der Russe wünscht sich Wodka, der Niederösterreicher wünscht sich Most und der Burgenländer wünscht sich Zigaretten. Nach 10 Jahren kommen sie zurück und der Russe sagt: „Bester Wodka, den ich je getrunken hab!" – Der Niederösterreicher sagt: „Bester Most, den ich je getrunken hab!"
Und der Burgenländer: „Habt's a Feuer?"

Winnetou, Old Shatterhand und ein Burgenländer sitzen am Abend am Lagerfeuer. Da raschelt es. Winnetou erhebt sich lautlos und schleicht ins Gebüsch. Dort macht es einmal „Plopp“, und Winnetou kehrt mit einem blauen Auge ans Lagerfeuer zurück. Ihm ist das ziemlich peinlich. Als es erneut im Gebüsch raschelt, schleicht Old Shatterhand ins Dunkel. Wieder macht es „Plopp“, und auch Old Shatterhand kehrt mit einem blauen Auge zurück. Beim dritten Rascheln steht der Burgenländer auf und stapft ohne Arg ins Unterholz. Diesmal macht es „Plopp, plopp“, und der Burgenländer hat zwei blaue Augen.
Winnetou fragt ihn: „Warum, du großer weißer Mann aus dem Land der Burgen, warum du gestiegen zweimal auf den Rechen?“

Eine Burgenländerin erzählt dem Arzt, dass ihr Mann glaube, ein UFO zu sein! Der Arzt meint, dass er deswegen in seine Sprechstunde kommen solle.
Darauf die Frau: „Super, wo kann er landen?“

Ein Burgenländer kommt zum Psychiater und klagt sein Leiden. Der Arzt sagt zu ihm: „Um Ihr Problem besser verstehen zu können, erzählen Sie mir die ganze Geschichte am besten von Anfang an!“
Der Burgenländer beginnt: „Also, am Anfang schuf ich Himmel und Erde ...!“

Zwei Burgenländer verirren sich im Gebirge. Der eine rät: „Gib einen Schuss ab, damit man uns findet."
Der andere schießt. Zwei Stunden später: „Los, gib noch einen Schuss ab."
Der zweite schießt noch einmal.
Nach zwei weiteren Stunden sagt der erste: „Probier's noch einmal!"
Der andere: „Mist, ich hab keine Pfeile mehr."

Schiffbruch: Ein Amerikaner, ein Franzose und ein Burgenländer sitzen im Rettungsboot und fischen. Es zieht an der Leine und es erscheint eine gute Fee.
„Wenn ihr mich befreit, erfülle ich jedem von euch einen Wunsch", sagt die Fee.
Der Amerikaner wünscht sich, in einem New Yorker Hamburgerlokal zu sitzen, um dort einen dicken fetten Hamburger zu essen.
„Pling", schon ist sein Wunsch erfüllt, er kann es kaum fassen.
„Ich möchte nach Paris in ein Bistro, dort gut essen und eine Flasche Rotwein trinken", sagt der Franzose. Sogleich wird sein Wunsch erfüllt.
Der Burgenländer schaut die Fee an und sagt nach kurzer Überlegung: „Ich fühle mich so einsam, ich möchte, dass die beiden wieder zurückkommen!"

Es ist Samstag nach Mitternacht. Zwei Burgenländer stehen vor einem Wiener Busbahnhof. Sie wollen nach Burgenland fahren! Nachdem um diese Zeit kein Bus fährt, entschließen sie sich, die Garage aufzubrechen, um einen Bus zu stehlen. Sie schaffen es tatsächlich. Der eine Burgenländer fährt den ersten Bus heraus, dann holt er einen zweiten und einen dritten Bus vor die Garage.
Der andere fragt: „Bist du schon ganz verrückt, warum stellst du die Busse heraus? Wir können doch gleich den ersten nehmen!“
Da erklärt der andere: „Ja, aber der Bus, der ins Burgenland fährt, der steht doch ganz hinten!“

Ein burgenländischer Bauer kauft sich ein Sportflugzeug. Bei seinem ersten Ausflug hat er bald Schwierigkeiten und meldet über Funk: „Bauer an Tower – Bauer an Tower: Es wird immer grauer!“
Die Fluglotsen funken daraufhin:
„Tower an Bauer, Tower an Bauer, das ist die Mauer vom Tower, du Bauer!“

Ein Burgenländer kommt in ein Elekrogeschäft und fragt den Verkäufer, ob er eine kaputte Glühbirne habe.
Darauf der Verkäufer: „Wozu brauchen Sie denn eine kaputte Glühbirne?“
Der Burgenländer antwortet: „Für meine Dunkelkammer natürlich.“

Ein Wiener und ein Burgenländer gehen campen, bauen ihr Zelt auf und schlafen ein. Einige Stunden später weckt der Wiener den Burgenländer auf. „Schau in den Himmel und sag mir, was du siehst!“
Der Burgenländer sagt: „Ich sehe Millionen von Sternen.“
Der Wiener sagt: „Was denkst du jetzt?“
Der Burgenländer überlegt eine Minute. „Astronomisch gesehen, sagt es mir, dass da Millionen von Galaxien und Tausende von potenziellen Planeten sind. Astrologisch sagt es mir, dass der Saturn im Löwen steht. Zeitlich gesehen sagt es mir, dass es ungefähr 2.15 Uhr ist. Theologisch sagt es mir, dass der Herr offensichtlich allmächtig ist und wir alle klein und unbedeutend sind. Meteorologisch sieht es so aus, als hätten wir morgen einen wunderschönen Tag.
Was sagt es dir?“
Der Wiener ist für einen Moment still und sagt: „Praktisch gesehen sagt es mir, jemand hat unser Zelt gestohlen.“

Wieso fangen die Burgenländer bei der Autoreparatur immer in der Mitte an?
Weil sie sich hinten und vorn nicht auskennen!

# Amüsantes aus aller Herren Länder

Ein Österreicher fragt einen Schweizer Schaffner:
„Wo kann ich hier eine Fahrkarte kaufen?“
„Das heißt bei uns nicht Fahrkarte, sondern Billet!“
„Na gut … Wo kann ich ein Billett kaufen?“
„Am Fahrkartenschalter!“

In Österreich wurde die Helmpflicht abgeschafft. Jetzt müssen alle Pudelmützen tragen. Und warum? In einem empirischen Test ließ man von einem hohen Turm zuerst einen Helm runterfallen, dann eine Pudelmütze.
Ergebnis: Helm kaputt, Pudelmütze ganz.

Karlchen erledigt seine französischen Hausaufgaben. „Papa", fragt er, „heißt das le coeur oder la coeur?" Der Vater: „Hast wohl in der Schule nicht aufgepasst? Es heißt Likör."

Ein italienischer Winzer liegt im Sterben und versammelt seine Söhne um sich. „Ich verrate euch mein größtes Geheimnis – Vino kann man auch aus Weintrauben herstellen", sagt er mit schwacher Stimme. Einer der Jungs, erschrocken: „Ich glaube, jetzt stirbt er. Er fantasiert schon ..."

Anno 1944. Ein Indianer tauscht per Rauchzeichen mit seinem Nebenbuhler Kraftausdrücke aus. Da explodiert die Atombombe von Los Alamos. Der Indianer betrachtet den riesigen Rauchpilz fasziniert und sagt dann: „Diesen Einfall hätte ich auch gerne gehabt!"

Eine preußische Familie ist nach Bayern gezogen. Sie verstehen sich sehr gut mit den Einheimischen, nur eine Nachbarin schimpft: „Eingebildet sind die Leute, eingebildet. Da haben sie im Salon ein Schild hängen, da steht drauf: Ohne Fleiß kein Preiß."

Auf dem Atlantik treffen sich ein amerikanisches und ein russisches U-Boot. Prompt fängt der Kommandant des russischen Bootes an zu prahlen:
„Wir haben die besten U-Boote der Welt! Wir waren jetzt drei Monate unter Wasser und sind unter den Nordpool getaucht!"
Der amerikanische Kapitän muss sich natürlich behaupten und antwortet:
„Wir waren sechs Monate ohne Unterbrechung unter Wasser und sind einmal um die Welt getaucht!"
Die beiden Kapitäne diskutieren miteinander, als es plötzlich neben ihnen zu blubbern anfängt.
Ein total altmodisches und muschelbehaftetes deutsches U-Boot taucht auf, die Luke öffnet sich und der deutsche Kapitän kommt heraus.
„Ist der Krieg schon vorbei?"; fragt er.
Die beiden anderen lachen: „Schon längst!"
Da ruft der deutsche Kapitän nach unten: „Männer, ihr könnt das Bild von Kaiser Wilhelm wieder abnehmen!"

Neulich bei der Jagd: Zwei Österreicher pirschen durch die Auen. Plötzlich schwebt ein Drachenflieger über sie hinweg. Darauf der eine: „Kurt! Ein Adler, ein Adler – schnell, schieß!"
Kurt legt an. Schuss! Der andere:
„Hast' ihn getroffen?"
„Nein."
„Schieß noch einmal!"
Schuss!
„Hast Ihn getroffen?"
„Nein, aber die Beute hat er fallen lassen ..."

Außerirdische landen auf der Erde. Sie wollen feststellen, wie intelligent die Menschen sind, und entführen einen Amerikaner. Sie öffnen seinen Kopf: Drinnen blinken kleine LEDs und es summt und piepst und alles ist voll elektronisch. Die Aliens staunen:
„Ja, eine sehr entwickelte, wirklich intelligente Spezies."
Sie schnappen sich einen Deutschen, öffnen auch dessen Kopf und schauen hinein.
Drinnen blinkt und fiept es, und man sieht hier und da ein bisschen Mechanik.
„Ja, auch sehr intelligent, aber noch entwicklungsfähig."
Dann schnappen sie sich einen Österreicher und öffnen dessen Kopf. Drinnen sehen sie nur einen Draht, welcher von rechts nach links geht. Die Aliens wundern sich, schließlich schneidet einer den Draht durch – und schwupps, fallen dem Ösi die Ohren ab …

Fünf Schweizer kommen in einem Audi Quattro an die italienische Grenze. Der italienische Zöllner sagt: „Es ist illegal, fünf Leute in einem Quattro mitzunehmen. Quattro bedeutet vier."
„Aber Quattro ist doch nur der Name des Autos" widerspricht einer der Schweizer. „Das Auto ist für fünf Personen zugelassen. Holen Sie Ihren Vorgesetzten!"
„Das geht nicht", sagt der Zöllner, „der ist mit zwei Typen in einem Fiat Uno beschäftigt."

McBudget geht zum Zahnarzt:
„Was kostet das Zahnziehen ohne Betäubung?“
„Zwei Pfund.“
„Und mit Betäubung?“
„Fünf Pfund.“
„Also dann mit Betäubung!“
Der Zahnarzt betäubt McBudget und bittet ihn draußen zu warten, bis die Wirkung eintritt. Nach zehn Minuten schaut der Zahnarzt nach McBudget, doch der ist verschwunden. Ein paar Tage später trifft der Zahnarzt einen Kollegen, und der erzählt ihm Folgendes:
„Ich hatte neulich einen Patienten, der ließ sich einen Zahn ohne Betäubung ziehen und verzog dabei keine Mine! Das war ein gewisser McBudget ...“

Wann sagt ein Chinese „Guten Tag“?
Wenn er deutsch spricht ...

Ein Engländer, ein Franzose und ein Österreicher stehen beieinander und streiten darüber, wer die schwerste Sprache hat.
Der Engländer behauptet: „Unsere Sprache ist am schwierigsten, wir schreiben ‚please‘ und sagen ‚pliis‘!“
Darauf der Franzose: „Ach, das ist doch nichts gegen unsere Sprache, wir schreiben ‚Mademoiselle‘ und sagen tun wir ‚Madmosel‘!
Der Österreicher reagiert so: „Geh'. hört's auf, unsere Sprache ist mit Abstand die schwierigste, denn schreiben tun wir ‚bitte‘ und sagen tun wir ‚GÄHH‘!

Auf einem Treffen westlicher Geheimdienste im Schwarzwald will man herausfinden, welcher der beste ist. Die Agenten bekommen die Aufgabe, ein Wildschwein zu fangen. Alle Teams machen sich auf den Weg. Nach einer Stunde kommen die CIA-Leute zurück. Sie haben einen von Kugeln durchlöcherten Klumpen Fleisch dabei, der nach einigen Untersuchungen als Wildschweinkadaver identifiziert wird. Die Jury ist recht zufrieden und vergibt 100 Punkte. Nach zwei Stunden kommen die Agenten des Mossad zurück. Sie bringen eine ganze Wildschweinfamilie an, jedes Tier mit einem einzigen Kopfschuss getötet. „Nicht schlecht", sagt die Jury, „200 Punkte." Man wartet weiter. Es wird Abend. Kurz bevor die Sonne untergeht, hört man Lärm aus dem Wald. Dann sieht man die BND-Leute ankommen: Vier halten einen sich verzweifelt wehrenden Hirsch fest, während der fünfte auf das Tier einprügelt und es anbrüllt: „Gesteh, dass du ein Wildschwein bist."

Aramis: „Hallo, d'Artagnan! d'Artagnan."
„Hier, was ist denn?"
Aramis: „Warum trägt er denn die Zahnpastatube auf'm Kopp?"
D'Artagnan: „Auf der Tube stand doch: ‚Tube auf den Kopf stellen!'"

Eine Italienerin steht wegen Bigamie vor Gericht. „Warum haben Sie gleich zwei Männer geheiratet?", fragt der Richter.
„Einer von beiden streikt doch immer!"

In der überfüllten Straßenbahn bietet ein Berner einer Dame seinen Sitzplatz an. Die Dame bedankt sich gerührt. Der Berner erwidert: „Nichts zu danken. Es ist die Pflicht jedes höflichen Mannes, einer Dame seinen Platz anzubieten. Die meisten Männer stehen zwar nur bei schönen Frauen auf, aber ich mache da keinen Unterschied."

Der Ozeandampfer ist auf einen Eisberg aufgelaufen. Panisch rennen die Leute durcheinander. Nur ein englischer Passagier schlendert seelenruhig mit seiner Pfeife im Mund über Deck. Er nähert sich einem Rettungsboot und fragt ohne Gefühlsregung: „Entschuldigung! Ist dieses Boot für Raucher?"

Die meisten europäischen Fernsehstationen senden von Zeit zu Zeit einen Inspektor-Columbo-Film mit Peter Falk, außer das österreichische Fernsehen. Vor ein paar Jahren wurde einer dieser Filme ausgestrahlt, was die Polizei danach verboten hat.
Wie üblich geschieht nach 15 Minuten ein Mord, und Columbo beginnt mit der Untersuchung. Ungefähr 10 Minuten später wird der folgende Text eingeblendet:
„Bitte rufen Sie die Polizei nicht mehr an. Schon mehr als 200 Personen haben sich als Augenzeugen gemeldet."

Der österreichische Regierungschef besucht den Schweizer Bundesratspräsidenten, um sich über all diese Österreich-Witze zu beschweren, die man sich in der Schweiz erzählt.
„Man könnte auf die Idee kommen, alle Österreicher seien dumm“, sagte er.
„Das solltest du nicht so ernst nehmen“, antwortete der Bundesratspräsident, „es handelt sich ja nur um Witze und nicht um Tatsachen. Und es gibt auch dumme Schweizer. Ich werde dir das gleich beweisen.“
Er geht zu seinem Chauffeur und sagt: „Fahren Sie bitte zu mir nach Hause und schauen Sie nach, ob ich dort bin.“
Der Chauffeur machte sich sogleich auf den Weg.
„Der ist wirklich strohdumm“, sagt der österreichische Regierungschef. „Da ist doch eine Telefonzelle. Es wäre viel einfacher gewesen, Sie anzurufen.“

Die USA, Russland und Deutschland wollen gemeinsam die Titanic heben. Die USA interessieren sich für den Goldschatz und den Tresor mit den Brillanten, Russland für das technische Know-how und Deutschland für die Band, die bis zum Untergang noch fröhliche Lieder gespielt hat.

Ein amerikanischer und ein deutscher Baulöwe wetten, wer schneller bauen könne. Nach einem Monat telegrafiert der Amerikaner: „Well, noch zehn Tage, und wir sind fertig.“
Telegrafiert der Deutsche: „Nur noch zehn Formulare, und wir fangen an!“

Drei Piloten, ein Amerikaner, ein Deutscher und ein Russe sitzen in der Kneipe und unterhalten sich über die Größe von Flugzeugen.

Der Russe sagt: „Also, wir haben ein Flugzeug, mit dem können wir drei Fußballmannschaften und 1000 Mann Publikum transportieren."

Da prahlt der Ami: „Well, very good, but wir haben ein Flugzeug, mit dem können wir fünf Fußballmannschaften und 2000 Mann Publikum transportieren!" Und fragt dann etwas überheblich: „Sie in Deutschland haben nicht so große Flugzeuge?"

Da sagt der Deutsche: „Doch, doch, aber ich weiß die genauen Größen nicht. Ich erzähle Ihnen einfach mal von meinem letzten Flug: Also ich flieg da über den Atlantik und höre plötzlich ein Geräusch. Ich sage also zu meinen Bordingenieur Klaus: „Klaus, schnapp Dir mal den Porsche und schau hinten nach, was das sein könnte."

Klaus kommt nach vier Stunden zurück, grinst wie ein Scheunentor und sagt: „Es ist unwahrscheinlich, was du für ein Gehör hast. Da hat doch tatsächlich so ein Idiot das Klofenster offen gelassen. Jetzt ist eine Boeing reingekommen und fliegt dauernd um die Lampe rum und findet nicht wieder raus."

Ein Araber, ein Deutscher und ein Franzose sitzen in Kairo in einem Kaffeehaus. Kommt eine rassige Schönheit vorbeigetippelt.

„Bei Allah", sagt der Araber.

„Bei Gott!", flüstert der Deutsche.

„Bei mir heute Abend im Hotel", ruft der Franzose.

Ein Ami besucht erstmals die Stadt Köln und lässt sich von einem Taxi herumfahren. Sie kommen an der Hauptpost vorbei, die den Ami beeindruckt: „Hey what's this?" – „Das ist unsere Hauptpost", sagt der Taxifahrer, „daran haben wir fünf Jahre gearbeitet."
„Well", sagt darauf der Ami, „wir hätten höchstens drei dafür gebraucht!"
Die Fahrt geht weiter, sie kommen zu dieser großen Brücke, der Amerikaner will wieder wissen, was das ist. Der Taxifahrer sagt es ihm und erklärt, dass der Bau drei Jahre gedauert hätte.
Prompt sagt der Ami: „Wir hätten dafür nur ein Jahr benötigt."
„Jetzt langt's aber", denkt sich der Taxifahrer. Sie kommen zum Dom!
„Wonderful", sagt der Ami, „was ist das?"
Der Taxifahrer schaut, denkt nach und sagt: „Keine Ahnung, gestern war das Ding noch nicht da!"

Ein Chinese sitzt in einer deutschen Kneipe und bestellt sich ein Bier. Der Kellner bringt es und stellt es auf einen Bierdeckel. Nach kurzer Zeit bestellt der Chinese wieder ein Bier. Der Kellner bringt ein frisches Bier, will es vor den Gast stellen, aber der Bierdeckel ist weg. Also legt er einen neuen unters Bier. Nach einer Weile bestellt der Chinese sein drittes Bier. Wieder ist der Bierdeckel weg. Murmelt der Kellner: „Der bekommt nicht schon wieder einen Bierdeckel."
Aber der Chinese fragt: „Wo ist Keks?"

Die Amerikaner fliegen zum Mond. Plötzlich eine Meldung an die NASA: „He, ihr da unten, die Russen sind vor uns da und malen den Mond rot an!"
Daraufhin die Meldung der NASA: „Wartet, bis die fertig sind, und schreibt dann Coca Cola darauf!"

Ein Chinese legte einmal einen Schwur ab. Er sagte, dass er den Rest seines Lebens seine Haare entweder zwirbeln oder flechten wollte. Nach ein paar Jahren hat der Mann nur noch drei Haare. Also muss er sie flechten. Dann hat er nur noch zwei Haare, die muss er zwirbeln. Als ihm dann auch noch das vorletzte Haar ausfällt, sagt er: „Endlich kann ich mein Haar wieder offen tragen!"

Ein Österreicher bewirbt sich bei den Salzburger Verkehrsbetrieben als Busfahrer. Der Boss erklärt:
„Sie sollen zukünftig einen Stadtlinienbus fahren, d. h. fahren, aber auch Tickets verkaufen!"
„Kein Problem", erwidert der Österreicher, „das schaff' ich schon!"
Am nächsten Tag fängt er an. Schon eine Stunde später erscheint er wieder bei seinem Boss und beichtet, dass er mit dem Bus einen Unfall gehabt hätte und der Bus einen Totalschaden habe.
Der Chef ist erschüttert: „Aber, guter Mann, wie konnte denn das passieren?"
„Keine Ahnung", erwidert der neue Angestellte, „ich war gerade hinten beim Kassieren!"

Ein Deutscher, ein Franzose und ein Amerikaner sitzen im 50. Stockwerk eines Hotels an einer der zahlreichen Bars. Der Amerikaner schaut dem Barkeeper tief in die Augen und bestellt einen Highfly. Nachdem er den Drink zu sich genommen hat, öffnet er ein Fenster und springt. Er schlägt auf dem Boden auf, doch nichts passiert, und schon nach wenigen Minuten ist er wieder oben. Mensch, sagt der Deutsche, das ist ja toll. Er bestellt sich auch einen Highfly, trinkt ihn und springt aus dem Fenster. Er schlägt auf und ist sofort tot. Daraufhin zweifelt der Franzose ein wenig. Doch der Amerkaner schnappt sich einen neuen Highfly, und macht es noch einmal vor. Wieder ist ihm nichts passiert. Ermutigt greift der Franzose zum Glas, öffnet ein Fenster und springt. Auch er schlägt auf und ist direkt tot. Daraufhin der Barkeeper zu dem Amerikaner: „Mensch, Superman, du kannst eine ganz schöne Sau sein, wenn du besoffen bist.“

Ein Amerikaner, ein Russe, ein Türke und ein Deutscher sitzen in einem Zugabteil. Auf einmal steht der Ami auf, wirft Dollarscheine aus dem Fenster und sagt: „Wir haben genug davon!“

Daraufhin steht der Russe auf, wirft eine Flasche Wodka aus dem Fenster und meint: „Wir haben mehr als genug von dem Gesöff!“

Da wendet sich der Türke zu dem Deutschen und sagt: „Überleg' dir gut, was du jetzt tust!“

Ein Mann sieht in der Zeitung Werbung für eine Kreuzfahrt für nur 49 Dollar. Dafür sollte man nur eine bestimmte Adresse aufsuchen und sofort bezahlen. So tut der Mann, sucht die angegebene Adresse auf, bezahlt und wird bewusstlos geschlagen. Als er wieder erwacht, schwimmt er, an ein Brett gebunden, einen Fluss hinunter. Er bemerkt neben sich einen Österreicher, der sich in der gleichen Situation befindet. Bevor er etwas sagen kann, spricht der Österreicher: „Ich hoffe, dass dieses Jahr wenigstens Erfrischungen serviert werden."

Endlich wird das Ergebnis einer Meinungsumfrage veröffentlicht, die von der UNO in Auftrag gegeben worden ist.
Die Frage lautete: „Sagen Sie bitte ehrlich Ihre Meinung zu der Lebensmittel-Knappheit im Rest der Welt."
Folgendes Ergebnis wurde erzielt:
Die Europäer haben nicht verstanden, was „Knappheit" bedeutet.
Die Afrikaner wussten nicht, was „Lebensmittel" sind.
Die Amerikaner fragten, was unter „dem Rest der Welt" zu verstehen sei.
Die Chinesen baten verwundert um zusätzliche Erklärungen zum Begriff „Meinung".
Und das italienische Parlament diskutiert derzeit noch, welche Bedeutung der Begriff „ehrlich" hat.

Ein Berner kommt mit gebrochenem Bein ins Krankenhaus. Der Arzt fragt nach dem Hergang.
„Ich bin auf einer Schnecke ausgerutscht.“
„Auf einer Schnecke, das ist aber ungewöhnlich! Haben Sie die denn nicht gesehen?“
„Nein, das ging nicht.“
„Wieso nicht?“
„Sie kam so schnell von hinten.“

Was ist der Unterschied zwischen Kolumbien und der Schweiz? In der Schweiz wird der Schnee in Metern gemessen, in Kolumbien in Kilogramm.

Ein Mann will in einer Züricher Bank Geld anlegen. „Wie viel wollen Sie denn einzahlen?“, fragt der Kassier.
Der Mann sagt leise: „Drei Millionen.“
„Sie können ruhig lauter sprechen“, sagt der Bankangestellte, „in der Schweiz ist Armut keine Schande!“

Schwesternprüfung in der Uni-Klinik Zürich. Der prüfende Arzt fragt Rosi: „Was machen Sie mit einem Patienten, der einen Hitzschlag hat?“ Aufgeregt antwortet Rosi: „Ich lege ihn in den Schatten und mache ihn kalt!“

Noch rätselt eine Gruppe Wissenschaftler über die Herkunft des Ötzi. Österreicher kann er nicht sein, man hat Hirn gefunden. Italiener kann er auch keiner sein, er hatte Werkzeug dabei. Vielleicht ist er ein Schweizer, weil er vom Gletscher überholt wurde. Aber wahrscheinlich ist er Deutscher, denn wer geht sonst mit Sandalen ins Hochgebirge?

Drei Gründe dafür, dass Jesus Italiener war: 1. Nur ein Italiener wohnt bis 30 bei seiner Mutter. 2. Nur ein Italiener kann seine Mutter für eine Jungfrau halten. 3. Nur eine italienische Mutter meint, dass ihr Sohn Gott sei.

Was ist der Unterschied zwischen einem Türken und einem Bayern?
Der Türke kann besser deutsch.

Zwei Engländer und ein Schotte sind zur Hochzeitsfeier eingeladen.
Der eine Engländer: „Ich schenke ein Ess-Service für sechs Personen."
Der andere: „Ich ein Kaffee-Service für sechs Personen."
Der Schotte triumphierend: „Ich schenke ein Teesieb für 32 Personen."

Ein italienischer und ein Schweizer Bauarbeiter treffen sich auf der Baustelle. Der Italiener sagt: „Come stai?"
Sagt der Schweizer: „Danke, mir geht's gut!"
Und dann fällt ihm ein Ziegel auf den Kopf!
Nach einer halben Stunde kommt der Schweizer wieder zu sich und fragt den Italiener: „Warum hast du mich nicht gewarnt?"
Der Italiener antwortet: „Hab i ja gesagt: Comme Stein!"

Ein Österreicher kommt zu einem Coca-Cola-Automaten und wirft eine Münze ein. Die Maschine spuckt eine Cola aus. Der Österreicher scheint erstaunt. Er geht schnell zur Bank, um seine Banknoten in Münzen umzutauschen, kommt zurück und wirft wie verrückt Münzen ein. Die Maschine gibt ihm natürlich jedes Mal einen Drink. Ein Schweizer tritt hinter den Österreicher und schaut für einige Minuten zu. Dann sagt er: „Entschuldige! Würdest du mich auch mal an den Automaten lassen?"
Der Österreicher wendet sich erbost um und sagt: „Kannst du nicht sehen, dass ich gerade eine Gewinnsträhne habe?"

Länderspiel in Bern. Die Nationalmannschaft der Schweiz spielt ausgezeichnet und führt mit zwei Toren Vorsprung.
„Gar nicht übel", sagt ein Berner.
„Stimmt", erwidert sein Freund, „aber deshalb musst du doch nicht gleich euphorisch werden."

Ein Schweizer fragt einen Burgenländer:
„Was ist das? Es ist braun, hat vier Beine, steht auf der Wiese und ist strohdumm."
Der Burgenländer denkt etwa eine Stunde nach, und antwortet dann: „Das weiß ich nicht."
Der Schweizer löst das Rätsel: „Das bist du und dein Bruder."
Dem Burgenländer gefällt dieser Witz, und er will ihn sogleich weitererzählen. Er geht zu einem Italiener und fragt: „Was ist das? Es ist braun, hat vier Beine, steht auf der Wiese und ist strohdumm."
Der Italiener antwortet: „Ich glaube, das ist eine Kuh."
Doch der Burgenländer verneint: „Falsch, das bin ich und mein Bruder."

Im Pfarrgarten gibt es die größten Äpfel im ganzen Dorf. Zur Erntezeit klettern die Kinder immer in den Garten und bedienen sich. Dem Pfarrer wird das irgendwann zu bunt und er stellt ein Schild auf mit der Aufschrift ‚Gott sieht alles'.
Am Tag darauf steht darunter: ‚Aber er petzt nicht'!

Was schenkt ein verliebter Schotte seiner Freundin? Na, einen Lippenstift natürlich – den kann er sich dann nach und nach zurückholen!

Zwei deutsche Zöllner entdecken eine Leiche, die vor ihrem Zollhaus an einem Ast hängt. Um sich den lästigen Papierkram zu ersparen, beschließen sie, den Toten nachts klammheimlich auf die Seite der Schweizer Kollegen zu schaffen. Gesagt, getan. Morgens tritt ein Schweizer Zöllner aus dem Zollgebäude und ruft verblüfft:
„Verdammt, jetzt hängt der Kerl schon wieder hier!"

> Ein Schweizer und ein Österreicher sitzen im Kino nebeneinander, im Film erscheint ein Kaktus auf der Leinwand, von weit hinten nähert sich ein Cowboy. Dann ist Pause und das Licht geht an. Der Schweizer sagt zum Österreicher: „Was wettest du, reitet der Cowboy in den Kaktus?"
> Der Österreicher antwortet: „Das glaube ich nicht. So dumm ist der nicht."
> Die beiden verabreden sich auf eine Flasche Wein nach der Vorstellung und dass der Verlierer der Wette bezahlt. Nach der Pause zeigt sich, dass der Schweizer die Wette gewinnt. Also genießen die beiden nach der Vorstellung in einem nahegelegenen Restaurant eine Flasche Wein.
> Doch kurz bevor es ans Bezahlen geht, sagt der Schweizer: „Ich muss dir gestehen, dass die Wette nicht fair war. Ich habe den Film schon zum zweiten Mal gesehen."
> Darauf antwortet der Österreicher:
> „Ja, und ich zum fünften Mal. Aber ich hätte nie gedacht, dass dieser Dummkopf noch einmal in den Kaktus reitet."

Ein Schweizer liegt im Krankenhaus, alle möglichen Knochen gebrochen. Sein Nachbar fragt ihn: „Wie haben Sie denn das geschafft?“
Der Schweizer: „Ich bin Bärenjäger.“
„Und? Was ist denn passiert?“
„Ich stand an einer kleinen Höhle und sagte: Hallo, Bärli. Daraufhin kam ein kleiner Bär heraus, den habe ich aber laufen lassen! Dann bin ich zu einer mittelgroßen Höhle und rief: Hallo, Bärli, da kam ein mittelgroßer Bär, der war mir aber immer noch zu klein! Dann bin ich zu einer großen Höhle.“
„Und dann?“
„Dann kam der Alpen-Express.“

„Ein schönes Pullöverli haben Sie an“, eröffnet im Zug nach Zürich ein Herr das Gespräch mit seiner attraktiven Mitreisenden.
„Ja“, antwortet sie, „echtes Kamelhaar.“
„Aha, man sieht’s an den Höckerli ...“

Ein junger Schotte war als Blutspender tätig.
Eine Patientin, bei der drei Blutübertragungen nötig waren, gab ihm nach der ersten Transfusion 10 Pfund, nach der zweiten nur noch fünf – und nach der dritten sagte sie nur noch „Danke schön!“ Da hatte sie schon zu viel schottisches Blut in sich ...

Hartmut macht Urlaub in Schottland. Er fragt einen Einheimischen:
„Was halten Sie eigentlich von Schottenwitzen?"
„Damit sollte man sehr, sehr sparsam umgehen!"

Aufgeregt kommt Frau McDonald zu ihrem Mann in die Küche. „Stell dir vor, im Wohnzimmer sitzt unsere Tochter auf dem Schoß vom jungen McGregor, und das Licht hat er auch ausgemacht!“
„Der Junge gefällt mir“, brummt McDonald, „spart Licht und benutzt nur einen Stuhl!“

Der schottische Apothekengehilfe rennt dem Kunden hinterher: „Haben Sie eben das Aspirin gekauft?“
„Ja.“
„Ich habe Ihnen versehentlich Strychnin gegeben“
„Und?“
„Strychnin ist 2 Euro teurer!“

Ein Schotte kommt mit einer Ampulle zum Arzt, um sie untersuchen zu lassen. Eine Woche später erfährt er das Ergebnis: „Alles in Ordnung“, sagt der Arzt. „Sie sind vollkommen gesund.“ Fröhlich geht der Schotte heim und ruft seiner Frau zu: „Fergie, weder du noch ich, weder die Kinder noch Onkel Dan haben irgendeine Krankheit!“

Ein kluger Engländer wurde einmal gefragt, was der Unterschied zwischen Englisch, Irisch und Schottisch sei. Er gab folgendes Beispiel: Wenn man in England bei einer Einladung um mehr Zucker zum Tee bittet, angelt die Hausfrau ein besonders kleines Stückchen aus der Dose. In Irland reicht sie Ihnen die Zuckerdose und bittet Sie, sich zu bedienen. Sagt man in Schottland, dass der Tee nicht süß genug sei, so sagt die Hausfrau leise, aber bestimmt: „Sie haben sicher nicht umgerührt."

„Ihre Frau braucht dringend Seeluft", sagt der Doktor. Der Schotte nahm seine Frau und ging in ein Fischgeschäft.

Nach drei Jahren kommt ein Schotte in seine Heimat zurück. Am Flughafen sucht er erfolglos nach seinen Brüdern, bis ihn zwei Bärtige ansprechen: „Erkennst du uns nicht?"
„Warum habt ihr denn so lange Bärte?"
Die Brüder antworten: „Du hast doch bei deiner Abreise den Rasierer mitgenommen!"

Ein Tourist in Schottland besichtigte Loch Ness in der Hoffnung, dem Ungeheuer Nessie zu begegnen. Schließlich fragte er den Fremdenführer: „Wann taucht das Ungeheuer denn immer auf?"
„Gewöhnlich nach fünf Whiskys", antwortete der.

Ein Schotte fährt mit der Fähre nach Frankreich. Als die Fähre anlegt, steigt gerade ein Taucher aus dem Hafenbecken. Der Schotte sieht das und sagt: „Mann, wenn ich gewusst hätte, dass man da auch laufen kann."

„Eigentlich", sagt der Schotte unschlüssig, „möchte ich nicht die Mütze kaufen, die Sie mir gezeigt haben, sondern die gleiche wie meine. Sie stammt auch aus Ihrem Geschäft."
„Unmöglich", sagt der Verkäufer, „meinen Laden gibt es erst seit 50 Jahren."

Zwei Schotten treffen sich auf der Straße. Der eine fragt: „Was macht dein Studium?"
„Ich musste aufhören. Mein Vater hat eine kaputte Uhr und deswegen muss ich jetzt Uhrmacher werden."

Im Eilzug erwischt der Schaffner einen Schotten ohne Fahrkarte. Nach einem erregten Wortwechsel verliert der Kontrolleur seine Geduld, packt den Koffer des Reisenden und brüllt: „Wenn Sie nicht augenblicklich zahlen, werfe ich Ihren Koffer aus dem Zugfenster!"
Da schreit der Schotte auf und rauft sich die Haare: „Erst wollen Sie mich arm machen und jetzt auch noch meinen einzigen Sohn töten?"

„Stell dir vor“, erzählt ein Schotte seinem Kumpel, „gestern ist doch tatsächlich unser Fußballclub aufgelöst worden, dabei besteht er nun seit fast 30 Jahren.“
„Warum denn, gab es Ärger?“, will der andere wissen.
„Eigentlich nicht. Wir haben nur unseren Ball verloren ...“

Ein Schotte torkelt volltrunken aus dem Pub. Auf dem Heimweg fällt er in den Straßengraben und schläft sofort ein. Am nächsten Morgen kommen zwei Touristinnen vorbei und wollen das Geheimnis des Schottenrocks lüften. Was sie zu sehen bekommen, gefällt ihnen auch ganz gut, und darum binden sie eine rosa Schleife drum. Als der Schotte dann endlich wieder zu Hause ankommt und sich auszieht, ruft seine Frau entrüstet beim Anblick der Schleife: „Darling, where have you been?“
Er sieht an sich herab und meint: „I don't know, but I think I won first price.“

Ein Cowboy geht in einem kleinen texanischen Städtchen in eine Bar und sagt laut: „Ich bin heute sehr schlecht gelaunt, Leute! Wenn mich hier einer ärgert, dann breche ich ihm sämtliche Knochen!“
Da steht plötzlich ein anderer Cowboy auf, ein richtiger Riese mit starken Muskeln, und fragt: „Was genau möchtest du machen?“
„Na, das was ich gerade gesagt habe: Wenn uns hier jetzt einer ärgern sollte, dann werden wir ihm alle Knochen brechen.“

Im Reservat schaut ein Tourist einem Indianer beim Senden von Rauchsignalen zu. „Braucht man viel Holz für ein Feuer?“ fragt er.
Der Indianer wiegt den Kopf: „Tja, hängt davon ab, ob Orts- oder Ferngespräch!“

Zwei Indianer üben Rauchsignale. Plötzlich erscheint am Horizont ein riesengroßer Atompilz.
Der eine fragt: „Wer schickt uns denn dieses Zeichen?“
Der andere: „Ich glaube, das ist wohl nicht für uns, das ist sicher ein Ferngespräch.“

Ein Schotte kam mit seiner Frau an einem Würstchenstand vorbei.
„Oh, wie das duftet!“
„Wenn du willst, gehen wir auf dem Rückweg noch einmal daran vorbei!“

Die Tür des großen Wildwestsaloons fliegt auf. Ein Cowboy landet mit einem sehr großen Sprung kopfüber im Straßenstaub.
„Na warte“, schimpft er, „wenn ich den erwische, der mein Pferd auf einen ganz anderen Platz gestellt hat.“

Eines Tages reitet ein Senator mit einem zweiten Cowboy durch die schöne Prärie. Plötzlich fragt der Senator: „Sind die Indianer denn hier wirklich so gefährlich?"
Der Cowboy antwortet: „Letztes Jahr besuchte sie ein Senator, er wollte unbedingt den Frieden wiederherstellen ..."
„Und? Haben die Indianer denn das Kriegsbeil begraben?"
„Nein! Aber den Senator!"

Eine relativ junge Frau sonnt sich in Amerika auf dem Flachdach ihres großen Bungalows. Dabei verliert sie das Gleichgewicht und fällt direkt in die Mülltonne vor dem Haus. Kommt ein Indianer vorbei und schimpft: „Weißer Mann ist wirklich Verschwender. Was alles wegwerfen tut. Frau doch noch mindestens zwanzig Jahre brauchbar!"

Zwei Indianer sehen das erste Mal in ihrem Leben Wasserskifahrer.
„Wieso rast das Boot so?", fragt der eine.
Der andere antwortet: „Der Mann am Seil verfolgt es."

Der Prediger spricht im Wilden Westen über die Nächstenliebe. Er fragt die Zuhörer: „Warum soll man immer allen Menschen gegenüber ein Auge zudrücken?" Der Revolverheld meint mürrisch: „Na, damit man besser zielen kann natürlich."

Ein Toter liegt im Saloon, der Sheriff kommt und fragt einen Augenzeugen: „Erschossen?"
Augenzeuge: „Ja."
„Weshalb?"
„Es war ein Falschspieler."
„Hm, mit Karten?"
Der Augenzeuge: „Nein, am Klavier."

Ein Indianer geht zur Behörde und sagt: „Ich möchte bitte meinen Namen ändern lassen."
„Wie heißen Sie denn?" fragt die Angestellte.
„Wilder Adler, der schnell vom Himmel fällt."
„Interessant", meint die Angestellte. „Und wie möchten Sie lieber heißen?"
„Einfach nur: Plumps!"

Die Indianer gehen zu ihrem Schamanen und möchten wissen, wie im kommenden Winter das Wetter sein wird. Der behauptet einfach, dass es einen harten und eisigen Winter geben wird. In absoluter Panik rennen die Indianer los und sammeln Holz. Der Schamane bekommt am nächsten Tag ein richtig schlechtes Gewissen. Er fährt rasch in die Stadt zum Wetterdienst und fragt sicherheitshalber nach. Die Antwort kommt sehr schnell: „Es wird sicher ein harter, eisiger Winter – denn die Indianer sammeln bereits Holz."

Zwei Indianer hocken in ihrem Wigwam und schauen im Fernsehen die 300. Folge eines Westerns. Da steht der eine auf, schaltet den Fernseher ab und meint gelangweilt: „Komm, lass uns einen trinken. Wie es ausgeht, weiß ich: Wir verlieren."

In Amerika, an der schönen kalifornischen Küste, wird gerade ein Western gedreht. Zwischen den Weißen und den Indianern findet ein ganz großer Kampf statt. Ein Zuschauer sagt zu dem berühmten Produzenten: „Sie geben wirklich Unmengen Geld für die Komparsen aus. Was bekommen die denn eigentlich zuletzt?"
Der Produzent antwortet: „Ach, das ist nur halb so schlimm. Am letzten Drehtag tausche ich die Platzpatronen einfach gegen richtige Munition aus."

In einem Hotel in Santa Fé erkundigt sich der große Indianerhäuptling nach den Zimmerpreisen. „Es gibt Zimmer für 40 und für 50 Dollar", erklärt ihm der Empfangschef.
Der Häuptling fragt: „Was ist denn eigentlich der Unterschied?"
„Im Prinzip eigentlich keiner", meint der Empfangschef. „Die Ausstattung ist im Prinzip dieselbe: Bett, Dusche und Fernseher, aber in den Zimmern für 50 Dollar laufen Western, in denen die Indianer siegen!"

Der Indianerhäuptling erholt sich von den großen Anstrengungen eines stressigen Indianerkongresses in einer Bar in Washington.
Sein Tresennachbar will von ihm wissen: „Und, wie gefällt Ihnen denn unsere Stadt?“
„Ach, gar nicht mal soooo schlecht“, kontert der gerissene Häuptling, „ich stelle aber eine kleine Gegenfrage: Wie gefällt Ihnen denn unser Land?“

Ein Amerikaner und ein Italiener treffen sich in einer Kneipe. Der Amerikaner verspricht:
„Gib mir deinen Hammer und ich bau dir einen Flugzeugträger!“
Der Italiener ewidert: „Gib mir deine Tochter und ich mach dir die Besatzung dazu!“

Im Reservat begleiten zwei Indianer ihren Häuptling bei seinem Ausritt. Den Häuptling überkommt ein menschliches Rühren, er steigt vom Pferd und stellt sich hinter einen Busch.
Da sagt einer der Begleiter: „Jetzt weiß ich auch, warum man ihn ‚Häuptling Fließendes Wasser‘ nennt!“

Ein Berner sitzt in einer Straßenbahn. Eine Bernerin steigt zu, findet keinen Sitzplatz und bleibt neben dem Berner stehen. Dieser meint:
„Schade, dass Sie nichts zum Sitzen haben."
Darauf die Bernerin: „Doch, doch, zum Sitzen habe ich schon etwas, leider aber keinen Platz dafür."

Ein Berner und ein Österreicher wollen ihrem Leben ein Ende setzen und stürzen sich gleichzeitig vom Berner Münster. Wer kommt zuerst unten an?
Der Berner, der Österreicher hat sich verflogen.

Ein Europäer und ein Japaner streiten sich. Nach einiger Zeit eskaliert der Streit, beide werden handgreiflich, und auf einmal liegt der Europäer auf dem Boden.
„Was war denn das?", fragt er seinen Gegner.
„Das kommt aus meiner Heimat, das war Karate."
Sie rangeln weiter, nach kurzer Zeit liegt der Europäer wieder auf dem Boden.
„Das kommt auch aus meiner Heimat, das war Judo", erklärt der Japaner.
Sie raufen weiter, auf einmal liegt der Japaner auf dem Boden.
„Was war jetzt das?", fragt dieser erstaunt.
„Das kommt auch aus deiner Heimat", antwortet der Europäer, „das war ein Wagenheber von Toyota!"

Ein Finne und ein Schwede sitzen abends zusammen in der Bar. Nach vier Stunden hebt der Finne sein Glas: „Skol!“
Darauf der Schwede: „Wollen wir hier trinken oder reden?“

Ein Ire liegt auf dem Sterbebett und sein bester Freund leistet ihm Gesellschaft. Der Kranke spricht: „Erinnerst du dich an die Kiste edelsten Whiskys, die ich damals, 1930, beim Pokern gewonnen habe?“
Der andere erinnert sich und wird rührselig: „Und ob, was waren das für schöne Momente, als wir den zusammen getrunken haben!“
„Nun ja“, spricht der Kranke, „eine letzte Flasche habe ich mir immer aufbewahrt“, und zieht sie mit letzten Kräften unter dem Bett hervor. Die Augen des anderen beginnen zu leuchten.
Der Todgeweihte gibt ihm die Flasche und spricht abermals: „Versprich mir im Namen der Treue und der Freundschaft, mir einen letzten Gefallen zu erweisen.“
Der Freund stimmt zu. Also formuliert er den Wunsch: „Wenn es so weit ist und sie mich in dem Sarg in die Erde hinablassen und eine Schaufel nach der anderen auf mich kippen, dann nimm die Flasche, zieh den Korken raus und schütte die göttliche Flüssigkeit über meine letzte Ruhestätte.“
Darauf beginnt der andere zu trinken und sagt dazu: „Es macht dir doch nichts aus, wenn sie vorher durch meine Nieren geht, oder?“

Ein Luxusdampfer verunglückt, doch die Rettungsboote reichen nicht. Jeder bekommt eine Schwimmweste und soll springen, aber keiner traut sich. Die Crew ist ratlos. Schließlich wird der Kapitän gerufen. Der redet mit der verängstigten Gruppe, und danach springt einer nach dem anderen ins Wasser. Als alle Passagiere von Bord sind, fragt der 1. Offizier den Kapitän, wie er es geschafft hat, die Leute zu überreden.
„Na ganz einfach“, meint der, „zu den Deutschen habe ich gesagt, es ist ein Befehl. Zu den Franzosen, es wäre patriotisch. Den Japanern habe ich versprochen, dass Springen gut für die Potenz wäre. Und den Italienern habe ich gesagt, springen sei verboten.“

Ein Schotte bekommt eine Flasche guten alten Scotch Whisky geschenkt, die er in seine Manteltasche steckt. Auf dem Heimweg stolpert er und fällt hin. Als er aufsteht, bemerkt er einen feuchten Fleck auf seiner Hose.
„Bitte, lieber Himmel," bittet er, „lass' es Blut sein!"

Nacht in einem alten englischen Schloss. Ein Gast, der durch die Korridore irrt, trifft auf ein Gespenst, welches ihm bekümmert berichtet: „Ich bin schon seit über vierhundert Jahren hier.“
„Ah, das trifft sich gut, dann wissen Sie doch sicher, wo hier die Toiletten sind ...“

Ein PKW wird am österreichischen Zoll angehalten.
„Ihre Papiere, bitte!“
Der Fahrer gibt dem Zöllner seine Brieftasche, der blickt kurz rein und wirft sie in den Müll.
Darauf ein zweiter Zöllner: „Das kannst du doch nicht machen!“
Antwortet der erste Zöllner: „Doch, da waren lauter Blüten drin!“
Zweiter Zöllner: „Wie kommst denn da drauf?“
Erster Zöllner: „Hast du schon mal Hunderter mit drei Nullen gesehen?“

Ein Pole kommt zum ersten Mal nach England.
Er kann leider noch kaum Englisch, aber er spricht gleich den ersten Engländer an, den er sieht, und meint:
„I want to polish my English.“
Daraufhin erwidert der Engländer: „Your English is Polish enough ...“

Eine italienische Reisegruppe besichtigt die berühmten Niagarafälle. Der Fremdenführer verspricht:
„Meine Damen und Herren, wenn Sie für einen Moment Ihre Unterhaltung einstellen würden, könnten Sie das gewaltige Tosen und Brausen des Wasserfalls hören.“

Zwei Engländer spielen Golf. Als ein Trauerzug vorüberkommt, nimmt der eine Engländer seine Mütze ab und verharrt ein paar Sekunden völlig regungslos. „Das war eine nette Geste von Ihnen“, sagt der andere. „Was heißt Geste“, antwortet der erste besinnlich, „wir sind schließlich fast fünfundzwanzig Jahre verheiratet gewesen.“

Ein Schotte ist gerade dabei, in seinem Wohnzimmer die Tapeten abzulösen.
Ein zu Besuch kommender Freund fragt verblüfft:
„Nanu, willst du neu tapezieren?“
„Nein, umziehen ...“

Gerichtsverhandlung nach einem Autounfall.
Der Anwalt des schuldigen Fahrers fragt den Kläger:
„Stimmt es, dass Sie nach dem Unfall meinem Mandanten gesagt haben, Sie seien nicht verletzt?“
„Natürlich habe ich das gesagt, aber dazu müssen Sie wissen, wie sich die Sache abgespielt hat: Also, ich fahre mit meinem Gaul ruhig die Straße entlang. Da kommt das Auto angerast und wirft uns in den Graben. Ich lag auf dem Rücken, die Beine in die Luft – und mein braves altes Pferd auch. Da steigt der Fahrer aus, kommt auf uns zu, sieht, dass mein Pferd ein gebrochenes Bein hat, und erschießt es. Danach sieht er mich an und fragt: „‚Sind Sie auch verletzt?‘ Nun frage ich Sie, Herr Rechtsanwalt, was hätten Sie geantwortet?“

Ein Österreicher fragt im Baumarkt den Verkäufer:
„Habt's Schraubn a mit Maschinagwind?“
Der Verkäufer fragt nach: „Wie lang?“
Darauf der erstaunte Österreicher: „Echt – ihr verleiht's die auch?!“

Ein Österreicher wird gefragt: „Wissen Sie eigentlich, was Vakuum ist?“
„Ich habe es zwar im Kopf. Aber im Moment fällt es mir nicht ein.“

Ein Mitglied eines Berner Vereins wird krank und bekommt folgende Mitteilung:
„Der Vorstand hat an seiner gestrigen Sitzung mit sechs gegen vier Stimmen, bei sieben Enthaltungen, beschlossen, dir recht gute Besserung zu wünschen.“

Zwei Berner sitzen beieinander. Der eine sagt:
„Weihnachten ist schön.“
Nach einer Weile sagt der zweite:
„Liebe ist schöner.“
Nach einer Stunde sagt der erste daraufhin:
„Aber Weihnachten ist öfter“.

# Jacheles

# „Tate, was ist Kapital und was ist Arbeit?“

Ein Sohn fragt den Vater: „Tate, was ist Kapital und was ist Arbeit?“
„Das will ich Dir erklären, mein Sohn: Wenn ich mir beim reichen Goldenstein hundert Rubel leihe, so ist das Kapital. Wenn aber Goldenstein versucht, sie von mir wieder zurückzubekommen, dann ist das Arbeit.“

Ein Rabbi ärgert sich darüber, dass viele der Gläubigen ohne Käppi in die Synagoge kommen. Also schreibt er einen Zettel und klebt ihn an den Eingang. Die Botschaft: Das Betreten der Synagoge ohne Kopfbedeckung ist ein dem Ehebruch vergleichbares Vergehen. Am nächsten Tag steht darunter: „Hab ich probiert. Kein Vergleich!“

Der Rabbi von Chicago ist ein passionierter Golfspieler. Leider regnet es die ganze Woche lang ununterbrochen, und er kann nicht spielen. Doch dann, an einem Sabbat-Morgen: Wunderschönes Wetter! Da Menschen jüdischen Glaubens am Sabbat weder arbeiten noch sich sportlich betätigen dürfen, steckt der Rabbi in einer verzwickten Lage. Er stellt sich die Frage: Gott oder Golf? Er schaut nochmals aus dem Fenster: Der Rasen glänzt und kein Wind ... Einfach perfektes Golf-Wetter. Fünf Minuten später steht er auf dem Golfplatz, natürlich getarnt, und zielt auf das Loch. Im Himmel derweil rennt Jesus zu Gott und fragt ihn: „Gott! Siehst du das? Das darf er doch nicht! Du musst ihn bestrafen!“
„Keine Sorge, Jesus, er wird jetzt seine Bestrafung erhalten.“
Der Rabbi nimmt Schwung und ... HOLE IN ONE!
Jesus ist entsetzt: „Gott, hast du das gesehen? Wo liegt da denn die Bestrafung?“
Gott: „Überleg doch ... wem soll er das denn jetzt erzählen?“

„Hören Sie, Grünbein“, sagt der Boss. „Sie haben kein Abitur, Sie haben nicht studiert, Sie haben nicht die Ausbildung, die ich brauche. 50 Bewerber mit allen Voraussetzungen sind da, die haben wollen die Stelle. Warum soll ich denn nehmen Sie, wenn die Arbeit so knapp ist?“
„Darum, Herr Direktor, darum“, sagt Grünbein eifrig, „Sie werden nicht glauben, mit wie wenig ich zufrieden bin.“

Frau Abramson bekommt von ihrem Mann ein Telegramm. „Eintreffe 17.30 Uhr Westbahnhof. Mitbringe Klapperschlange.“ Frau Abramson ist pünktlich beim Zug, der Mann steigt aus, sie begrüßen sich. Die Frau mustert das Gepäck:
„Wo ist die Klapperschlange?“
„Ach was, Klapperschlange! Es waren noch zwei Worte frei – ich werde doch der Post nix schenken!“

Moishe liegt im Sterben, ruft seine Frau Sarah zu sich und bittet sie: „Schmink dich, zieh dein schönstes Kleid an, lege deinen besten Schmuck um.“
Das macht sie, kommt wieder und fragt: „Warum sollte ich mich schön machen?“
Darauf Moishe: „Weißt, gleich kommt der Engel des Todes zu mir. Aber vielleicht gefällst du ihm ja jetzt besser als ich!“

Ein Rabbi geht am Sabbat spazieren und sieht eine Geldbörse am Boden liegen.
Ihn überkommen aber starke Zweifel, ob das eventuelle Aufheben bereits gegen die Sabbatruhe verstößt.
Da fällt er auf die Knie und ruft laut aus:
„Danke, o Herr, für dieses Wunder. Ringsum ist Sabbat, aber an dieser Stelle ist schon Montag.“

Ein Jude kommt zum Metzger, zeigt geradewegs auf einen Schinken und sagt: „Ich hätt gern diesen Fisch dort."
„Aber das ist doch ein Schinken!"
„Mich interessiert nicht, wie der Fisch heißt."

Schmuel steht vorm Goethedenkmal: „No – wer ist er schon? Kein Feldherr, kein Kaiser – bloß die Räuber hat er geschrieben."
„Was für a Stuss. Die sind doch von Schiller."
„No also: Nicht mal die Räuber hat er geschrieben."

Levy kommt zum Rabbi und fragt verzweifelt:
„Rabbi, was soll ich machen, meine Hühner sterben?!"
Der Rabbi fragt: „Womit fütterst du deine Hühner?"
„Mit Mais!", antwortet Levi.
„Mais ist nicht gut, füttere sie mit Roggen."
Zwei Wochen später kommt Levi abermals zum Rabbi.
„Rabbi, meine Hühner sterben immer noch, was soll ich tun?"
Der Rabbi antwortet: „Dann probier's doch mal mit Weizen."
Wieder zwei Wochen später.
„Rabbi, ich bin so verzweifelt, sie sterben immer noch, kannst du mir denn keinen Ratschlag geben."
Worauf der Rabbi antwortet:
„Lieber Levi, Ratschläge habe ich genug, aber hast du noch Hühner?"

Blau trifft Silberstern vor dem Rundfunkgebäude.
„Mensch, Silberstern, was machst du denn hier?“
„Haaabe -mmmm-mich u-u-um d-die Ste-e-e-elle als A-aaansager bew-bewwww-orben.“
„Und – haben sie dich genommen?“
„N-n-nein, aa-alles A-aa-antisemiten d-d-dort ...“

Einsteinsche Relativitätstheorie, von Einstein selbst auf Einstein angewendet:
„Werde ich mit meiner Theorie recht behalten, dann werden die Deutschen sagen, ich sei Deutscher, und die Franzosen, ich sei Weltbürger. Werde ich unrecht behalten, dann werden die Franzosen behaupten, ich sei Deutscher, und die Deutschen, ich sei Jude.“

Gespräch auf dem Bahnsteig.
„Wohin fährst du?“
„Nach Krakau, Holz einkaufen.“
„Wozu die Lüge? Ich weiß doch: Wenn du sagst, du fährst nach Krakau, Holz einkaufen, dann fährst du in Wirklichkeit nach Lemberg, Getreide verkaufen. Zufällig weiß ich aber, dass du tatsächlich nach Krakau fährst, um Holz zu kaufen. Warum lügst du also?“

Am Anhalter-Bahnhof in Berlin fragt ein Ostjude den Bahnhofportier, auf einen abgehenden Zug zeigend:
„Wo gait er?“
„Erfurt.“
„Ich seh, er furt, ober wo gait er?“

Eine israelische Delegation besucht Deutschland.
„Wie viel verdient ein Arbeiter bei Ihnen?“, fragt der Politiker aus Tel Aviv den aus Berlin.
„1500 Euro im Monat.“
„Und wie viel benötigt er zum Leben!“
„Vielleicht 1200 Euro.“
„Was macht er mit dem Rest?“
„Wir sind ein freies Land und fragen nicht danach“, verkündet stolz der deutsche Politiker.
Er stellt die Gegenfrage.
„Wie viel verdient ein Arbeiter in Tel Aviv?“
„Nach Ihrer Währung gerechnet, so um die 1000 Euro im Monat.“
„Und wie viel braucht er zum Leben?“
„1500 Euro.“
„1500 Euro?“, fragt der Deutsche erstaunt, „wo nimmt er denn die Differenz her?“
„Wissen Sie“, sagt der Mann aus Tel Aviv stolz, „wir sind ein freies Land und fragen nicht danach.“

Ein alter Jude läuft schwer bepackt über den Bahnhof einer Kleinstadt und fragt nach längerem Zögern einen seiner Mitreisenden: „Was halten Sie eigentlich von Juden?“
Der Gefragte antwortet: „Ich bin ein großer Bewunderer des jüdischen Volkes.“
Der alte Jude geht weiter und stellt dem nächsten die gleiche Frage. Dieser antwortet: „Ich bin fasziniert von den Leistungen jüdischer Mitmenschen in der Kultur und der Wissenschaft.“
Der Jude bedankt sich für diese Antwort und geht zu einem weiteren Mann. Dieser erwidert auf seine Frage: „Ich mag Juden nicht besonders und bin froh, wenn ich nichts mit ihnen zu tun habe.“
Darauf der alte Jude: „Sie sind ein ehrlicher Mann, könnten Sie bitte mal auf mein Gepäck aufpassen? Ich muss zur Toilette.“

Zwei Juden treffen sich am Sonnabend auf der Kurpromenade in Karlsbad.
„Cohn, ich hab' gehört, du bist geworden ein Ungläubiger?“
„Ja.“
„Sag: Glaubst du noch an Gott?“
„Nu, lass uns reden von was anderem.“
Die beiden begegnen einander wieder am Sonntag.
„Cohn, es hat mir keine Ruh' gelassen die ganze Nacht: Glaubst du noch an Gott?“
„Nein“
„Nu, das hättest du nebbich schon antworten können gestern.“
„Bist du Meschugge?! Am Schabbes?!“

Ein junger Mann und ein alter Jude fahren gemeinsam eine lange Strecke mit der Bahn. Der junge Mann fragt nach dem Einsteigen den alten Juden nach der Uhrzeit, bekommt aber keine Antwort. Kurz vor der Ankunft am nächsten Tag sagt der alte Jude: „Es ist jetzt 8 Uhr 30." Der junge Mann fragt verwundert, warum er jetzt erst antworte. „Ganz einfach, junger Man. Ich habe mir überlegt, wenn ich Ihnen die Uhrzeit gleich sage, werden wir ins Gespräch kommen, Sie werden mir sagen, dass Sie in meine Stadt fahren, dass Sie zum ersten Mal dort sind, und ich werde Sie, da Ich ein freundlicher Mensch bin, zu mir einladen. Dann werde ich Sie mit meiner Tochter bekannt machen, Sie werden sich in sie verlieben und sie eines Tages heiraten. Da habe ich mir gesagt, was soll ich mit einem Schwiegersohn, der nicht einmal eine Uhr hat."

Fängt der eine an:
„Sie sind geboren zwischen 1910 und 1951."
„Jo, das is richtig, kennen wir uns?"
„Nein. Sie sind in einem kleinen Dorf bei Prag zur Welt gekommen."
„Stimmt genau. Woher wissen Sie das?"
„Ihre Familie ist in eine kleine Synagoge gegangen, nahe dem Ortsausgang Richtung Prag."
„Und wir sollten uns wirklich nicht kennen?"
„Nein, aber zu der Zeit hat dort Rabbi Moische gelehrt. Rabbi Moische konnte nie einen geraden Schnitt machen und Sie pinkeln mir auf die Fieße."

Ein Jude zog in eine gut katholische Gegend. Jeden Freitag wurden die Katholiken sehr nervös, denn während sie ihren Fisch verzehrten, saß der Jude im Garten und grillte Steaks. Also begannen sie, zu missionieren. Schließlich, mit Bitten und Drohungen, hatten sie Erfolg. Sie brachten ihn zu einem Priester, der besprenkelte ihn mit gesegnetem Wasser und sprach:
„Geboren als Jude, aufgewachsen als Jude, jetzt ein Katholik."
Die Katholiken waren begeistert. Keine verführerischen Gerüche mehr am Freitag. Aber am nächsten Freitag zog der Grillgeruch wieder durch die Nachbarschaft. Die Katholiken rannten alle zum Haus des Juden, um ihn an seine neuen Glaubensvorschriften zu erinnern. Sie fanden ihn am Grill stehend, wo er Wasser über das Fleisch sprenkelte und sagte:
„Geboren als Kuh, aufgewachsen als Kuh, jetzt ein Fisch."

Mandelbaum hat eingebrochen. Er steht vor Gericht. „Eines verstehe ich nicht", sagt der Richter, „in der Wohnung lagen unverschlossene Wertgegenstände. Wieso haben Sie nur wertlosen Krempel mitgenommen?"
Der Einbrecher antwortet ganz verbittert:
„Herr Vorsitzender, ich halte es nicht mehr aus! Meine Frau hat mir wirklich schon genug zugesetzt deswegen – und jetzt klagen Sie auch noch deshalb!"

New Orleans. Ein Schwarzer sitzt in der Straßenbahn und liest eine jiddische Zeitung. Da klopft ihm ein Jude auf die Schulter und sagt:
„Es reicht dir wohl nicht, ein Schwarzer zu sein?“

Kohn trifft seinen Freund auf dem Marktplatz in Venedig.
„Was machst du denn hier?“, erkundigt er sich.
„Ich bin auf der Hochzeitsreise.“
„Gratuliere! Und wo hast du deine Frau?“
„Na hör mal, einer muss doch aufs Geschäft aufpassen.“

Singer trifft am Versöhnungstag seinen Konkurrenten Goldmann im Bethaus. Gewillt, mit ihm Frieden zu schließen, streckt er ihm die Hand hin und sagt: „Ich wünsche dir dasselbe, was du mir wünschst!“
„Du fängst ja schon wieder an!“, reagiert Goldmann gekränkt.

Wirt zum Gast: „Wie haben Sie geschlafen?“
Gast: „Schrecklich! Auf dem Bett war eine tote Wanze!“
Wirt: „Wenn sie tot war, konnte sie Ihnen doch nichts antun?“
Gast, erbittert: „Ja, aber das Leichengeleit hätten Sie sehen müssen, das ihre Verwandten ihr gaben!“

In einer kleinen Ortschaft mit vorwiegend jüdischer Bevölkerung kommt David vorbei und schreibt Plakate: „Auf seiner Welttournee gibt der mutige Seiltänzer David heute Abend eine einmalige Vorstellung auf dem Marktplatz. Seil in 60 Meter Höhe, der Künstler arbeitet ohne Netz."
Da sich in dem Dorf wenig Sensationelles ereignet, ist am Abend der Andrang groß. David kassiert schon vor der Vorstellung. Als dann der Marktplatz gut besetzt ist, erscheint David auf einem Dach und ruft laut: „Ihr Brüder, habt a Mitleid! Schon hier oben zu stehen ist für mich furchtbar! Auf einem Seil habe ich noch nie gestanden! Aber was sollte ich machen? Arm bin ich, eine große Familie hab ich und kein Geld, meine Frau ist krank, meine Kinder haben keine Schuhe ..." Das verblüffte Publikum ist irritiert, aber auch weichherzig und verlässt gemütlich den Marktplatz.
Darauf ruft David hinter ihnen her: „Und vergesst nicht: Morgen um drei ist Matinee!"

Ein reicher Bürger übergibt dem Rabbiner hundert Rubel für Gemeindezwecke. Schon am Tag darauf trifft eine Delegation der ‚Chewra Kadischa', der Beerdigungsgesellschaft, beim Rabbiner ein und bittet darum, dass die hundert Rubel zur Reparatur des Friedhofzaunes verwendet werden, damit Hunde und Schweine keinen Zugang finden und den Friedhof nicht verwüsten können.
„Schon recht", sagt der Rabbiner, „nur eines möchte ich wissen: Wie haben die Hunde und Schweine bloß so schnell von den hundert Rubel erfahren?"

In einem polnischen Nest bleibt ein Reisender mit seinem Automobil stecken. Er bemüht sich vergeblich, den Schaden zu beheben. Man ruft den jüdischen Dorfklempner. Der schaut unter die Motorhaube, versetzt dem Motor mit einem Hämmerchen einen einzigen Schlag – und der Wagen fährt wieder!
„Macht 20 Zloty", erklärt der Klempner.
Der Reisende: „So teuer?! Wie rechnen Sie das?"
Der Klempner schreibt auf: „Gegeben a Klopp: 1 Zloty. Gewusst wo: 19 Zloty. Zusammen: 20 Zloty."

Hirschfeld will einen Hund kaufen und geht in die Tierhandlung. Vor einer riesigen Dogge bleibt er interessiert stehen. „300 Zloty", sagt der Tierhändler. Hirschfeld zeigt auf einen mittelgroßen Dobermann. „500 Zloty", sagt der Verkäufer. Hirschfeld erblickt einen kleinen Foxterrier. Der soll 1000 Zloty kosten. Hirschfeld schaut fasziniert auf einen winzigen Zwergpinscher. „2000 Zloty", erklärt der Verkäufer. „Sagen Sie", fragt Hirschfeld jetzt ganz neugierig, „was kostet bei Ihnen denn gar kein Hund?"

Fragt der katholische Pfarrer den Rabbi: „Wann wirst du endlich Schweinefleisch essen?"
Der Rabbi antwortet: „Auf Ihrer Hochzeit, Hochwürden!"

Chajm kommt am Freitagnachmittag in ein Versicherungsbüro, um eine Lebensversicherung abzuschließen. Der Agent wundert sich:
„Sie sind doch schon ziemlich alt für so etwas!"
„Achtzig Jahre."
„Und da wollen Sie eine Lebensversicherung abschließen? Na, wir machen jetzt aber sowieso zu, kommen Sie morgen wieder!"
„Morgen kann ich nicht: Schabbes!"
„Dann kommen Sie am Montag."
„Geht auch nicht. Am Montag hat mein Vater Geburtstag."
„Himmel! Sie haben noch einen Vater? Wie alt ist der?"
„Hundert Jahre."
„Was!! Gratuliere! Also kommen Sie halt Dienstag."
„Geht auch nicht. Da heiratet mein Großvater."
„Einen Großvater haben Sie auch noch? Wie alt ist der denn?"
„Hundertzwanzig."
„Und der will noch heiraten?!"
„Was heißt will! Er muss!!"

Goldstein kommt auf den Bahnsteig gerannt und sieht nur noch die Rücklichter des abfahrenden Zuges.
Der Bahnhofsvorsteher fragt: „Na, Zug verpasst?"
Goldstein: „No na! Verscheucht werd ich ihn haben!"

Ein Ingenieur kommt in ein galizisches Städtchen. Er bestellt dort bei dem jüdischen Schneider eine Hose. Weil die nicht rechtzeitig fertig wird, fährt der Ingenieur wieder weg. Sieben Jahre später kommt er zurück. Da bringt ihm der Schneider die fertige Hose. Der Ingenieur wundert sich: „Der liebe Gott hat die ganze Welt in sieben Tagen fertiggestellt – und Ihr braucht für Eure Hose sieben Jahre?“
Der Schneider, zärtlich über die Hose streichelnd: „Ja, aber seht euch an die Welt, und seht euch an diese Hose!“

Ein jüdischer Tourist kommt an den See Genezareth. Dort liegt ein kleines Boot, und er fragt den Bootsführer: „Entschuldigen'se bitte die Frage, was kostet hinieberzufahren ieber de See Genezareth?“
Der Bootsmann antwortet: „20 Israel-Pfund!“
„20 Israel-Pfund? Das is abber a bissele viel!“
„Mei lieber Freind, das is de See Genezaret, ieber diese See ist Christus zu Fuß gegangen!“
„Kei Wunder bei de' Preisen!“

Manöver in Israel. Eine Flussbrücke trägt (für die Manöver) ein Schild: Die Brücke ist gesprengt. Der Kommandant sieht von seinem Hügel aus durch das Fernglas empört, wie einige Infanteristen seelenruhig dennoch über die Brücke marschieren. Wütend fährt der Kommandant in seinem Jeep heran, um den Soldaten seine Meinung zu sagen. Da sieht er zu seiner Verblüffung, dass sie ein Transparent tragen mit der Aufschrift: „Wir schwimmen.“

Silbermann gibt an der Post ein Telegramm an seinen Geschäftsfreund Gold auf: „Akzeptiere Ihre Offerte. Brief folgt. Hochachtungsvoll Silbermann."
Der Schalterbeamte sagt freundlich „Das ‚Hochachtungsvoll' könnten Sie eigentlich weglassen."
Worauf Silbermann fragt: „Woher kennen Sie denn den Gold?"

An einem Sommermorgen geht ein Jude im Stadtpark spazieren. Ein kleiner Hund läuft ihm nach. Da kommt ein Polizist und sagt streng: „Nehmen Sie den Hund an die Leine! Sonst müssen Sie Strafe zahlen!" Der Jude geht wortlos weiter.
Der Polizist wird böse: „Wenn Ihr nicht sofort den Hund an die Leine nehmt, zahlt Ihr eine Geldbuße!"
Der Jude geht weiter. Da zieht der Polizist sein Notizbuch hervor, schreibt etwas hinein und reicht das Blatt dem Juden mit der Aufforderung: „Drei Zloty!"
Der Jude bleibt stehen: „Warum soll ich zahlen? Das ist doch gar nicht mein Hund!"
„So? Und warum läuft er Euch nach?"
„Sie laufen mir doch auch nach und sind nicht mein Hund!"

Der Reisende kommt in Tel Aviv auf dem Flugplatz an und fragt den Gepäckträger: „Können Sie mir sagen, wo ich mich am besten rasieren lassen kann?"
„Klar", antwortet der Mann mit einem prüfenden Blick, „werd ich glauben, am besten im Gesicht."

Jitzak geht in eine christliche Schule in einer sehr christlichen Gegend.
Der Religionslehrer will unbedingt auch den kleinen Jitzak davon überzeugen, dass seine Religion die beste ist.
„Sagt mal, Kinder, wer war der Größte in der Geschichte der Menschheit? Wer es weiß, bekommt 10 Euro von mir."
„Albert Einstein!", ruft der kleine Franz.
„Falsch.", sagt der Lehrer.
„Napoleon!", ruft Klaus.
„Falsch." Jitzak springt auf.
„Nun, Jitzak?", fragt der Religionslehrer, „wer war denn der Größte in der Geschichte der Menschheit?"
„Der Größte in der Geschichte der Menschheit", sagt Jitzak schnell, „war Jesus Christus."
„Sehr gut", lobt der Lehrer und gibt ihm die versprochenen 10 Euro.
„Sag mal, Jitzak, ich hätte gedacht, dass du Moses für den Größten hältst, du bist doch jüdischen Glaubens."
„Nu na", sagt da Jitzak und steckt die 10 Euro grinsend ein.
„Halt ich auch Moses für den Größten – aber Geschäft ist Geschäft."

Auf der Börse tritt jemand an Goldschmid mit der Frage heran: „Bitte, wo ist hier die Toilette?"
Goldschmid antwortet: „Hier gibt's keine Toiletten. Hier bescheißt einer den andern."

„Warum machst du so ein bekümmertes Gesicht?“, fragt Kohn seinen Freund David. Der, ein reicher Bankier, schüttelt betrübt den Kopf.
„Sorgen mach ich mir, große Sorgen.“
„Über wen?“
„Über meinen Hauptkassierer.“
„Was macht er denn?“
„Seit drei Wochen studiert er alle Flugpläne nach Südamerika.“

Der kleine Isaak macht Schularbeiten.
„Papaleben“, fragt er, „wie viel sind drei Viertel?“
„Drei Viertel?“, überlegt Papa, „möcht ich dir sagen, Sohn – das ist nichts Halbes und nichts Ganzes.“

Isaak wirbt um die Tochter des Geschäftsinhabers Goldmann.
„Haben Sie sich auch überlegt, junger Mann“, fragt Silberstein, „dass Sie meine Tochter sichern müssen?“
„Nun, geehrter Herr, ist sie gesichert“, erklärt der Bewerber. „Wenn mir etwas zustößt, bekommt sie eine Lebensversicherung über 50.000 Dollar.“
„Schön“, sagt Goldmann und kratzt sich am Kopf. „Aber sagen Sie mir, junger Mann: Was geschieht, wenn Ihnen wird nichts zustoßen?“

Die Methodistenkirche einer amerikanischen Stadt hat für ihr hunderttausendstes Mitglied eine Prämie von zehntausend Dollar ausgesetzt. Rosenholz gelingt es, den Pfarrer gegen eine Provision von zehn Prozent dazu zu bringen, ihn als hunderttausendstes Mitglied anzunehmen. Kaum zu Hause, wird er von Wünschen seiner Familie bestürmt: Seine Frau will einen neuen Pelzmantel, sein Sohn ein Darlehen und seine Tochter ein Auto. Als auch noch die jüdische Köchin eine Bitte vorbringt, wird er ärgerlich: „Kaum kommt ein Goi zu Geld, kommen die Juden und ziehen es ihm aus der Tasche!“

Das Schiff hat ein Leck. Die Leute schreien, weinen. Ein Jude gebärdet sich besonders verzweifelt. Da tritt ein anderer auf ihn zu und fragt verwundert: „Was schreist du? Ist es dein Schiff?“

Aus dem Brief eines Ehemannes an sein Weib: „Teure Rachel, sei so gut und schick mir Deine Pantoffeln! Natürlich meine ich meine und nicht Deine Pantoffeln. Aber wenn du liest ‚meine Pantoffeln‘, dann denkst du, ich möchte Deine Pantoffeln. Wenn ich aber schreibe: Schick mir Deine Pantoffeln, dann liest du ‚Deine Pantoffeln‘ und verstehst richtig, dass ich meine: ‚meine Pantoffeln‘ und schickst mir meine Pantoffeln. Schick mir also Deine Pantoffeln!“

Goldberg ist vom Arzt gründlich untersucht worden. „Nun“, fragt der Arzt, „werden Sie können bezahlen die Operation, wenn ich sie für nötig halte?“
„Doktorleben“, sagt Silberstein, „wenn ich sie nicht bezahlen kann, die Operation, werden Sie sie für nötig halten?“

Herschel bittet um die Hand der schönen Esther. Wohlerzogen steht er vor dem Vater.
„Junger Mann“, sagt Esthers Vater und schaut ihn prüfend an, „können Sie überhaupt eine Familie ernähren?“
„Selbstverständlich!“, beeilt sich Herschel zu sagen.
„Überlegen Sie sich das gut“, fährt der Vater geduldig fort, „wir sind inzwischen neun Personen.“

Zwei Juden gehen in eine Ausstellung impressionistischer Kunst. Vor einem der Gemälde bleiben sie stehen und diskutieren lange darüber, ob es nun ein Landschaftsbild oder ein Porträt sei. Da sie sich nicht einigen können, gehen sie zurück zur Kasse, um einen Ausstellungskatalog zu kaufen und suchen darin das Bild. Es hat den Titel „Mandelbaum an der Riviera“. Sagt der eine Jude zum anderen: „Siehst du, ich hab dir doch gleich gesagt, das ist ein Porträt!“

Heftige Diskussion in der Familie Silberstein. Und zwar wegen des Bräutigams, den der Vater ausgesucht hat.
„Na, warum willst ihn nicht heiraten?“, fragt Vater Silberstein. „Hat er nicht eine tadellose Vergangenheit.“
„Wirklich“, stimmt Esther zu, die Gattin, „und ist er nicht ein fleißiger Kerl, ist seine Zukunft nicht vielversprechend?“
„Nu na“, sagt das Töchterchen, „stört mich nur seine Gegenwart.“

Moische ist beim Arzt. Mit Zittern hat er seine Untersuchung verfolgt.
„Doktorleben“, sagt er, „seien Sie ehrlich. Was habe ich in diesem Leben nun als Schweres zu erwarten?“
„Das Schlimmste“, sagt der Arzt, „die Rechnung.“

Ein koscheres Restaurant. Im Schaufenster hängt ein Bild von Moses. Ein galizischer Jude tritt herein – was sieht er? Der Kellner ist glatt rasiert (nach jüdischem Ritus verboten).
Der Jude fragt misstrauisch: „Ist das Essen hier wirklich koscher?“
Kellner: „Selbstverständlich, sehen Sie nicht das Bild von Moses im Fenster hängen?“
Der Jude: „Das schon. Aber offen gestanden: Wenn Sie im Fenster hingen und Moses servieren würde, dann hätte ich mehr Vertrauen.“

Jitzak erscheint gut angezogen beim Bankier Goldberg.
„Möcht ich, guter Herr, heiraten Ihre Tochter Esther“, sagt er mutig.
„So“, sagt Goldberg, „haben Sie denn Geld?“
„Hören Sie!“, ruft Jitzak, „möchten Sie mich verstanden haben falsch: Heiraten will ich sie, nicht kaufen.“

David steht in seinem Garten, schmeißt eine Handvoll Münzen in die Luft und ruft: „Herr, mach dass ich gewinn die Lotterie" – Nichts geschieht.
Das wiederholt er einige Wochen. Nach zwei Monaten tut sich plötzlich der Himmel auf und eine mächtige Stimme erschallt: „David, gib mir a Chance, kauf dir a Los."

In Israel sind Devisen knapp, und die Israelis sollen keine Devisen besitzen.
„Sagen Sie mal“, fragt ein Amerikaner, der in Tel Aviv gelandet ist, „wie viel bekommt man hier für 1000 Dollar?“
„Nu na“, sagt der Angesprochene, „so etwa zwei Jahre.“

„Esther“, fragt Vater Silberstein streng. „Woher willst du wissen, dass David will dich heiraten?“
„Nu na“, sagt Esther, „wenn ich mit ihm gehe einkaufen, findet er immer die billigsten Kleider schön.“

Moische verkündet dem Rabbi:
„Ich“, sagt Moische, „ich habe jetzt endlich wieder zu unserer heiligen Religion gefunden.“
„Das ist aber schön“, freut sich der Rabbi, „bereust du auch alles, was du getan hast?“
„Ja, aus tiefstem Herzen.“
„Willst du gut zu deiner Frau sein?“
„Ja, ganz gewiss.“
„Und freundlich sein zu deinen Nachbarn?“
„Ja, auch das kann ich versprechen.“
„Und“, fragt der Rabbi als Letztes, „bist du auch bereit, alle deine Schulden zurückzuzahlen?“
Da springt Moische auf. „Rabbi!“, ruft er, „jetzt redest du nicht mehr von der Religion, jetzt redest du vom Geschäft.“

„Räuber, Räuber!“, brüllt Goldstein den Bankier an. „Sie nehmen von mir neun Prozent Zinsen! Was wird Jehova sagen, wenn er das sieht von oben?“
„Nu na“, sagt der Bankier, „weiß nicht – könnte von oben aber aussehen wie eine sechs.“

„Was?“, fragt David seinen Freund Grün. „Fünf Jahre hab ich dich nicht gesehen. Und jetzt kommst du und sagst, du bist immer noch nicht verheiratet.“
„Was bin ich ein Pechvogel“, klagt Grün.
„Wieso bist du ein Pechvogel?“
„Immer, wenn ich eine heiraten will aus Liebe, hat sie nicht genug Geld.“

# Arbeiten oder nicht arbeiten – das ist hier die Frage

# Der junge Richter fragt seinen ergrauten Kollegen …

Der junge Richter fragt seinen ergrauten Kollegen: „Ich habe da einen Schwarzbrenner, der Himbeergeist produziert hat, wie viel soll ich ihm wohl geben?"
„Auf keinen Fall mehr als fünf Euro pro Liter!"

„Sie werden beschuldigt, Ihren Nachbarn unter Schimpfworten in den Wald getrieben und dort ganz fürchterlich verprügelt zu haben. Sind Sie da nicht ein bisschen zu weit gegangen, Angeklagter?"
„Ja, das ist richtig, Herr Vorsitzender! Ich hätte es schon vorher auf der Wiese tun sollen!"

Ein Hund kommt in eine Metzgerei und stiehlt einen Braten. Glücklicherweise erkennt der Metzger den Hund als den eines Nachbarn, eines Anwalts.
Der Metzger ruft den Anwalt an und sagt: „Wenn dein Hund einen Braten aus meiner Metzgerei stiehlt, bist du dann für die Kosten verantwortlich?"
Der Anwalt erwidert: „Natürlich. Wie viel kostet das Fleisch?"
„20 Euro."
Ein paar Tage später bekommt der Metzger einen Scheck über 20 Euro mit der Post. Beigelegt ist eine Rechnung mit folgendem Text: „Rechtsauskunft: 350 Euro."

Richter zum Angeklagten: „Zum letzten Mal, sagen Sie uns endlich den Namen Ihres Komplizen!"
„Niemals! Glauben Sie, ich würde meinen Schwager verpfeifen?"

Der Richter fragt: „Herr Verteidiger, haben Sie noch etwas zugunsten des Angeklagten vorzubringen?"
„Ja, Euer Ehren, mein Mandant ist schwerhörig und kann daher auch nicht die Stimme seines Gewissens hören!"

„Warum sind Sie in die Wohnung eingedrungen?"
„Ich suchte Familienanschluss, Herr Vorsitzender!"

Der Richter fragt im Gerichtssaal:
„Was genau stand denn in dem Brief?"
Angeklagter: „Sag ich nicht, Briefgeheimnis!"
Richter: „Was haben Sie demjenigen, den Sie daraufhin angerufen haben, gesagt?"
Angeklagter: „Sag ich auch nicht, Fernmeldegeheimnis."
Richter: „Und wie viel Geld haben Sie nun letztendlich bekommen?"
Angeklagter: „Sag ich nicht, Bankgeheimnis!"
Richter: „Nun, dann spreche ich jetzt das Urteil und verurteile Sie zu zwei Jahren Haft!"
Angeklagter: „Warum das?"
Richter: „Staatsgeheimnis ..."

„Angeklagter, das Gericht ist bereit, Ihnen einen guten Pflichtverteidiger zu stellen."
Der Angeklagte: „Ein Entlastungszeuge wäre mir aber sehr viel lieber."

Der Richter zum Angeklagten: „Sie sollten langsam versuchen, ein anderer Mensch zu werden!"
„Aber das habe ich doch versucht. Das hat mir sechs Monate wegen Urkundenfälschung und Amtsanmaßung gebracht!"

Ein junger Anwalt, der gerade eine Kanzlei eröffnet hat, will potentiellen Kunden unbedingt imponieren. Als er seinen ersten Besucher durch die Tür kommen sieht, nimmt er den Telefonhörer in die Hand und spricht wie mit einem Kunden: „Es tut mir leid, aber ich bin so enorm beschäftigt, dass es mir für mindestens einen Monat nicht möglich sein wird, Ihren Fall zu begutachten. Ich werde mich wieder melden.“ Er legt den Hörer auf und wendet sich zu seinem Besucher: „Nun, was kann ich für Sie tun?“
„Nichts“, antwortet der Besucher. „Ich bin nur gekommen, um Ihr Telefon anzuschließen.“

Mit seinem Anwalt geht der Mandant noch einmal die Abrechnung durch.
„Nichts gegen die Spesen für das Mittagessen“, sagt er, „obwohl ich eigentlich dachte, Sie hätten mich eingeladen. Aber was soll denn das hier: Beratung bei Arbeitsessen: 50,- Euro?“
„Erinnern Sie sich denn nicht mehr?“, sagt der Anwalt, „da habe ich Ihnen doch zu den gedünsteten Krevetten in Madeira geraten.“

„Angeklagter, ich möchte wirklich wissen, warum Sie ununterbrochen lügen.“
„Das kommt daher, weil Sie so viel fragen, Frau Vorsitzende.“

Ein Mandant wird von seinem Anwalt gefragt: „Jetzt seien Sie mal ganz ehrlich: Haben Sie den Einbruch denn verübt?"
Der Mandant antwortet: „Nein, natürlich nicht."
Daraufhin fragt der Anwalt: „Und wie gedenken Sie mich zu bezahlen?"

Sie geben also zu, dass Sie der Vater dieses Kindes sind?", fragt die Richterin den Mann.
„Ja, selbstverständlich", antwortet der.
„Gut", darauf die Richterin „dann müssen wir ja nur noch die Bezahlung regeln."
„Aber ich bitte sie", winkt der Mann ab, „dafür möchte ich doch nichts haben!"

Der Nikolaus steht mit der Rute in der Hand drohend vor dem unartigen Fritzchen. Bevor er jedoch etwas sagen kann, ruft Fritzchen ganz aufgeregt: „Papi, komm schnell, ruf erst mal unseren Anwalt an ...!"

„Angeklagter, sind Sie vorbestraft?"
„Nein."
„Wohl immer ehrlich gewesen?"
„Nie erwischt worden!"

„Sie knackten also den Safe und raubten neben den fünfzigtausend Euro auch sämtliche darin befindlichen Wertpapiere und den Schmuck. Und was haben Sie dann gemacht?"
„Ich schlich mich fort, Herr Vorsitzender, leise und vorsichtig, wie ein Dieb."

„Soso, Sie behaupten also, mit Ihrem Auto die zulässige Höchstgeschwindigkeit nicht überschritten zu haben. Wie wollen Sie das denn beweisen?"
„Das kann ich sehr wohl beweisen, Herr Vorsitzender: Ich befand mich nämlich gerade auf dem Weg zu meiner Schwiegermutter!"

„Angeklagter, warum haben Sie das Auto gestohlen?"
„Ich musste schnell zur Arbeit, Herr Vorsitzender."
„Sie hätten doch den Bus nehmen können."
„Für den habe ich keinen Führerschein."

„Tja, also, das war so, Herr Vorsitzender: Ich sitze ganz harmlos im Biergarten. Und plötzlich schnippt mir dieser Kerl seinen Zahnstocher ins Gesicht. Ich gieße ihm aus Spaß mein Bier über den Kopf. Er haut mir aus Jux eine Flasche auf den Schädel und ich ihm munter ein Stuhlbein auf die Nase. Da packt er schließlich den ganzen Tisch, tja, und auf einmal hatten wir ganz plötzlich den schönsten Streit!"

„Warum sind Sie denn dreimal hintereinander in dasselbe Geschäft eingebrochen?“
„Das war so, Herr Vorsitzender: Das erste Mal habe ich ein Kleid für meine Frau mitgenommen, die beiden anderen Male musste ich es umtauschen!“

Auf der Kreuzung kracht es. Der eine Fahrer stellt sich vor:
„Glück gehabt, ich bin Arzt.“
„Pech gehabt“, antwortet der andere, „ich bin Rechtsanwalt!“

Ein Anwalt stirbt und kommt in den Himmel. Aber er ist nicht zufrieden mit seiner Unterkunft. Er reklamiert bei Petrus, der ihm sagte, die einzige Möglichkeit, die er habe, um die Unterkunft wechseln zu können, sei, die Verfügung mit einer Verwaltungsgerichtsbeschwerde anzufechten. Der Anwalt erklärt, dass er das sofort tun werde, worauf er zur Antwort bekommt, dass das Verfahren aber erst in etwa drei Jahren eröffnet würde. Der Anwalt protestiert, dass eine Wartefrist von drei Jahren gegen alle juristischen Gepflogenheiten verstoße, doch seine Worte werden einfach überhört. Daraufhin wird der Anwalt vom Teufel angesprochen, der ihm verspricht, dass sein Fall binnen weniger Tage erledigt sein könnte, wenn er in die Hölle wechseln würde.
Der Anwalt will darauf wissen: „Warum wird das Verfahren in der Hölle so viel schneller abgewickelt?“
Der Teufel antwortet: „Weil wir bei uns alle Richter haben.“

„Angeklagter“, wettert der Richter,
„Sie haben dem Opfer einen Bierkrug auf den Kopf gehauen! Wissen Sie, was darauf steht?“
„Ja euer Ehren! ‚Zur Erinnerung an schöne Stunden‘!“

Zwei Anwälte kommen in ein Restaurant und bestellen je einen Drink. Als sie versorgt sind, packt jeder ein Sandwich aus und beginnt zu essen. Es dauert nicht lange, da kommt der Wirt und beschwert sich: „Meine Herren, das geht nicht, dass Sie hier Ihre eigenen Brote essen." Die beiden zucken mit den Schultern und tauschen die Sandwichs.

Die Richterin fragt den Angeklagten: "Wissen Sie eigentlich, was Sie sich mit Bigamie einhandeln?" „Ja, Frau Vorsitzende, zwei Schwiegermütter!"

„Also, Herr Krause, der Angeklagte hat behauptet, Sie seien ein Kamel. Stimmt das?“
„Jawohl!“
„Warum klagen Sie dann?“

Der Verteidiger hält ein engagiertes Plädoyer für den Angeklagten und weist die vollkommene Unschuld seines Mandanten nach. Der Richter ist offensichtlich ergriffen: „Ja, Herr Verteidiger, Sie haben völlig recht!“
Nun erhält der Staatsanwalt das Wort, weist die schreckliche Tat des Angeklagten Punkt für Punkt nach und fordert die Höchststrafe. Der Richter nickt: „Sie haben völlig recht, Herr Staatsanwalt.“
Da meldet sich der Schöffe: „Aber Herr Vorsitzender, Sie können doch nicht gleichzeitig beiden recht geben!“
Der Richter antwortet: „Richtig, da haben Sie auch wieder recht!“

„Angeklagter, nun erzählen Sie mal, wie es zu dem Uhrendiebstahl kam.“ – „Also, wie ich da so ging, sah ich eine Uhr, die ging auch. Und da habe ich mir gedacht, wir könnten ja zusammen gehen!“

Der Angeklagte fragte seinen Anwalt, wie lange die ganze Angelegenheit wohl dauern werde. Anwalt: „Für mich drei Stunden und für Sie drei Jahre ...“

Der Anwalt liest den Verwandten den letzten Willen eines reichen Verstorbenen vor: Und an Willi, dem ich versprach, ihn in meinem Testament zu erwähnen, einen herzlichen Gruß: ‚Hallo, Willi, alter Knabe!‘

„Wo waren Sie während der Tatzeit?“, fragt der Richter den Angeklagten.
„Im Kino.“
„Vermutlich allein?“
„Oh nein, die Vorstellung war ausverkauft.“
„Aber Sie kannten keinen?“
„Doch, George Clooney. Wegen dem bin ich doch reingegangen.“

„Angeklagter, haben Sie etwas nach dem Zeugen geworfen?“
„Ja, habe ich, aber nur Tomaten.“
„Und wie erklären Sie sich die Beulen an seinem Kopf?“
„Die Tomaten waren in Dosen, Herr Vorsitzender!“

Ein Anwalt und ein Ingenieur treffen sich beim Fischen in der Karibik. Der Anwalt erzählt: „Ich bin hier, weil mein Haus abgebrannt ist. Das Feuer zerstörte alles. Aber meine Versicherung bezahlte alles, ja es blieb sogar etwas übrig, so dass ich mir nun diesen Urlaub leisten kann.“
„Das ist aber ein Zufall“, sagt darauf der Ingenieur, „ich bin hier, da eine Überschwemmung mein Haus und all meine Sachen zerstörte. Auch meine Versicherung bezahlte so gut, dass ich mir nun den Urlaub leisten kann.“
Der Anwalt ist nun verwirrt und fragt: „Wie haben Sie eine Überschwemmung gemacht?“

Ein Anwalt und der Papst starben zur gleichen Zeit und kamen zusammen am Himmelstor an. Petrus fragte den Anwalt nach seinem Namen und suchte ihn dann in seinem Buch. Danach fragte er den Papst nach seinem Namen und suchte ihn ebenfalls in seinem Buch. „Nun, wenn ihr mir folgt, zeige ich euch eure Unterkünfte für die Ewigkeit“, sagte Petrus. Sie gingen an den Wolken entlang und kamen zu einem riesigen Herrschaftshaus, mit allem Luxus, den man sich wünschen kann. Petrus wandte sich an den Anwalt und sagte ihm, dies sei nun sein Haus. Der Papst, wissend, dass er die wichtigste Person der Kirche gewesen war, wollte nun gerne wissen, wie sein Haus aussehen würde. Petrus ging also mit dem Papst weiter zu einer kleinen Bretterbude und zeigte sie dem Papst als sein neues Zuhause. Der Papst war schockiert, und sagte zu Petrus: „Moment mal! Der andere Kerl war nur ein Anwalt und bekommt ein Herrschaftshaus. Ich war das Oberhaupt der römisch-katholischen Kirche und dies ist die Belohnung, die ich dafür bekomme?“ Petrus schaut den Papst an und sagt: „Das ist richtig. Du hast zwar viel für den Glauben getan, aber wir haben viele Päpste im Himmel. Dieser Kerl aber ist der erste Anwalt, der es hierher geschafft hat.“

„Es ist der Alkohol und ausschließlich der Alkohol, der an Ihrer furchtbaren Lage schuld ist“, rügt der Richter.
„Ich danke Ihnen vielmals für Ihr Verständnis“, flüstert der Angeklagte. „Sie sind der Erste, der nicht mir die Schuld in die Schuhe schiebt.“

Ein frommes, gutes Paar war auf dem Weg zum Standesamt, als ein tragischer Verkehrsunfall sie tötete. Als sie nun in den Himmel kamen, fragten sie Petrus, ob er ihre Vermählung arrangieren könne.
Sie hätten sich so auf ihre Hochzeit gefreut, so dass sie sich nichts sehnlicher wünschten, als ein Ehepaar zu werden. Petrus willigte nach kurzer Zeit ein und sagte dem Paar, sie müssten noch ein bisschen warten.
Es vergingen danach fast hundert Jahre, bis Petrus sie wieder rief.
Die beiden wurden in einer einfachen Zeremonie getraut. Zuerst waren sie glücklich, aber mit der Zeit erlosch die Liebe.
Etwa dreißig Jahre später waren sie sich einig, dass sie nicht die ganze Ewigkeit miteinander verbringen wollten. Sie suchten Petrus auf und sagten:
„Wir dachten, wir würden für immer glücklich sein, aber nun glauben wir, wir haben unüberbrückbare Differenzen. Gibt es eine Möglichkeit, uns scheiden zu lassen?“ –
„Nehmt ihr mich auf den Arm?“, sagte Petrus.
„Ich brauchte hundert Jahre, um einen Priester nach hier oben zu bringen, damit ihr heiraten könnt. Es wird mir aber nie gelingen, einen Anwalt zu bekommen!“

„Angeklagter, haben Sie bei dem Einbruch nicht an Ihre arme alte Mutter gedacht?“
„Doch Herr Vorsitzender, aber für sie war nichts Passendes dabei!“

„Angeklagter, wieso haben Sie dem armen alten Mann vier Zähne ausgeschlagen?"
„Er hatte nicht mehr, Herr Richter."

Der Richter: „Angeklagter, Sie stehen hier vor Gericht, weil Sie eine merkwürdige Flüssigkeit als Lebenselixier verkauft haben. Sind Sie eigentlich deswegen schon vorbestraft?"
„Ja, einmal 1754 und zum zweiten Mal 1899!"

Der Angeklagte zu seinem Rechtsanwalt: „Wenn ich mit einem halben Jahr davonkomme, kriegen Sie 10.000 Dollar von mir."
Nach dem Prozess meint der Anwalt: „Das war ein hartes Stück Arbeit, die wollten Sie doch glatt freisprechen."

„Angeklagter, warum haben Sie den Kläger auf offener Straße verprügelt?" – „Euer Ehren, mir war es bei meinen finanziellen Verhältnissen nicht möglich, dafür die Max-Schmeling-Halle zu mieten!"

„Angeklagter, wie kamen Sie eigentlich auf den Gedanken, das Auto zu stehlen?"
„Na ja – das Auto stand vor dem Friedhof, und ich dachte, der Besitzer sei tot."

Ein junger, erfolgreicher Rechtsanwalt öffnet die Türe seines Wagens etwas unvorsichtig. Diese wird von einem Laster abgerissen. Aufgeregt hüpft der Anwalt von einem Bein aufs andere: „Mein BMW, mein nagelneuer BMW." Mittlerweile ist ein Polizist an der Unfallstelle eingetroffen. Kopfschüttelnd geht er zu dem Anwalt: „Ihr Anwälte seid so materialistisch, dass Sie vor lauter Aufregung über die Beschädigung an Ihrem BMW nicht mal merken, dass Ihnen der Laster den ganzen Arm abgerissen hat." Entsetzt blickt der Anwalt auf den Armstumpf. Kreidebleich antwortet er dem Polizisten: „Wo zur Hölle liegt das Ding? Da ist noch meine Rolex dran."

„Frau Vorsitzende, ich bitte Sie um mildernde Umstände. Zur Zeit der Tat war ich ohne festen Wohnsitz. Ich hatte nichts zu essen und keine Freunde." „Ich habe dies alles bereits berücksichtigt", sagt die Richterin. „Sie werden für drei Jahre einen festen Wohnsitz haben, regelmäßige Verpflegung und auch eine Menge Freunde."

Ein Rechtsanwalt hatte einen Mandanten in einem Skandalprozess erfolgreich verteidigt. Auf einer Party danach sprach ihn eine entrüstete Frau an: „Für Sie ist wohl kein Delikt zu gemein, zu abscheulich, zu unerhört, dass Sie nicht die Verteidigung übernehmen wollten!" „Kommt drauf an", sagte der Anwalt, „was haben Sie denn ausgefressen?"

Ein Mann kommt in einen Hirnladen, um sich Hirn fürs Nachtessen zu kaufen. Er sieht auf einem Schild, dass Hirn von verschiedenen Berufen erhältlich ist. Er fragt den Metzger: „Wie viel kostet Ingenieurhirn?"
„8 Euro für 100 Gramm."
„Wie viel kostet Arzthirn?"
„12 Euro für 100 Gramm."
„Wie viel kostet Juristenhirn?"
„500 Euro für 1 Gramm."
„500 Euro für 1 Gramm? Was macht denn Juristenhirn so teuer?"
„Was glauben Sie denn, wie viele Juristen man schlachten muss, um 1 g Hirn zu erhalten?"

Richter: „Angeklagter, ich verurteile Sie zu zehn Jahren Freiheitsentzug."
Darauf der Angeklagte: „Was denn, gar kein Gefängnis?"

Anwalt zum Verurteilten: „Alles halb so schlimm. Jetzt sitzen sie erst mal in Ruhe ihr Lebenslänglich ab, und dann sehen wir weiter."

Ein Strafrichter ist Vater von Vierlingen geworden. Er stöhnt verzweifelt: „Ich glaube, ich werde das Verfahren einstellen müssen."

Ein Mädchen spaziert an einem Strand entlang, als es plötzlich eine Stimme hört: „He, küss mich! Ich bin ein verwandelter Anwalt." Das Mädchen schaut sich um und sieht einen Frosch.

Der Frosch sagt: „Ja, ich spreche. Küss mich!"

Das Mädchen nimmt den Frosch und verstaut ihn in ihrer Handtasche. Später zeigt es den Frosch einem Freund.

Der Frosch beschwert sich: „Nun komm schon! Küss mich! Du wirst es nicht bereuen!" Das Mädchen

verstaut den Frosch wieder in seiner Handtasche.

Als es den Frosch einem weiteren Freund zeigt, sagt der Frosch: „Warum küsst du mich nicht? Ich werde dich reich machen."

Aber das Mädchen legt den Frosch zurück in die Handtasche. Als es später den Frosch einer Freundin zeigt, sagt der Frosch: „Ich glaube, du verstehst mich nicht. Ich sagte dir, ich sei ein verwandelter Anwalt. Wenn du mich küsst, mache ich dich reich."

Das Mädchen antwortet nun: „Warum sollte ich? Ein Anwalt ist wertlos, es gibt so viele. Aber ein sprechender Frosch ist cool."

Gerda will sich scheiden lassen. Der Anwalt fragt:
„Trinkt Ihr Mann?"
„Nein."
„Schlägt er Sie?"
„Nein."
„Und wie steht es mit der ehelichen Treue?"
„Damit kriegen wir ihn! Zwei von unseren Kindern sind nicht von ihm!"

Ein reicher Mann liegt im Sterben. Er möchte sein Vermögen mit ins Grab nehmen. In seiner letzten Stunde lässt er seinen Arzt, seinen Anwalt und einen Pfarrer zu sich rufen. Jedem übergibt er 50.000 Euro und lässt sich versprechen, dass bei der Beerdigung alle drei das Geld in sein Grab legen. Bei der Beerdigung treten nacheinander der Pfarrer, der Arzt und der Anwalt an das Grab und werfen einen Briefumschlag hinein. Auf dem Weg nach Hause bricht der Pfarrer in Tränen aus: „Ich habe gesündigt. Ich muss gestehen, dass ich nur 40.000 Euro in den Umschlag gesteckt habe. 10.000 Euro habe ich für einen neuen Altar in unserer alten Kirche genommen."
Darauf sagt der Arzt: „Ich muss zugeben, dass ich sogar nur 30.000 DM ins Grab geworfen habe. Unsere Klinik braucht dringend neue Geräte, dafür habe ich 20.000 Euro abgezweigt."
Der Anwalt erklärt: „Meine Herren, ich bin erschüttert! Ich habe selbstverständlich dem Verstorbenen einen Scheck über die volle Summe ins Grab gelegt."

„Angeklagter, warum, zum Teufel, haben Sie die Beleidigung dem Kläger gegenüber dreimal wiederholt?"
„Tja, wissen sie, Herr Richter, ich bin Programmdirektor beim Fernsehen."

„Fragen, nichts als Fragen, Herr Vorsitzender. Wäre es nicht besser gewesen, Sie hätten sich vorher über den Fall besser informiert!"

„Angeklagter, was verstehen Sie eigentlich unter Ratenzahlung?“
„Das ist ganz einfach, Herr Vorsitzender, die Gläubiger müssen raten, wann ich alle meine ausstehenden Rechnungen begleichen werde!“

Ein sehr guter Mann stirbt und kommt, als Belohnung für sein gutes Leben, in den Himmel. Petrus empfängt ihn am Himmelstor.
„Willkommen“, sagt Petrus, „da du ein so gutes Leben geführt hast, darfst du in den Himmel eintreten.“
„Danke“, sagt der Mann. „Aber bevor ich hineinkomme, könntest du mir sagen, welche anderen Leute sich im Himmel aufhalten?“
„Ja, alle Arten von Leuten“, antwortet Petrus.
„Gibt es auch verurteilte Verbrecher im Himmel?“, fragt der Mann.
„Ja, einige“, antwortet Petrus.
„Gibt es Kommunisten im Himmel?“, will der Mann weiter wissen.
„Ja, auch Kommunisten“, erwidert Petrus.
„Gibt es Nazis im Himmel?“, fragt der Mann.
„Ja, aber ganz wenige“, antwortet Petrus.
„Und gibt es auch Anwälte im Himmel?“, fragt der Mann weiter.
Petrus antwortet: „Natürlich nicht, denkst du denn, wir wollen das Paradies für all die andern ruinieren?“

Eine Frau und ein kleines Mädchen besuchten das Grab der Großmutter. Auf dem Weg vom Grab zurück zum Auto fragte das Mädchen plötzlich: „Mama, darf man zwei Personen im gleichen Grab begraben?"
„Nein, das darf man nicht", antwortete die Mutter, „wie kommst du auf diese Idee?" Da sagte das Mädchen: „Auf dem Grabstein dort steht: Hier liegt ein Anwalt und ehrlicher Mann."

Zwei Mütter unterhalten sich über ihre jugendlichen Sprösslinge:
„Was will Ihr Sohn denn später einmal werden?"
„Rechtsanwalt. Er streitet gerne, mischt sich ständig in anderer Leute Angelegenheiten und weiß immer alles besser. Da habe ich ihm geraten, er soll sich das bezahlen lassen."

Eine Stellenausschreibung in einem großen Konzern. Schließlich bleiben nur noch drei übrig:
Ein Mathematiker, ein Physiker und ein Jurist. Alle drei werden zu einem letzten Test eingeladen. Als Erster bekommt der Mathematiker die Frage gestellt:
„Was ist 1 + 1?" – Die Antwort des Mathematikers: „2."
Auch dem Physiker wird diese Frage gestellt. Seine Antwort: „Zwischen 1,999999 und 2,0000001 ..."
Als Letzter wird der Jurist reingebeten. Wieder die bekannte Frage: „Was ist 1 + 1?" Der Jurist schaut sich um, ob die Tür zu ist, und meint dann: „Meine Herrn, welches Ergebnis hätten Sie denn gern ...?"

Ein Landstreicher steht vor Gericht und wird von dem Richter befragt:
„Wann arbeiten Sie eigentlich?“
„Na ja, hin und wieder.“
„Und was arbeiten Sie?“
„So dies und jenes.“
„Und wo arbeiten Sie?“
„Hier und dort.“
„Und wie steht es mit Ihrem Wohnsitz?
Haben Sie wenigstens einen festen Wohnsitz?“
„Mal ja, mal nein.“
„Na gut“, sagt der Richter, „dann werde ich Sie jetzt erstmal einbuchten.“
„Und wann werde ich wieder rauskommen?“
„Früher oder später!“

Herr Schmidt hat sich ein neues Paar Hosen gekauft.
„Wünschen Sie dazu noch Hosenträger?“, erkundigt sich der Verkäufer.
„Nein, danke, ich trage meine Hosen immer noch selbst.“

Zwei Freunde gehen im Park spazieren. Vor einer Statue bleiben sie stehen.
„Ich würde gern wissen, wessen Denkmal das ist“, sagt der eine.
„Brich ihm einen Arm ab“, schlägt der andere vor, „dann steht es morgen in der Zeitung.“

Eine Schlange und ein Hase sind auf dem Weg durch den Wald, als sie auf einer Kreuzung zusammenstoßen. Beide beginnen sofort, einander die Schuld am Unfall zuzuschieben. Als die Schlange argumentiert, sie sei seit ihrer Geburt blind und hätte daher immer Vortritt, stellt sich heraus, dass auch der Hase seit seiner Geburt blind ist. Die beiden vergessen den Zusammenstoß und sprechen miteinander über ihre Erfahrungen, blind zu sein. Die Schlange bedauert am meisten, dass sie keine Identität hat, sich nie gesehen hat und nicht einmal weiß, was für ein Tier sie ist. Der Hase hat genau das gleiche Problem. So beschließen die beiden, sich gegenseitig abzutasten und zu erzählen, wie der andere aussieht und sich anfühlt. Die Schlange windet sich darauf um den Hasen und sagt nach kurzer Zeit: „Du hast einen sehr weichen, wuscheligen Pelz, lange Ohren, lange Hinterbeine und einen kleinen wuscheligen Schwanz. Ich glaube, du bist ein Hase!“ Der Hase ist erleichtert, endlich zu wissen, was er ist, und betastet nun den Körper der Schlange. Nach ein paar Minuten sagt er: „Du bist schuppig, schlüpfig, hast kleine Augen, du windest dich und kriechst die ganze Zeit, und du hast eine gespaltene Zunge. Ich glaube, du bist ein Anwalt!“

„Herr Verkehrsrichter, bevor wir anfangen:
Den Beisitzer dort muss ich wegen Befangenheit ablehnen.“
„Begründung?“
„Den habe ich schon mal überfahren!“

„Herr Verteidiger, Sie können sich kurz fassen, Ihr Mandant hat die Einbruchserie bereits zugegeben.“ – „Herr Vorsitzender, Sie glauben einem Dieb also mehr als mir?“

Richter: „Angeklagter, erst nahmen Sie dem Kläger die Brieftasche weg, und dann ohrfeigten Sie ihn auch noch! Warum haben Sie das getan?“
„Weil die Brieftasche leer war!“

Fragt ein Anwalt den anderen: „Na, wie geht’s?“ Sagt der andere: „Kann nicht klagen!“

Was benutzen Rechtsanwälte als Verhütungsmittel? Ihre Persönlichkeit!

Was geschieht, wenn eine Klapperschlange einen Anwalt beißt? Die Schlange stirbt ...

Zwei Männer treffen sich auf der Straße. „Heute morgen war es aber eisig kalt.“ – „Wie kalt war es denn?“ – „Ich weiß es nicht genau, aber ich habe einen Anwalt gesehen, der seine Hände in den eigenen Taschen hatte.“

Die Absperrungen im Grenzgebiet zwischen Himmel und Hölle sind von unbekannten Tätern beschädigt worden.
Der Teufel schickt ein Telegramm an Gott:
„Wir haben hier unten zahlreiche Rechtsanwälte befragt. Alle meinen, dass Ihr für den Schaden aufkommen müsst.“
Viel später trifft die Antwort aus dem Himmel ein:
„Ich werde bezahlen. Konnte hier oben leider keinen Rechtsanwalt finden.“

„Sie wollen Ihr Geständnis also wieder zurücknehmen?"
„Jawohl, Herr Vorsitzender. Mein Verteidiger hat mich inzwischen von meiner völligen Unschuld überzeugt!"

Der Richter fragt: „Wo befanden Sie sich, als Sie überfahren wurden?"
„Unter dem Auto, Herr Richter."

„Ich brauche eine gute Waffe“, sagt die Frau im Waffengeschäft.
„Brauchen Sie die zur Verteidigung?“
„Nein, zur Verteidigung brauche ich einen guten Anwalt.“

# Bauer und Bäuerin gehen zum ersten Mal ins Kino ...

Ein Urlauber auf dem Bauernhof zum Bauern: „Wie herrlich, dieses saftige Grün auf den Weiden. So wunderbar frisch und würzig.“
Der Bauer: „Grasen Sie ruhig. Für die Kühe bleibt genug!“

Die Kuh eines ostfriesischen Bauern ist krank. Besorgt fragt er seinen Nachbarn: „Was hast du denn damals deiner Kuh gegeben, als sie so krank war?“
„Ich habe der Kuh damals Salmiakgeist gegeben“, antwortet der und macht das auch. Als der ostfriesische Bauer eine Woche später seinen Nachbarn besucht, trauert er: „Meine Kuh ist tot.“
Darauf dieser: „Meine damals auch.“

Tourist: „Wie viele Schafe etwa haben Sie?"
Bauer: „Genau 5378 Tiere."
Tourist: „Donnerwetter! Woher wissen Sie das so genau? Haben Sie einen Trick beim Zählen?"
Bauer: „Ja, ich zähle die Beine und teile dann durch vier."

Ein Bauer steht an einem Brunnen und möchte wissen, wie tief es dort hinabgeht.
Er wirft einen kleinen Stein hinunter, hört es aber nicht platschen. Er hebt einen größeren Stein auf, schmeißt ihn in den Brunnen – wieder kein Platschgeräusch.
Also bittet er einen Vorbeigehenden:
„Können Sie mir helfen, diesen großen Felsbrocken in den Brunnen zu werfen? Ich will wissen, wie tief er ist."
Mit letzter Kraft wuchten die zwei den Felsbrocken auf den Brunnenrand und stoßen ihn hinunter.
Sekunden später flitzt eine Ziege im Affentempo vorbei, läuft gegen den Brunnen und springt runter.
Wieder etwas später kommt ein Hirte vorbei:
„Haben Sie meine Ziege gesehen?"
„Ja, die ist gerade hier vorbeigeflitzt und in den Brunnen gesprungen", antwortet der Bauer.
„Unmöglich", wehrt der Hirte ab.
„Ich hatte das Tier extra an einem dicken Felsbrocken angebunden ..."

Ein Bauer wurde zu 60 Tagen Gefängnis verurteilt. Seine Frau schrieb ihm wütend einen Brief: „Jetzt, wo du im Knast sitzt, erwartest du wohl, dass ich das Feld umgrabe und Kartoffeln pflanze? Aber nein, das werde ich nicht tun!"
Die Antwort: „Trau dich bloß nicht, das Feld anzurühren, dort habe ich das Geld und die Gewehre versteckt!"
Eine Woche später schreibt sie ihm erneut einen Brief: „Jemand im Gefängnis muss Deinen Brief gelesen haben. Die Polizei war hier und hat das ganze Feld umgegraben, ohne etwas zu finden."
Da schreibt ihr Mann zurück: „Gut, dann kannst du ja jetzt die Kartoffeln setzen!"

Bauer und Bäuerin gehen zum ersten Mal ins Kino. Im Saal ist es stockdunkel. Die Platzanweiserin kommt ihnen mit einer Taschenlampe entgegen. „Pass auf, Resi", brüllt er, „ein Fahrrad!"

Ein amerikanischer Farmer kommt bei einem deutschen Bergbauern vorbei und prahlt: „Soll ich dir sagen, wie groß mein Besitz ist?"
„Wennst magst", murmelt das Bäuerlein.
„Stell dir vor, ich brauche mit meinem Traktor zwei Wochen, damit ich rundrum komme."
„Ja, das ist schlimm", reagiert darauf der Bergbauer, „so einen langsamen Traktor haben wir auch einmal gehabt."

Erzählt ein Bauer seinem Freund: „Stell Dir vor, letztens bin ich mit meinem Traktor in eine Radarfalle geraten."
„Und, hat's geblitzt?"
„Nein, gescheppert."

Bei der Heuernte ist Brotzeit angesagt. „Endlich mal was Erfreuliches im Tagblatt", sagt der Bauer.
„Was denn?", fragt der Knecht.
„Hier – zwei Schinkenbrote und ein Apfel."

Tourist: „Gibt es einen ungefährlichen Weg zum Berggipfel hinauf?"
Bauer: „Gehen'S einfach den Kuhfladen nach. Wo die Rindviecher gehen, kann auch Ihnen nichts passieren."

Drei Bauern sitzen auf einer Parkbank. Sagt der eine: „Meine Frau hat das doppelte Lottchen gelesen und hat Zwillinge bekommen!"
Sagt der Zweite: „Ach, das ist doch noch gar nichts! Meine Frau hat Schneewittchen und die sieben Zwerge gelesen und hat Siebenlinge bekommen!"
Plötzlich springt der Dritte auf, und die anderen fragen: „Was hast du denn plötzlich?"
Er: „Ich muss schnell nach Hause! Meine Frau liest gerade Ali Baba und die 40 Räuber!"

Nach einem fürchterlichen Orkan treffen sich zwei Bauern. Fragt der eine: „Ist dein Dach beschädigt worden?“ Antwortet der andere: „Weiß ich nicht, ich habe es noch nicht gefunden!“

Der Bauer verlangt für seinen Zuchtstier ein Stärkungsmittel:
„Welches hatten Sie denn das letzte Mal?“, fragt der Tierarzt.
„Das weiß ich nicht mehr, aber geschmeckt hat es nach Pfefferminze ...“

Ein Städter kommt in die Berge und fragt den Bauern, der Kühe weidet, nach der Uhrzeit. Darauf hebt der Bauer das Euter der Kuh und sagt: „Zwölf!“
„Donnerwetter“, staunt der Städter, „an der Schwere des Euters können Sie sehen, wie spät es ist!?“
„Nein“, sagt der Bauer. „Wenn ich das Euter anhebe, kann ich die Kirchturmuhr sehen!“

Die Bäuerin klagt: „Gustav, du wirst mir den Hahn schlachten müssen. Er ist in letzter Zeit immer so unlustig!“
„Glaubst du“, meint da der Bauer zweifelnd, „dass er danach lustiger wird ...?“

# Was ist ein unbestechlicher Beamter ...?

Ein Bauer bringt von einer Auslandsreise eine schöne Ziege mit. Er hat sie in seinem Kofferraum versteckt, um sie durch den Zoll zu bekommen. Doch der Bauer muss den Kofferraum öffnen und der Zollbeamte sieht die Ziege.
„Was ist denn das?“, fragt er den Bauern.
„Das ist mein Hund!“
„So, das ist Ihr Hund? Ich habe aber noch nie einen gehörnten Hund gesehen.“
„Ach wissen Sie“, meint da der Bauer, „um sein Privatleben kümmere ich mich nicht.“

Ein Beamter wird gefragt, warum er einen faulen Apfel esse. Meint dieser: „Als ich angefangen habe, war er noch gut...“

Ein Politiker, ein Wissenschaftler und ein Beamter wollen zusammen Schnecken sammeln. Sie treffen sich alle drei am vereinbarten Ort und ziehen dann los. Nach einer halben Stunde kommt der Wissenschaftler mit 160 Schnecken zurück. Noch eine halbe Stunde später kommt der Politiker mit 80 Stück. Nun warten sie noch auf den Beamten. Nach drei Stunden kommt auch dieser endlich wieder. Er hat keine einzige Schnecke dabei. Die beiden anderen wundern sich und fragen ihn, wieso er keine Schnecken habe. Antwortet der Beamte: „Das ist doch der Wahnsinn mit den Viechern! Ich sehe eine Schnecke, bücke mich danach, und husch, ist sie weg!"

Was ist der Unterschied zwischen einem Holzschreibtisch und einem Beamten? Holz arbeitet.

Auf einem Tisch liegt ein Hundert-Euro-Schein. Um den Tisch herum sitzen der Weihnachtsmann, der Osterhase, ein schneller und ein langsamer Beamter. Wer bekommt den Hundert-Euro-Schein? Der langsame Beamte, denn den Weihnachtsmann, den Osterhasen und den schnellen Beamten gibt es nicht.

Ein Beamter ist bei einem Schiffsunglück kurz vor dem rettenden Ufer ertrunken. Warum? Als er die Kirchturmuhr vier Uhr schlagen hörte, stellte er seine Schwimmbewegungen ein...

An der Grenze fährt ein Mann mit dem Fahrrad vor, auf dem Gepäckträger hat er einen Sack.
Zöllner: „Haben Sie etwas zu verzollen?“
Mann: „Nein.“
Zöllner: „Und was haben Sie in dem Sack?“
Mann: „Sand.“
Bei der Kontrolle stellt sich heraus, dass es tatsächlich Sand ist. Eine ganze Woche lang kommt jeden Tag der Mann mit dem Fahrrad und dem Sack auf dem Gepäckträger. Am achten Tag schöpft der Zöllner Verdacht.
Zöllner: „Was haben Sie in dem Sack?“
Mann: „Nur Sand, wie immer.“
Zöllner: „Hmm, lassen Sie mal sehen ...“
Der Sand wird diesmal gesiebt – Ergebnis: nur Sand.
Der Mann kommt weiterhin jeden Tag zur Grenze. Zwei Wochen später wird es dem Zöllner zu bunt, und er schickt den Sand ins Labor – Ergebnis: nur Sand. Nach einem weiteren Monat der „Sandtransporte“ hält es der Zöllner nicht mehr aus und fragt den Mann: „Also, ich gebe es Ihnen schriftlich, dass ich nichts verrate, aber Sie schmuggeln doch etwas. Sagen Sie mir bitte, bitte, was das ist!?!“
Der Mann: „Fahrräder ...“

Bereits in Planung ist der erste Ironman-Triathlon für Beamte: Knicken, Lochen, Abheften.

Bei uns am Finanzamt hängt ein Schild: „Geöffnet – wir bitten um Verständnis!“

Der Beamte kommt zum Arzt und lässt sich untersuchen. Er sagt: „In letzter Zeit fühle ich mich wie gerädert!“
Der Arzt: „Arbeiten Sie zu viel?“
„Ach, das geht eigentlich, Herr Doktor, vor einem Jahr mussten wir mit Überstunden noch etwa 42 Stunden arbeiten, und heute sind es nur noch 37,5 Stunden.“
„Das wird der Grund sein“, stellt der Doktor die Diagnose, „Ihnen fehlen wahrscheinlich diese 4,5 Stunden Schlaf!“

Wo ist der Unterschied zwischen Beamten und Terroristen? Terroristen haben Sympathisanten.

Ein Beamter kommt nach 39 Dienstjahren zu seinem Chef und will sich versetzen lassen.
Der Chef wundert sich: „Schulze, Sie sitzen jetzt seit 39 Jahren im gleichen Büro und wollen sich nun versetzen lassen?“
Schulze antwortet: „Tja Chef, das ist halt das Zigeunerblut in mir.“

Ein Beamter wird gefragt, ob seine Arbeit schwer sei. „Nein“, räumt er ein, „aber sie ist doch ein Störfaktor zwischen Kur, Nachkur, Urlaub, Feiertagen, Wochenenden, Betriebsausflügen ...“

Ein Beamter wird mit verbrannten Ohren ins Krankenhaus eingeliefert.
„Wie ist denn das passiert?“, fragt der Arzt.
„Ich habe gebügelt“, berichtet der Beamte, „da läutete das Telefon. Ich war so in Gedanken, dass ich statt des Hörers das Bügeleisen ans Ohr gehalten habe.“
Der Arzt fragt verwundert: „Aber wieso haben Sie sich dann auch noch das andere Ohr verbrannt?“
„Danach musste ich doch den Notdienst anrufen!“

Was bekommt ein Beamter, wenn er nachts von der Arbeit träumt? Zeitausgleich, was sonst.

Warum können Beamte nicht tanzen? Weil es keine Band gibt, die so langsam spielen könnte!

„Viel zu tun im Kulturamt?“
„Ach, bewahre! Wenn wir nicht so intelligent wären, wüssten wir gar nicht, wie wir das bisschen Arbeit auf vier Beamte aufteilen sollen!“

Beamte sind wie Viren: Sie wirken nicht, indem sie handeln, sondern indem sie sich vermehren.

Streik bei allen Behörden: Die Beamten legten allesamt ihre Zeitungen für eine Stunde nieder!

Warum dürfen Beamte nicht streiken? Ja, warum eigentlich nicht, würde doch eh keiner merken ...

Wer ist der unbestechlichste Beamte? Der nicht einmal Vernunft annimmt.

Herr Schulze schreibt an die Behörde:
„Ich bitte hiermit höflichst um die Anschrift von Uschi Knopf. Die Gebühren für die Auskunft liegen bei."
Der Beamte schreibt zurück:
„Uschi Knopf wohnt Amselweg. Gebühren für die Auskunft lagen nicht bei."
Herr Schulze antwortet darauf schriftlich:
„Besten Dank für die prompte Auskunft. Die Gebühren liegen heute bei."
Der Beamte schreibt zurück:
„Anbei die Gebühren zurück, da die Auskunft kostenlos ist."

Es ist früher Morgen, etwa sieben Uhr. Die Frau stellt dem Beamten Frühstück und Zeitung hin. Sie frühstücken, er liest die Zeitung, keiner spricht. Drei Stunden später sitzt er immer noch am Tisch, liest weiterhin die Zeitung, nickt ab und zu ein, schaut manchmal aus dem Fenster. Da sagt seine Frau: „Sag mal, Liebling, musst du heute gar nicht ins Büro fahren?“ Er springt total erschrocken auf: „Mist, ich dachte, da wäre ich längst ...“

Was tut ein Beamter zuerst, nachdem er hingefallen ist? Er nimmt die Hände aus den Hosentaschen!

Hast du gewusst, dass Tierärzte Hunde und Katzen neuerdings mit Beamtenblut einschläfern lassen?

Was ist ein Beamten-Expander? Zwei Büroklammern und ein Gummiring dazwischen ...

Was haben ein Beamter und eine Jungfrau gemeinsam? Beide warten auf den Ersten.

Jeder verstorbene Beamte hinterlässt im Büro eine Lücke, die ihn voll ersetzt.

Welcher für Beamte wichtige Stichtag ist am 31. März? Ende Winterschlaf – Anfang Frühjahrsmüdigkeit.

Ein Kollege weckt den Beamten zur Mittagspause. Sagt dieser: „Geht schon mal vor, ich arbeite heute durch!"

Ein Hochzeitspaar wartet schon geraume Zeit im Vorzimmer des Standesbeamten. Nach weiteren zehn Minuten ruft die Braut dem Beamten durch das Schlüsselloch zu: „Müssen wir noch lange warten? Er wird nämlich schon nachdenklich!"

Stöhnt ein Beamter: „So viel Schlaf kann ja kein Mensch vertragen!"
„Was ist denn los?"
„Jetzt muss ich auch noch meinen Kollegen vertreten!"

Und dann war da noch der Beamte, dem schwindelig wurde, weil er das Rundschreiben zu schnell gelesen hatte.

Was haben Beamte und Frösche gemeinsam? Sie sitzen den ganzen Tag rum, quaken dummes Zeug und warten auf die Mücken.

Aufnahmeprüfung für den höheren Verwaltungsdienst: Ohne Flei... kein Prei...! Ersetzen Sie die fehlenden Buchstaben.

Die Qualität eines Beamten wird nicht danach bemessen, wie viele Akten er abschließt, sondern wie viele er anlegt.

Welcher Tag ist der arbeitsintensivste für einen Beamten? Der Montag, da muss er gleich drei Kalenderblätter abreißen.

Warum erhalten Beamte jeden Tag um neun Uhr vormittags ein kostenloses Frühstück? Damit wenigstens der Magen arbeitet ...

Auf den Gängen der Behörde werden jetzt in der Mitte Sperrlinien gezogen. Warum? Damit die Beamten, die zu spät kommen, nicht mit denen zusammenstoßen, die zu früh gehen ...

Zwei Beamte treffen sich im Dickdarm des Vorgesetzten. Sagt der eine überrascht: „Was, du bist auch da?!“ Antwortet der andere: „Ja, aber mich hat er gefressen!“

Der Chef eines Beamten schimpft: „Wieso lesen Sie am Arbeitsplatz Zeitung?" Der Beamte entschuldigt sich: „So kurz vor meinem Urlaub lohnt es sich doch nicht mehr, einen Roman anzufangen."

Im Büro kurz vor 16 Uhr: Die Beamtin nimmt die Personalien auf. Da springt der große Zeiger auf die 12. „Danke, Herr Meier, Ihren Vornamen können Sie mir morgen nennen.“

„Kennst du den Unterschied zwischen einem Arbeitslosen und einem Beamten? Arbeitslose haben schon einmal gearbeitet ...

Was ist der Unterschied zwischen einem Kamel und einem Beamten? Das Kamel kann sieben Tage arbeiten, ohne zu saufen ...

Treffen sich zwei Beamte morgens um 11 Uhr auf dem Behördenflur. Fragt der eine den anderen: „Kannst du auch nicht schlafen?"

Ein Beamter rennt im Büro auf und ab und jammert:
„O Gott, dieses Kopfweh! Ich verliere noch den Verstand!"
Darauf der Bürovorsteher:
„Wenn Sie krank sind, gehen Sie nach Hause! Aber hören Sie auf, hier herumzurennen und zu prahlen!"

Ein Mann stürzt ins Finanzamt: „Ich möchte sofort denjenigen sprechen, der meine Steuererklärung bearbeitet hat!"
„Sind Sie geladen?"
„Und wiiiiiiiiie!"

Meier geht an Krücken. „Was ist dir denn passiert?"
„Verkehrsunfall."
„Schrecklich. Kannst du bald ohne Krücken gehen?"
„Weiß nicht. Mein Arzt sagt ja, mein Anwalt nein!"

Beklauter Autofahrer auf dem Polizeirevier: „Als ich aus dem Haus kam, sah ich noch, wie jemand mit meinem Auto wegfuhr."
„Haben Sie den Dieb erkannt?"
„Nein, aber ich konnte mir die Autonummer merken."

Ein Finanzbeamter und ein Polizeibeamter gehen auf der Straße. Ruft jemand den beiden zu: „Hallo, du fauler Beamter!"
Wer dreht sich wohl um? Der Polizeibeamte, der Finanzbeamte ist zu faul.

Klingelt ein Polizist bei einer Frau. Sie macht auf und der Polizist fragt: „Guten Tag, sind Sie Witwe Meister?"
„Meister schon, aber Witwe stimmt nicht ..."
Darauf der Polizist: „Wollen wir wetten?"

Ein Beamter kommt ins Zoogeschäft und will einen Goldfisch zurückgeben.
Verkäufer: „Warum wollen Sie denn das Tier nicht mehr haben?"
Beamter: „Der hat uns zu viel Hektik ins Büro gebracht."

„Cognac, Zigaretten, Likör, Tabak, Haschisch?", fragt der Zöllner streng.
„Das ist ja reizend ...", antwortet die alte Dame, „aber ein Tee wäre mir jetzt viel lieber, nach der langen Fahrt ..."

Eine Statistik ist für Beamte dasselbe, was für einen Betrunkenen die Straßenlaterne ist: Sie dient ihm zum Festhalten, nicht zur Erleuchtung.

Ein Beamter sitzt so im Büro. Da kommt eine gute Fee und erklärt ihm, dass er drei Wünsche frei habe. Da wünscht sich der Beamte, auf einer Insel mit Palmen und Sonnenschein zu liegen. Pling ... da liegt der Beamte am schönsten Strand der Welt mit Palmen und Sonnenschein. Als er seinen zweiten Wunsch nennt, von knackigen, gut gebauten, einheimischen Mädchen am Strand verwöhnt zu werden, pling ... geht auch dieser Wunsch in Erfüllung. Als Letztes wünscht er sich, nie wieder zu arbeiten, keinen Stress mehr zu haben, nur noch erholsame Ruhe. Pling ... schon sitzt er wieder im Büro.

Zwei Polizeibeamte finden eine Leiche vor einem Gymnasium. Fragt der eine den anderen: „Du, wie schreibt man denn Gymnasium?"
Der andere denkt nach und sagt: „Schleppen wir ihn zur Post!"

Kommt eine Frau in eine Amtsstube: „Mein Gott, Sie haben aber viele Fliegen hier, das sind ja Hunderte!"
Beamter: „Ja, ... genau 728."

Fragt ein Beamter den anderen: „Wieso meckern eigentlich immerzu die Leute über uns, wir tun doch gar nichts?"

Eine Beamtengattin bittet ihren Hausarzt um eine Arznei, damit die Erkältung ihres Manns möglichst schnell gelindert wird.
Der Doktor verschreibt der Frau einen Saft mit dem Hinweis, dass er abends einen Esslöffel dieser Arznei einnehmen soll, gut zugedeckt werden und tüchtig schwitzen müsse, dann würde es ihm bald wieder besser gehen.
Die Frau tut, was der Arzt ihr aufgetragen hat.
Sie verabreicht ihrem Mann den Saft, packt ihn warm ein und lässt ihn schwitzen.
Am nächsten Morgen ist der Mann tot. Entsetzt ruft die Frau den Arzt, der sieht den Toten und fragt:
„Welchen Beruf übt Ihr Mann aus?"
Antwort die Witwe: „Beamter!"
Darauf sagt der Arzt: „Das hätten Sie mir aber sagen müssen, gute Frau! Ein Beamter, das weiß doch jeder, stirbt lieber, bevor er schwitzt!"

Abschlussprüfung auf der Polizeiakademie:
Die Anwärter werden einzeln der Prüfungskommission vorgeführt. Den ersten fragt der Vorsitzende:
„Was nehmen Sie zuerst wahr, Licht oder Schall?"
„... hmm ... Schall!"
„Warum denn das?", fragt der Vorsitzende.
„Nun, wenn ich meinen Fernseher anmache, kommt erst der Ton und dann das Bild ..."
„Durchgefallen! Der Nächste bitte ... Was nehmen Sie zuerst wahr, Licht oder Schall?"
„... (denk!) ... ähh ... Licht!"
„Und warum?"
„Wenn ich mein Radio anmache, geht zuerst das Licht an, und dann kommt der Ton ..."
„... (grrr!) ... durchgefallen, raus hier. Der Nächste bitte ... Was nehmen Sie zuerst wahr, Licht oder Schall?"
„Licht, ist doch klar!"
„(na endlich!) ... Und warum?"
„Nun, ist doch klar, die Augen sind doch viel weiter vorn als die Ohren ..."

Drei Männer vor dem schielenden Beamten. Der Beamte zum ersten: „Wie heißen Sie?"
Der zweite: „Fritz Rabulke."
Der Beamte zum zweiten: „Sie habe ich noch gar nicht gefragt!"
Der dritte: „Ich habe doch noch gar nichts gesagt."

Eine arme alte Frau braucht dringend 150 Euro.
Also schreibt sie dem lieben Gott einen Brief und bittet ihn, ihr doch das dringend benötigte Geld zu schicken.
Natürlich können die Postboten mit der Anschrift nichts anfangen und schicken den Brief ans Finanzamt.
Ein Finanzbeamter liest den Brief und hat sofort Mitleid mit der armen alten Frau. Er macht eine Haussammlung, die aber nur 100 Euro erbringt. „Egal!“, denkt sich der Finanzbeamte, und schickt das Geld an die arme alte Frau. Diese erhält den Brief und rennt sofort in die nächste Kirche, um dem lieben Gott zu danken. Sie betet ein Vaterunser nach dem anderen. Als sie die Kirche wieder verlassen will, dreht sie sich noch einmal um und sagt: „Wenn du mir wieder mal Geld schickst, lieber Gott, dann lass es nicht über das Finanzamt laufen! Die haben mir nämlich schon wieder ein Drittel abgezogen!“

Warum haben eigentlich alle Beamten am unteren Ende der Krawatte immer eine Falte drin? Die Krawatte wird morgens stets in die Schreibtischschublade eingeklemmt, damit der Schädel beim Pennen nicht nach hinten fällt!

Im Büro ist ein schwerer Fehler passiert, und der Chef sagt vorwurfsvoll zu seinem Mitarbeiter: „Sind nun Sie verrückt, oder bin ich es?“
„Aber Chef, ein Mann wie Sie wird doch keine verrückten Mitarbeiter beschäftigen ...“

Ein leitender Beamter verbringt seinen Urlaub auf einem Bauernhof. Nach drei Tagen Entspannung fängt er an sich zu langweilen. Er fragt den Bauern, ob er nicht etwas zu tun hätte für ihn. Der Bauer überlegt kurz und sagt dann: „Der Stall könnte mal ausgemistet werden." Der Bauer fährt anschließend zum Markt, um seine frischen Erdbeeren zu verkaufen. Als er nach drei Stunden nach Hause kommt ist der Stall bereits vollständig ausgemistet. Er denkt, unsere Staatsdiener scheinen ja wirklich belastbar zu sein. Am nächsten Tag fragt der Gast erneut nach Arbeit. Der Bauer antwortet, er habe seine letzte Kartoffelernte noch im Keller. Der Gast möge diese doch mal sortieren. Die großen in die Verkaufskisten und die kleinen in die Kiste für Tierfutter ... Am späten Abend kehrt der Bauer nach einer ausgiebigen Sauftour heim. Er denkt sich: Nun will ich doch mal schauen, ob der Gast mit seiner Arbeit fertig ist. Er geht in den Keller – nichts ist gemacht worden. Dafür sieht er in der Ecke eine jämmerlich schluchzende Gestalt mit einer Kartoffel in der Hand: „Ich bin seit 25 Jahren im Staatsdienst, ich habe immer treu gedient ... Warum muss ich jetzt solche Entscheidungen treffen?"

Ein Beamter kommt zu spät zum Dienst und sagt zu seinem Vorgesetzten: „Entschuldigen Sie bitte, ich habe verschlafen."
Der Vorgesetzte guckt ihn erstaunt an und sagt: „Was, zu Hause schlafen Sie auch noch?"

Vier Männer sprachen über die Klugheit ihrer Hunde. Der erste war Ingenieur und sagte, sein Hund könnte gut zeichnen. Er befahl dem Hund, er solle ein Blatt Papier holen und einen Kreis, ein Rechteck und ein Dreieck zeichnen, was der Hund auch leicht schaffte. Der Buchhalter sagte, er glaube, sein Hund sei besser. Er forderte ihn auf, ein Dutzend Kekse zu holen und sie in drei Häufchen aufzuteilen. Das schaffte der Hund locker. Der Chemiker fand das gut, aber meinte, sein Hund sei noch cleverer. Er bat seinen Hund, einen Liter Milch zu holen und davon 275 Milliliter in ein Halblitergefäß zu gießen. Der Hund schaffte das auch leicht. Alle Männer stimmten nach einiger Diskussion darin überein, dass ihre Hunde gleich klug wären. Dann wandten sie sich an den Beamten und fragten, was denn sein Hund könne. Der Beamte rief seinen Hund und sagte ihm: „Zeig mal, was du kannst!“
Da fraß der Hund die Kekse und soff die Milch aus, schiss auf das Papier und erklärte, sich dabei den Rücken verletzt zu haben. Er reichte eine Beschwerde wegen gefährlicher Arbeitsbedingungen ein, verlangte Verdienstausfall, ließ sich krankschreiben und lief nach Hause.

# Der Bürovorsitzende: „Was tun Sie hier eigentlich den ganzen Tag?“

Der Bürovorsitzende: „Was tun Sie hier eigentlich den ganzen Tag?“
„Nichts.“
„Dann müssen Sie sich eine andere Arbeitsstelle suchen, denn hier bin ich der Einzige, der nichts tut.“

Der Lehrling rettet seinen Chef vor dem Ertrinken.
Sagt der Chef: „Dafür hast du einen Wunsch frei! Was wünschst du dir am meisten?“
Der Lehrling überlegt eine Weile und sagt schließlich: „Erzählen Sie in der Fabrik niemandem, dass ich es war, der Sie gerettet hat …“

„Ich bedaure, dass Sie gekündigt haben. Einem so faulen und unverschämten Kerl wie Ihnen hätte ich am liebsten selbst gekündigt."

„Chef, ich habe morgen meinen Scheidungstermin, ich hätte gern einen Tag frei."
„Kommt überhaupt nicht in Frage, für Vergnügungen gibt es bei mir keinen Urlaub."

Der Chefdekorateur zum Azubi: „Ich schätze es zwar, wenn meine Leute schnell arbeiten. Aber die Puppe, die Sie eben ausgezogen haben, war die Chefin ..."

Buchhalter: „Warum hängen denn die Handschellen hier an der Wand?"
Chef: „Ich möchte, dass Sie sich stets über die Karriere Ihres Vorgängers im Klaren sind."

Ein kleiner Junge beobachtet einen Banker bei der Arbeit. Eine halbe Stunde, eine Stunde, eineinhalb Stunden vergehen. Dem Banker fällt das auf. Nach zwei Stunden geht er zu dem Jungen und fragt: „Na, willst du auch einmal Bankkaufmann werden?"
„Nein, ich nicht", antwortet der Junge, „aber mein Bruder, das faule Schwein."

Der Beamte auf dem Einwohnermeldeamt gibt dem Antragsteller das Formular zurück: „Sie haben da einen i-Punkt vergessen!“
„Ergänzen Sie ihn doch, bitte!“
„Nein“, erwidert der Beamte, „das geht nicht, es muss dieselbe Handschrift sein!“

„Chef, mein Gehalt steht in keinem Verhältnis zu meinen Leistungen!“
„Das stimmt, aber wir können Sie doch nicht verhungern lassen.“

Personalchef zur jungen Sekretärin: „Es handelt sich um eine Dauerstellung. Es sei denn, wir gehen pleite oder meine Frau sieht Sie!“

„Wir suchen einen Mann, der sich vor keiner Arbeit scheut und niemals krank wird.“
„Ok, stellen Sie mich ein, ich helfe Ihnen suchen.“

Chef zum ewig zu spät kommenden Mitarbeiter: „Sie kommen diese Woche schon zum vierten Mal zu spät! Was schließen Sie daraus?“
„Es ist Donnerstag!“

 Der Bürovorsitzende: „Was tun Sie hier eigentlich den ganzen Tag?“

„Ach“, seufzt sie bekümmert, „morgen muss ich schon wieder zum Friseur, mit Grauen gehe ich dahin.“
Darauf er: „Und wie ich dich kenne, kommst du mit Roten zurück.“

Kisters lässt sich rasieren.
Der Lehrling bedient ihn, und die Prozedur fällt entsprechend aus. Beim Zahlen fragt Kisters erstaunt: „Wieso heute 10 Euro 50? Sonst bezahle ich doch immer nur 10 Euro?“
„Stimmt“, antwortet der Meister, „aber heute kommen noch vier Pflaster dazu!“

Ein Unternehmer zum anderen:
„Warum sind deine Arbeiter immer so pünktlich?“
„Einfacher Trick: 30 Arbeiter, aber nur 20 Parkplätze!“

„Sie müssen früher eigentlich ein Wunderkind gewesen sein“, meint der Chef. „Denken Sie?“, fragt der neue Broker stolz.
„Ja, Sie haben mit sechs Jahren bestimmt schon genauso viel gewusst wie heute!“

Der Angestellte zum Chef: „Sie haben mir doch mehr Gehalt versprochen, wenn Sie mit mir zufrieden sind!“
„Ja, schon!“, entgegnet der Chef, „aber wie kann ich mit jemandem zufrieden sein, der mehr Geld haben will?“

Chef: „Wir haben eine ganze Menge Post aufzuarbeiten. Das ist bestimmt Arbeit für Wochen. Was schreiben Sie zuerst?“
Sekretärin: „Meine Kündigung.“

Ein Zettel an der Haustür eines Musikers:
„Verkaufe Klavier!“
Am nächsten Tag steht darunter:
„Gott sei Dank!“

Sagt die Sekretärin zum Direktor: „Ich will Sie ja nicht erpressen, aber wenn Sie nicht bald mein Gehalt erhöhen, muss ich meine Memoiren schreiben ...“

„Wie war denn dein Urlaub?“
„Hör bloß auf! Meine Frau wurde zur Schönheitskönigin gewählt, du kannst dir ja vorstellen, was das für ein Kaff war.“

 Der Bürovorsitzende: „Was tun Sie hier eigentlich den ganzen Tag?“

Der Chef lehnt sich nach dem Diktat im Sessel zurück und sagt erwartungsfroh: „Bitte noch einmal vorlesen, ich bin auf ihre Version gespannt."

„Entschuldigen Sie mein Zuspätkommen, Chef. Aber meine Frau hat mir heute Nacht einen Sohn geschenkt."
„Sie hätte Ihnen besser einen Wecker schenken sollen."

„Chef, darf ich heute zwei Stunden früher Schluss machen? Meine Frau will mit mir einkaufen gehen."
„Kommt ja überhaupt nicht in Frage, Schulze!"
„Vielen Dank, Chef, ich wusste, Sie würden mich nicht im Stich lassen."

„Schreiben Sie bitte ‚Wichtig!',
‚Lesen!' auf die Akte! Ich möchte, dass der ganze Betrieb informiert ist."
„Dann schreiben Sie besser ‚Geheimsache'!"

„Mein Hobby ist das Aquarium.
Ich kann stundenlang diese Fische beobachten.“
„Und was sagt deine Frau dazu?“
„Ach, die interessiert es nicht, was ich den ganzen Tag im Büro mache.“

Chef: „Meine Damen und Herren, ich habe ja nichts dagegen, dass es geteilte Meinungen gibt, aber wir wollen es doch so halten, dass ich eine Meinung habe und Sie diese teilen.“

Zwei Putzfrauen leeren den Papierkorb der neuen Chefsekretärin.
„Nun sieh dir das an. Jedes zweite Wort ist vertippt, Fehler über Fehler – muss die 'ne tolle Figur haben.“

Verhaltensregel: Ist der Chef außer Haus, entscheidet sein Stellvertreter.
Ist auch der nicht erreichbar, tritt der gesunde Menschenverstand in Kraft.

Eine Firma bekommt einen neuen Chef, der für seine Härte bekannt ist. Er duldet keinen, der nicht 100 Prozent bei der Arbeit gibt, und ist bekannt dafür, Arbeiter, die nicht alles geben, sofort zu feuern.
Am ersten Tag wird er durch die Büros geführt, und der Chef sieht, wie ein Mann sich gegen die Wand im Flur lehnt. Alle Mitarbeiter können ihn sehen, und der Chef denkt, hier hat er eine gute Gelegenheit, den Mitarbeitern zu zeigen, dass er Faulheit nicht dulden wird.
Er geht zu dem Mann hin und fragt ganz laut:
„Wie viel verdienen Sie in der Woche?"
Ein bisschen überrascht antwortet der Mann:
„300 Euro die Woche, wieso?"
Der Chef holt seine Geldbörse heraus, gibt ihm 600 Euro und schreit ihn an mit den Worten: „Ok, hier ist Ihr Lohn für zwei Wochen, nun hauen Sie ab und kommen Sie nie wieder hierher!"
Der Chef findet es toll, wie er allen gezeigt hat, dass Faulheit nicht mehr geduldet wird, und fragt die anderen Mitarbeiter: „Kann mir jemand sagen, was dieser faule Sack hier gemacht hat?"
Lächelnd antwortet einer der Mitarbeiter:
„Der hat Pizza geliefert!"

Tipp für die Personalabteilung: Jeder wird so lange befördert, bis er eine Position erreicht hat, auf der er mit Sicherheit keinerlei Schaden mehr anrichten kann.

„Wo steckt eigentlich der neue Kassierer?“
„Auf der Rennbahn.“
„Was? Während der Bürozeit?“
„Er sagt, das sei die einzige Möglichkeit, die Bücher wieder in Ordnung zu bringen.“

„Müller, ich muss Ihnen sagen, Ihre Art, mir zu antworten und zu diskutieren, ist beeindruckend. Sie sind ausnehmend ehrlich und ungemein offen. Sie sind hiermit entlassen.“

Der Direktor brüllt seine Sekretärin an: Seit wann wird denn „physikalisch“ mit „f“ geschrieben?“
Da klagt sie:
„Was kann ich dafür, dass auf der Tastatur das ‚v‘ kaputt ist ...“

„Ich möchte um eine Gehaltserhöhung bitten.
Mit dem Geld, das ich jetzt bekomme, kann ich keine großen Sprünge machen!“
„Das sollen Sie auch gar nicht. Ich habe Sie schließlich als Buchhalter angestellt und nicht als Känguru!“

Der Chef trommelt die Belegschaft zusammen. „Liebe Mitarbeiter, damit Sie es alle wissen: Meine Frau bekommt in sechs Monaten ein Baby!“ Verlegenes Schweigen. Schließlich räuspert sich der Prokurist: „Und – haben Sie schon einen Verdacht?“

Die Putzfrau der Bank kündigt: „Chef, Sie haben einfach kein Vertrauen zu mir!“
„Was wollen Sie denn eigentlich?“, entgegnet der Direktor, „ich lasse ja sogar die Tresorschlüssel offen herumliegen!“
„Schon“, sagt die Putzfrau, „aber keiner passt!!“

Die Sekretärin zum Chef: „Herr Direktor, können Sie eigentlich Gedanken lesen?“
„Oh ja“, antwortet der Chef, stolz auf seine Menschenkenntnis. „Das kann ich sehr gut!“
„Oh je!“, errötet die Schreibkraft. „Dann entschuldigen Sie bitte ...“

Personalchef: „Glauben Sie wirklich, dass Ihr Wissensstand für diesen Posten ausreicht?“
Bewerber: „Selbstverständlich, beim letzten Mal wurde ich entlassen, weil ich zu viel wusste.“

Der Chef zum scheidenden Mitarbeiter: „Irgendwie tut es mir leid, dass Sie gehen, Meier! Sie waren für mich immer so etwas wie ein Sohn."
„Wirklich, Chef?", fragt Meier gerührt.
„Ja", führt der Chef fort, „immer unverschämt, unzufrieden und undankbar!"

Der Chef fragt den Angestellten: „Glauben Sie an ein Leben nach dem Tod?"
Dieser antwortet verdutzt: „Ja ..."
Chef: „Das erklärt alles – kurz nachdem Sie gestern bei der Beerdigung Ihres Vaters waren, ist er hierher gekommen und hat nach Ihnen gefragt!"

Der Personalchef interessiert sich besonders für den Familienstand des Bewerbers. „Ich bin Junggeselle", antwortet der ehrlicherweise.
„Dann ist leider nichts zu machen", meint der Personalchef, „denn wir stellen nur Leute ein, die es gewohnt sind, sich unterzuordnen!"

Der Chef erzählt einen Witz, und alle Angestellten biegen sich vor Lachen – nur eine Sekretärin nicht.
„Sagen Sie mal, haben Sie überhaupt keinen Sinn für Humor?", fragt deshalb ein Kollege neben ihr.
„Doch, schon, aber ich habe bereits gekündigt!"

# Der Friseur fragt: „Möchten Sie die Stirnlocke behalten?“

Ein Geschäftsmann zum anderen: „Du, ich habe jetzt einen Friseur als Buchhalter eingestellt!“
„Tatsächlich, und der kann deine Bücher führen?“
„Wieso führen? Frisieren, Mann, frisieren kann er sie!“

Der Ehemann sagt: „Ich möchte ja nicht misstrauisch sein, mein Schatz, aber als du zum Friseur gegangen bist, hattest du die Laufmasche im rechten Strumpf!“

Der Friseur fragt: „Möchten Sie die Stirnlocke behalten?“
„Ja, auf jeden Fall!“
„Gut, dann packe ich sie Ihnen ein!“

Der Friseur fragt seinen Lehrling:
„Warum hast du so schmutzige Hände?“
Der antwortet:
„Es war heute doch noch keiner zum Haare waschen da!“

Der Friseur sagt zu einem Kunden:
„Mmh, Sie werden aber langsam grau.“
Der Kunde meint: „Das ist doch gar kein Wunder bei Ihrem Arbeitstempo!“

Kommt ein Mann zum Friseur, um sich rasieren zu lassen.
Der Friseur fragt:
„Waren Sie schon mal bei mir?“
Antwortet der Kunde:
„Nein, die Narben habe ich von woanders!“

Beim Friseur in einem neuen Bundesland:
„Das Rasieren kostet bei Ihnen aber deutlich mehr seit der Wende!“
Antwortet die Friseurin:
„Klar, die Gesichter sind ja auch länger geworden.“

 Der Friseur fragt: „Möchten Sie die Stirnlocke behalten?“

Der Beamte am Schalter für Personalausweise und Reisepässe schaut missbilligend auf das Antragsformular. „Sie haben vergessen, Ihren Beruf anzugeben. Also, welchen Beruf haben Sie?“
„Ich bin Haarkünstler“, erklärt der Antragsteller.
Der Beamte ist wieder nicht zufrieden.
„Sie müssen sich schon genauer ausdrücken. Sind Sie nun Friseur oder vielleicht Bürstenbinder?“

Im Friseursalon sitzt ein Hund neben dem Spiegel und hechelt aufgeregt.
Ein Kunde wendet sich besorgt an den Friseur:
„Weshalb hechelt der Hund? Ist der krank?“
„Nein, der freut sich. Manchmal fällt ein Ohr für ihn ab.“

Der Friseur ist mit dem Haarschnitt längst fertig, aber der Kunde bleibt sitzen.
„Wollen Sie nicht aufstehen?“, fragt etwas besorgt der Friseur.
„Ich habe meine Brille vergessen, deswegen kann ich nicht sehen, dass ich noch dasitze“, erklärt der Kunde.

# Warum kommt ein Handwerker nicht in den Himmel?

Warum kommt ein Handwerker nicht in den Himmel?
Weil er die Anfahrt extra berechnet!

Was ist der Unterschied zwischen einem Handwerker und dem Wonnemonat Mai?
Der Mai ist bis jetzt noch immer gekommen.

Der Tischlermeister schimpft mit seinem Lehrling: „Um Gottes willen, stell dich doch an der Kreissäge nicht so dumm an. Was alles passieren kann, wenn du nicht aufpasst, das kannst du dir doch an deinen acht Fingern abzählen."

„Bitte reparieren Sie mir vor allem meine Hupe“, bittet Radebrecht den Automechaniker inständig.
„Aber die Bremsen sind auch restlos im Eimer“, gibt der zu bedenken.
Daraufhin sagt Radebrecht heftig:
„Warum, meinen Sie wohl, sollen Sie mir die Hupe reparieren?“

Auf der Autobahn soll der Malerlehrling den Mittelstreifen malen. Fünf Kilometer malt er am ersten Tag, drei Kilometer am zweiten Tag. Am dritten bringt er es nur noch auf einen Kilometer, und am vierten Tag schafft er nur noch zweihundert Meter.
„Du wirst ja jeden Tag langsamer“, schimpft der Meister. „Was ist denn los mit dir?“
„Ich gebe mir ja so viel Mühe, Meister. Aber der Weg zum Farbtopf wird doch immer länger!“

Ein Klempner im besten Alter ist gestorben. An der Himmelspforte beschwert er sich und sagt: „Ich bin doch erst 45 Jahre alt!?“
Petrus sagt daraufhin:
„Nach den Arbeitsstunden, die du berechnet hast, musst du mindestens 94 sein. Das ist doch ein stattliches Alter. Also komm rein und halt die Klappe, bevor ich dich in die Hölle verbanne!“

Ein großer deutscher Baukonzern wurde zur Auftragsvergabe eingeladen. Der Vorsitzende fragt den Chef: „Warum können Sie den Tunnel so preiswert bauen?“
Dieser antwortet: „Ich baue den Tunnel nur zusammen mit meinem Sohn.“
Der Vorsitzende fragt: „Wie können Sie denn dann den Zeitplan einhalten?“
Der Chef: „Ich fange in Frankreich an und mein Sohn in England.“
Der Vorsitzende: „Was machen Sie, wenn Sie sich nicht treffen, was dann?“
Der Chef: „Dann haben Sie für das gleiche Geld zwei Tunnel.“

„Da schickt man uns bei diesem Mistwetter raus, um die Klingel zu reparieren“, sagte der Elektriker, „und dann macht keiner auf!“

„Wie gefällt Ihnen denn Ihr neues Fertighaus?“, wird die junge Frau von ihrer Nachbarin gefragt.
„Es ist wunderbar“, antwortet sie, „seit wir darin wohnen, haben wir uns noch kein einziges Mal gestritten.“
„Wie ist das denn möglich?“
„Wir trauen uns nicht, mit den Türen zu knallen!“

Drei Schlosser stehen vor der Himmelstür – ein Pole, ein Italiener und ein Deutscher. Petrus kommt raus und sagt: „Hey Kumpels, ich würde ganz gerne ein neues Portal machen lassen. Könnt Ihr mir ein paar Angebote machen?"
„Na ja", sagt der Pole und schaut sich das große Tor an, „mit 600 Euro bist du dabei!"
Petrus fragt: „Wie kommst du auf diesen Preis?"
„Ganz einfach, 200 für mich, 200 für die Steuer und 200 für das Material."
Nun ist der Italiener dran und bietet: „Also ich würde es für 900 Euro machen."
Petrus fragt wieder: „Wie kommst du auf den Preis?"
Erklärt der Italiener: „Das sind 300 für mich, 300 für die Steuer und 300 für das Material."
Petrus ist sich noch nicht sicher und kommt zum Deutschen und der sagt selbstsicher: „Tja, Petrus ich mache es für 3.000 Euro!"
Petrus ist entsetzt und vergewissert sich: „3.000 Euro? Wie willst du denn den Wucher rechtfertigen?"
Da nimmt der Deutsche Petrus beiseite und flüstert: „Psst, das ist doch ganz einfach: 1.000 für mich, 1000 für dich, 400 für den Italiener, dass er die Klappe hält, und 600 für den Polen, damit er das macht!"

Der eine Installateur sagt zum anderen: „Ich habe gestern 60 Meter Rohre verlegt."
Darauf der andere beruhigend: „Ist nicht schlimm, die finden wir schon wieder!"

Drei Bauarbeiter sitzen in der Mittagspause auf einem Dachstuhl. Der erste packt sein Brot aus und meint: „Schon wieder Leberwurst. Dass der Alten nie was anderes einfällt.“ Er wirft es runter.
Der zweite Bauarbeiter meint: „Schon wieder Sülze. Meine Frau will mich nur ärgern.“ Auch er wirft sein Brot runter.
Der dritte Bauarbeiter wirft sein Brot runter, ohne dass er prüft, womit es belegt ist.
„Warum wirfst du das Brot einfach weg, ohne nachzugucken?“
„Schon wieder Käse. Ich hasse Käse!“
„Woher willst du das denn wissen?“
„Ich habe es mir doch heute Morgen selbst geschmiert!“

Vor der Bahnschranke steht schon eine kilometerlange Schlange. Da rennt der Bahnwärter herbei: „Meine Herrschaften, machen Sie sich auf eine längere Wartezeit gefasst. Der Zug hat heute nämlich 70 Minuten Verspätung.“

Es gibt nichts, worunter das Arbeitsklima so leidet wie unter ständiger Arbeit ...

Die letzten Worte eines Elektrikers:
„Ich hab die Sicherung garantiert rausgemacht!“

Was ist Elektrizität? Am Morgen mit Hochspannung aufstehen, mit Widerstand zur Arbeit gehen, den ganzen Tag gegen den Strom schwimmen, geladen nach Hause kommen, an die Dose fassen und dann einen gewischt kriegen!

Der Chef der Baufirma kommt auf die Baustelle und sieht, dass ein Arbeiter eine leere Schubkarre hin und her fährt. Er fragt den Mann: „Warum fahren Sie mit der leeren Schubkarre herum?"
Der Arbeiter antwortet: „Akkord, Chef, keine Zeit zum Beladen."

Der Polier trommelt seine Leute zusammen: „Wir müssen einen fünfzig Meter hohen Rauchfang bauen."
Die Kumpels spucken in die Hände und legen los. Als sie die Höhe von 45 Metern geschafft haben, taucht der Polier überraschend wieder auf und brüllt: „Kommando zurück! Ich hab den Plan verkehrtrum gehalten. Es sollte ein Brunnen werden!"

Der Bauarbeiter hat eine Grube ausgehoben und fragt nun den Vorarbeiter: „Wo soll ich denn nun mit den sieben Kubikmetern Erde hin?"
Vorarbeiter: „Grab halt ein Loch und schaufle sie hinein."

Was unterscheidet Tischler, Zimmermann und Maurer? Der Tischler arbeitet auf den Millimeter genau! Der Zimmermann arbeitet auf den Zentimeter genau! Und der Maurer ist froh, wenn er auf dem Grundstück bleibt!

Ein älterer Herr steht morgens um 9 Uhr an einem Bauzaun unterhalb des Bauschilds mit einem schönen Bild des im Bau befindlichen Gebäudes und dem Text: Hier bauen wir für Sie das neue Amtsgericht.
Nachdem der alte Mann mehrfach den Kopf geschüttelt hat, kommt ein Bauarbeiter vorbei und fragt: „Hey Opa, was haben wir denn für ein Problem?"
Der zieht ein Stück Papier aus seiner Tasche und sagt: „Ich habe hier eine Vorladung für heute um 10:15 Uhr im Raum 127, 1. OG, aber ich bezweifle, dass Sie bis dahin fertig sind."

„Chef, das Haus ist eingestürzt!", ruft der Lehrling ganz entsetzt.
Der Meister tobt: „Ihr Blödmänner, ich habe euch doch gesagt, dass ihr das Gerüst erst abbauen sollt, wenn die Tapete trocken ist."

Ein Mann fragt im Arbeitsamt den zuständigen Arbeitgeber: „Haben Sie nicht eine Beschäftigung für mich? Ich möchte am liebsten bei einer Baufirma arbeiten."
„Was haben Sie denn bisher gemacht?"
„Ich war Minister", erklärt der Bewerber etwas schüchtern.
Der Beamte glaubt, nicht richtig gehört zu haben.
„Wirklich? Und da wollen Sie ausgerechnet zum Bau?"
Der Mann zuckt resigniert mit den Schultern. „Ich habe doch außer Grundsteinlegen nichts gelernt!"

Der Richter wiederholt die Anklage: „Sie haben Ihren Meister mit dem Hammer auf den Kopf geschlagen und behaupten, dass er sie dazu aufgefordert hat!"
Der Lehrling: „Natürlich! Er sagte zu mir: ‚Jetzt nehme ich das Eisen aus dem Feuer und wenn ich mit dem Kopf nicke, schlägst du mit dem Hammer drauf'."

Zwei Beobachter stehen an einer Baustelle.
Der eine fragt: „Du, das Weiße da auf dem Gerüst, sind das Maurer oder Tauben?"
Der andere antwortet: „Es bewegt sich! Also sind es Tauben!"

Was sagte der Baumeister zum Baubeginn des Turms von Pisa?
Wird schon schiefgehen!

Drei Handwerker diskutieren über das Alter ihres Berufes. Jeder glaubt den älteren zu haben. Der Maurer behauptet: „Ich habe den ältesten Beruf, wir Maurer haben schon die Pyramiden in Ägypten gebaut!“
Der Gärtner erklärt: „Das ist noch gar nichts. Mein Beruf ist noch älter, wir Gärtner haben schon das Paradies bepflanzt!“
Daraufhin sagt der Elektriker stolz: „Alles dummes Zeug! Die Elektriker sind die ältesten: Als Gott sprach, dass es Licht werde, hatten wir zuvor schon die Leitungen dafür verlegt.“

Der Bauunternehmer zu seiner Mannschaft: „Leute, ich habe eine gute und eine schlechte Nachricht für euch. Zuerst die schlechte: Ihr müsst 3000 Sandsäcke per Hand abfüllen. Doch nun die gute: Sand ist genug da!“

Ein Bauarbeiter fragt den anderen: „Warum schaust du so traurig, ist was passiert?“
Der Gefragte antwortet: „Schlimm, der Stiel meiner Schaufel ist durchgebrochen!“
Daraufhin tröstet der erste: „Das ist doch kein Problem, du kannst dich mit auf meine stützen!“

# Der Kapitän fragt den neuen Matrosen ...

Eine Nacht vor einer großen Seefahrt nach China erwischt Marco Polo in einer Hafenkneipe einen seiner Matrosen, absolut besoffen. Marco Polo schreit ihn an und sagt: „Nicht saufen! Jedes Jahr verrecken 10.000 Italiener, weil sie zu viel trinken."
Der Matrose erwidert: „Das betrifft mich nicht, denn ich bin Spanier."

Der Kapitän fragt den neuen Matrosen: „Sie wollen also bei mir anheuern. Können Sie denn überhaupt schwimmen?"
„Das nicht, aber in 23 Sprachen um Hilfe rufen."

Der Kapitän bekommt mit, wie ein Matrose einen anderen bittet, den Fußboden zu schrubben. Der Kapitän empört: „Auf einem Schiff heißt das nicht Fußboden, sondern Deck, und wenn ihr das wieder vergesst, dann schmeiße ich euch aus dem kleinen Fenster raus."

Der neue Kapitän hält vor den Matrosen eine Rede: „Freunde, das ist nicht ein Schiff wie jedes andere, es ist auch nicht meines, sondern unseres."
Leise tönt es aus dem Hintergrund: „Lasst es uns verkaufen!"

Ein Lehrer fragt seine Schüler, wie man die Geschöpfe nennt, die im Wasser und an Land leben können. Ein Schüler antwortet: „Matrosen."

Der Admiral hat es eilig, das Hotel zu verlassen – und stößt vor der Tür mit einem Betrunkenen zusammen. Der lallt: „He, Sie, rufen Sie mir sofort ein Taxi."
Das geht dem hoch dekorierten Seemann denn doch zu weit, entrüstet antwortet er: „Ich bin nicht der Portier. Ich bin Admiral."
Daraufhin sagt der Betrunkene: „Egal, dann besorgen Sie mir eben ein Schiff."

Neulich auf hoher See von Funkstation an Funkstation. Es ist kalt, stürmisch und dunkel. Station 1 an Station 2: „Bitte ändern Sie Ihren Kurs um 15 Grad nach Norden, um einen Zusammenstoß zu verhindern."
Station 2: „Wir empfehlen, dass Sie Ihren Kurs 15 Grad nach Süden ändern, um einen Zusammenstoß zu verhindern."
Station 1: "Hier spricht der Kapitän eines US-Kriegsschiffes. Ich wiederhole: Ändern Sie Ihren Kurs!"
Station 2: „Nein, ich wiederhole: Sie ändern ihren Kurs."
Station 1: Dies ist der Flugzeugträger USS LINCOLN, das zweitgrößte Schiff in der Atlantikflotte der USA. Wir werden von drei Zerstörern, drei Kreuzern und mehreren Hilfsschiffen begleitet. Ich verlange, dass Sie Ihren Kurs 15 Grad nach Norden ändern, oder es werden Gegenmaßnahmen ergriffen, um die Sicherheit dieses Schiffes zu gewährleisten."
Station 2: „Nein, wir ändern unseren Kurs nicht. Wir sind ein Leuchtturm. Sie sind dran ..."

Nach einer sehr langen Seereise legt das Schiff im Hafen an und alle Matrosen laufen bis auf einen ganz schnell von Bord.
Der Kapitän fragt erstaunt: „Haben Sie denn als Einziger hier keine Frau?"
Der Matrose antwortet: „Nein, im Gegenteil, ich bin der Einzige, der hier eine hat!"

Zwei Matrosen sind ein Jahr lang auf See gewesen. Jetzt läuft das Schiff im Hafen ein, und die Vorfreude auf den Landgang ist groß. Der eine Matrose sagt zu dem anderen: „Wetten, dass ich innerhalb von 10 Minuten, nachdem ich von Bord gegangen bin, eine Frau an jedem Arm habe!“ Mein der andere: „Angeber! So schnell kann ein Tätowierer überhaupt nicht sein!“

Der Zeitungsreporter fragt den Matrosen: „Wo sind Sie denn zu Hause?“
„Wir Seeleute sind überall zu Hause!“
„Und wo ist Ihre Braut?“
„Zu Hause!“

Der Arzt: „Ich glaube, Seeluft würde Ihnen gut tun.“
Der Patient reagiert erfreut: „Das ist ja klasse! Sie müssen nämlich wissen, ich bin Matrose!“

Ein Jäger kommt im Matrosenanzug zur Jagd. „Was soll denn diese Verkleidung?“, fragt ihn ein anderer Jäger.
Antwort: „Alles Taktik, guter Mann, alles Taktik. Die Hasen sollen glauben, dass ich zum Segeln gehe.“

Alte Matrosenweisheit: Lieber Rum trinken als rumsitzen.

„Das ist doch noch kein gemischter Chor?“, sagt ein Besucher bei einem Shantytreffen verwundert, „das sind doch alles Männer.“
Der Chorleiter erwidert: „Das stimmt, aber die einen können singen und die andern nicht.“

Ganz erschöpft erreicht ein Mann in letzter Minute den Bootssteg, schleudert seinen Koffer auf die drei Meter vom Kai entfernte Fähre und springt hinterher. Mit letzter Kraft zieht er sich über die Reling und stöhnt: „Geschafft!“
„Das schon“, sagt einer der Schiffer, „aber Sie hätten doch warten können, bis wir angelegt haben ...“

Der Kapitän schreit seinen Matrosen im Ausguck an: „Schrei nicht dauernd ‚Land in Sicht‘, solange wir noch im Hafen liegen!“

Fürs Flottenmanöver soll Munition geladen werden. Der Maat: „Leute, seid vorsichtig – letzte Woche sind dabei zwölf Mann in die Luft geflogen.“
Ein Matrose sagt daraufhin: „Das kann uns doch nicht passieren – wir sind ja nur acht.“

# Chirurgen können alles, wissen nichts ...

Chirurgen können alles, wissen nichts.
Internisten wissen alles, können nichts.
Der Psychiater hat keine Ahnung und kann nichts, hat aber für alles Verständnis.
Pathologen wissen alles, können alles, kommen aber leider immer zu spät.

Der Arzt zeigt seinem Patienten ein Glasröhrchen zum Wasserlassen: „Können Sie hier reinpinkeln?" Der Patient antwortet: „Ja, aber nicht aus dieser Entfernung."

Nachdem Herr Krüger die Arztrechnung bezahlt hat, sagt er zm Arzt: „Kompliment, Doktor. Sie sind ein fabelhafter Psychiater. Meine Frau hat ja so unter Depressionen gelitten. Aber nach Ihrer Behandlung ist sie wie ausgewechselt. Immer munter und guter Dinge."
„Das war ganz einfach", sagt der Arzt. „ich habe Ihre Frau nur von dem Komplex befreit, den die meisten Ehefrauen mit sich herumschleppen: Sie halten sich für ehrlos, weil sie einen Liebhaber haben."

Der Arzt zum röchelnden Patienten: „Es besteht tatsächlich leider kein Zweifel mehr, Sie sind vergiftet worden."
„Womit denn, um Himmels Willen?"
Der Arzt antwortet: „Das werden wir bei der Obduktion feststellen ..."

Der Apotheker sagt zum Kunden: „Bitte sehr, hier sind Ihre Schlaftabletten. Die reichen bestimmt einen Monat!"
„Oje, so lange wollte ich eigentlich nicht schlafen!"

Ein Mann stürzt zum Psychiater: „Herr Doktor, überall Schmetterlinge, lauter Schmetterlinge", wedelt er mit den Armen.
„Doch nicht alle zu mir rüber!", wedelt der Doktor zurück.

Ein Kunde kommt in die Apotheke: „Haben Sie Zucker?"
Apotheker: „Ja ... für den Kaffee, aber Zucker verkaufen wir hier nicht nicht ..."
Kunde: „Na, bringen Sie mal her. Und auch einen Löffel."
Der Apotheker wundert sich, bringt aber aus der Teeküche Zucker und einen Löffel.
Kunde: „Jetzt nehmen Sie einen Löffel Zucker."
Der Apotheker macht's und hält dem Kunden den Löffel hin. Dieser greift in die Tasche, zieht ein kleines Fläschchen raus und lässt einige Tropfen davon auf den Zucker tropfen. „Probieren Sie mal!", fordert er den Apotheker auf.
Der Apotheker schluckt den Zucker mit der Flüssigkeit und meint: „Hmm ... schmeckt ein bisschen komisch ... und was sollte das jetzt?"
Kunde: „Komisch, sagen Sie ... hmm ... naja, es war nur so: Ich war gerade beim Arzt, und der hat gesagt: ‚Gehen Sie in die Apotheke und lassen Sie Ihren Urin auf Zucker prüfen'."

Der glückliche Vater wartet vor der Tür. Die Schwester kommt mit Drillingen im Arm aus dem Kreißsaal. „Welch ein Fortschritt der Medizin", staunt der glückliche Vater, „jetzt darf man sich sein Kind schon aussuchen ..."

Fragt der Urologe: „Brennt's beim Wasserlassen?"
Antwort: „Angezündet hab ich's noch nicht ..."

Klassisches Konzert. Beethovens Klavierkonzert Nr. 3. Das Orchester spielt sich die Seele aus dem Leib. Das Publikum ist mitgerissen. Plötzlich ein Schrei aus den vorderen Reihen: „Ein Arzt, ein Arzt, befindet sich ein Arzt im Saal?“ Das Orchester hört auf zu spielen, der Dirigent dreht sich zum Publikum, Totenstille.
Von weiter hinten kommt die Antwort: „Hier, ich bin Arzt, was ist passiert?“
Da antwortet der von vorn: „Ist das nicht ein herrliches Konzert, Herr Kollege?“

Ein schmächtiger Greis sitzt beim Arzt auf der Liege und zieht sich gerade sein Oberhemd wieder an. Da greift der Arzt zum Telefon, wählt und sagt kurz darauf: „Hallo Liebling, ich bin's. Du, ich weiß, wo bald eine Wohnung frei wird.“

„Schwer zu sagen, was Sie haben“, sagt der Doktor. „Möglicherweise liegt das am Alkohol.“
„Macht nichts, Herr Doktor. Dann schau ich ein andermal wieder rein, wenn Sie nüchtern sind.“

„Frau Zieschang, Ihr Mann ist sehr krank, er braucht viel Ruhe. Ich habe ein Beruhigungsmittel aufgeschrieben. Bitte nehmen Sie alle sechs Stunden zwei Tabletten davon.“

Zwei Freunde treffen sich wieder.
„Geht's dir besser?“ fragt der eine.
„Ja“, sagt der andere, „der Arzt hat mir eine neue Medizin verschrieben. Ich esse täglich einen Löffel!“
„Muss ja ein toller Arzt sein, der dich Löffel essen lässt.“
„Ist doch klar, es waren ja auch Esslöffel ...“

Der Landarzt fährt mit 150 durchs Dorf und seine Frau bittet ihn ängstlich: „Nicht so schnell, Liebster, wenn uns jetzt der Polizist sieht?“
„Sei unbesorgt, mein Schatz, dem habe ich gestern eine Woche Bettruhe verschrieben ...“

Fragt die Frau ihren Mann: „Warum hüpfst du denn im Zimmer herum?“
„Ich habe gerade meine Medizin genommen und vergessen, die Flasche zu schütteln.“

„Das war knapp!“ sagte der Chirurg nach der Operation zur Schwester.
„Was meinen Sie?“ fragte sie verwundert.
„Einen Zentimeter weiter, und ich wäre aus meinem Fachgebiet rausgewesen!“

Zwei Ärzte spielen Golf, als einer von beiden einen Herzanfall erleidet. Der andere sagt: „Ich kann dich nicht behandeln, weil meine Kunstfehlerversicherung hier nicht greift, aber ich hole Hilfe!“ Sagt’s und verschwindet. Als er wiederkommt, fängt er ganz ruhig wieder an zu putten. Darauf der Herzkranke: „Was ist nun mit der Hilfe, kommt die bald?!!“
„Ja ja, nicht so hastig, am Loch drei spielte ein Kollege, und er beeilt sich, die anderen lassen ihn durchspielen!“

Der Arzt fragt seinen Patienten: „Was macht eigentlich Ihr altes Leiden?“
Er bekommt zur Antwort: „Keine Ahnung, Herr Doktor, wir sind seit einem halben Jahr geschieden.“

Kommt ein 94-Jähriger in heller Aufregung zum Arzt: „Herr Doktor, ich versteh es nicht, ich versteh es einfach nicht“, sagt er. „Ich bin 94 Jahre alt, meine Frau ist 25 und kriegt ein Kind. Ich versteh es einfach nicht!“
Sagt der Arzt: „Nun mal ganz ruhig. Stellen Sie sich vor, sie gehen sonntags im Wald spazieren und sehen einen Hasen. Sie legen Ihren Spazierstock an, zielen und rufen ‚Peng‘ – und der Hase fällt tot um.“
„Ja, ist doch klar!“, sagt der alte Mann. „Da hat ein anderer geschossen.“
„Na also“, sagt der Arzt. „Sie verstehen es doch ...“

Nach der dritten Sitzung beim Psychologen fragt dieser seinen Patienten:
„Na, wie sieht es nun mit Ihren Minderwertigkeitskomplexen aus?"
„Prima", antwortet sein Patient, „sie sind ganz und gar verschwunden. Das habe ich wirklich nur Ihnen zu verdanken, Sie fettes, mieses Schwein ..."

Der Arzt will von seinem Patienten wissen: „Ich möchte bloß wissen, warum Sie zunehmen, obwohl Sie nicht viel essen."
Enttäuscht antwortet der Patient: „Ganz einfach, ich nehme schon zu, wenn ich in der Zeitung das Fettgedruckte lese."

Mitternacht in der Kleinstadt. Lautes Klopfen an der Haustür weckt den Landarzt. Schlaftrunken fragt er: „Was gibt's?"
„Was verlangen Sie für einen Krankenbesuch auf einem Bauernhof, ungefähr sieben Kilometer von hier?"
„20 Euro."
„Okay, dann kommen Sie schnell."
Der Arzt zieht sich an, schnappt seine Tasche, holt das Auto aus der Garage und lässt sich von seinem nächtlichen Besucher zu dem abgelegenen Hof lotsen.
„Hier sind die 20 Euro."
„Und wo ist der Kranke?"
„Es gibt gar keinen. Aber ich konnte beim besten Willen um diese Zeit kein Taxi auftreiben."

Was ist der Unterschied zwischen einem Mediziner und einem Kapuziner?
Der Mediziner hat ein Heilserum und der Kapuziner ein Seil herum.

Sie: „Was bist du eigentlich von Beruf?"
Er: „Anästhesist"
Sie: „Dachte ich mir, ich hab überhaupt nichts gemerkt."

Ein Mann ist wegen einer Universaluntersuchung beim Arzt. Er muss unter anderem eine Spermaprobe abgeben. Der Arzt gibt ihm ein Glas und bittet ihn, die Probe am nächsten Tag mitzubringen. Der Mann kommt, das Glas ist genauso leer wie am letzten Tag. „Ich habe es wirklich versucht. Zuerst mit meiner linken, dann mit meiner rechten Hand. Meine Frau hat es auch probiert. Mit beiden Händen und dann mit ihrem Mund. Erst mit ihren Zähnen, dann ohne. Schließlich haben wir noch unsere Nachbarin um Hilfe gebeten. Sie hat es auch versucht, mit beiden Händen und mit dem Mund", erzählt der Patient. „Sie haben Ihre NACHBARIN um Hilfe gebeten?!", fragt der Arzt ungläubig. „Ja, aber was wir auch probiert haben, wir haben das blöde Glas nicht aufgebracht."

Der Kellner liegt auf dem Operationstisch. Da kommt ein Arzt vorbei, der schon oft im Gasthaus gegessen hat. „Herr Doktor, helfen Sie mir", stöhnt der Kellner. Der Arzt zuckt die Achseln: „Bedaure sehr, aber das ist nicht mein Tisch. Doch mein Kollege kommt gleich!"

Der alte Jagdherr geht nach beendeter Pirsch ins Wirtshaus und trifft dort den Dorfdoktor. „Wissen Sie schon, was ich heute erlegt habe?", ruft er dem zu. „Genau, ganz genau", winkt der Arzt ab. „War schon bei mir in Behandlung."

Freundinnen unter sich: „... was regst du dich denn so auf, du hast doch selbst deine Verlobung mit diesem Arzt gelöst?"
„Schön, aber jetzt hat er mir eine Rechnung über 75 Hausbesuche geschickt!!!"

Sagt der Patient zur Ärztin: „Ich kann mich nicht zwischen Operation und dem Tod entscheiden."
Die Ärztin meint dazu: „Mit ein bisschen Glück können Sie vielleicht beides haben."

Kommt ein Skelett zum Arzt, sagt der Arzt:
„Sie hätten früher kommen sollen!"

Ein Mann im weißen Kittel kommt ins Krankenzimmer und fragt den Patienten: „Wie groß sind Sie?“
Patient: „1 Meter 80, Herr Doktor.“
Der Mann im Kittel: „Ich bin nicht der Doktor, ich bin der Schreiner.“

„Nehmen Sie ruhig die Maske ab, Frau Doktor“, sagt der Patient auf dem Operationstisch zur Chirurgin, „ich habe Sie erkannt.“

Die kleine Renate kommt in die überfüllte Drogerie, bleibt an der Tür stehen und ruft laut: „Bitte drei Dutzend Präservative, verschiedenen Größen.“ Alle erstarren. Der Drogist fängt sich am schnellsten. „Erstens“, sagt er, „schreit man nicht so. Zweitens ist das nichts für kleine Kinder, und drittens schickst du mir mal deinen Vater vorbei.“ Aber Renate ist nicht zu entmutigen. „Erstens“, gibt sie zurück, „hab ich in der Schule gelernt, dass man laut und deutlich sprechen soll. Zweitens ist das nichts für kleine Kinder, sondern gegen kleine Kinder. Und drittens geht das den Vati gar nichts an. Die sind für die Mami. Die fährt nämlich morgen für drei Wochen nach Ibiza!“

Ein Skelett kommt zum Zahnarzt, der sagt:
„Ihre Zähne sind gut, aber Ihr Zahnfleisch macht mir Sorgen!“

Die Dame kommt ehrfürchtig-aufgeregt zum berühmten Professor, fragt mit geheimnisvollem Unterton:
„Herr Professor, stimmt es, dass Warzen verschwinden, wenn man eine schwarze Katze bei Vollmond an einer Friedhofsmauer begräbt?"
Der Professor kratzt sich den Bart und murmelt: „Hmmm ... na ja ... warum nicht ... wenn die Warze auf der Katze war!"

Ernährungsbewusste Patientin: „Sind Fische gesund, Herr Doktor?"
„Ich glaube schon, bei mir war jedenfalls noch keiner in Behandlung."

Jemand liegt im Krankenhaus und neben ihm einer, der stöhnt und stöhnt, als ob er's nicht mehr lange macht. Als der Pfleger kommt, sagt er zu ihm: „Sagen Sie mal, können Sie den nicht ins Sterbezimmer verlegen?"
Darauf der Pfleger: „Was meinen Sie, wo Sie hier sind?"

Der Arzt zu seinem Patienten: „Da sind sie ja gerade noch rechtzeitig gekommen."
Der Patient fragt entsetzt: „Ist mein Leiden denn so schlimm, Herr Doktor?"
Der Arzt antwortet: „Das nicht. Aber einen Tag später, und Sie wären es von selbst losgeworden."

Ein Ehepaar sucht während des Urlaubs einen Zahnarzt auf. Als sie aufgerufen werden, geht die Frau in den Behandlungsraum. „Ich möchte einen Zahn ziehen lassen, aber ohne Betäubung", bittet die Frau.
Der Zahnarzt fragt ungläubig: „Wirklich, ohne Betäubung?"
„Ja, unbedingt", sagt sie. „Und bitte nur mit einer einfachen Zange, kein neumodisches Zeug. Rein in den Mund, hebeln und raus mit dem entzündeten Zahn!"
Der Arzt staunt: „Sie sind aber wirklich tapfer. Bitte nehmen Sie Platz."
„Wieso ich? Mein Mann hat die Zahnschmerzen ..."

Der Arzt fragt den Patienten: „Was führt Sie zu mir?"
Der Patient: „Mein Alter."
„Was ist denn mit Ihrem Alter?"
„Ich befinde mich im Mineral-Alter. Ich habe Silber im Haar, Gold im Mund, Wasser in den Beinen, Kalk im Hirn, Steine in den Nieren, Blei in den Füßen ..."

Bei der Aufnahme ins Krankenhaus wird der Patient gefragt: „Haben Sie einen Pyjama?"
Der Patient antwortet unsicher: „Der Doktor hat aber etwas von Blinddarm gesagt ..."

Ein Arzt stellt mitten in der Nacht fest, dass sein Keller unter Wasser steht. Sofort ruft er einen Klempner an. Der aber weigert sich, zu solch später Stunde noch zu kommen. Daraufhin regt sich der Arzt auf und erklärt, dass auch er mitten in der Nacht kommen müsse, wenn es einen Notfall gäbe. Eine viertel Stunde später ist der Klempner da.
Gemeinsam mit dem Arzt betritt er die Kellertreppe, die bereits zur Hälfte unter Wasser steht. Der Klempner öffnet seine Tasche, holt zwei Dichtungsringe heraus, wirft diese ins Wasser und sagt: „Wenn es bis morgen nicht besser ist, rufen Sie wieder an."

Bei einem Fußballmatch werden einem Spieler die Finger einer Hand arg gequetscht. Er lässt sich deswegen von einem Arzt behandeln, der beruhigend sagt: „Wenn Ihre Hand wieder in Ordnung ist, können Sie Klavier spielen!"
„Das ist ja klasse", sagt der Patient, „vorher konnte ich es nämlich nicht."

Die Patientin: „Frau Doktor, wenn ich Kaffee trinke, kann ich nachts nicht schlafen."
Die Ärztin antwortet: „Komisch, bei mir ist es genau umgekehrt, wenn ich schlafe, kann ich keinen Kaffee trinken."

Mann beim Arzt: „Herr Doktor, wie kann ich 100 Jahre alt werden?“
Arzt: „Rauchen Sie?“
Patient: „Nein.“
Arzt: „Essen Sie übermäßig viel?“
Patient: „Nein.“
Arzt: „Gehen Sie spät ins Bett?“
Patient: „Nein.“
Arzt: „Haben Sie Frauengeschichten?“
Patient: „Nein.“
Arzt: „Warum wollen Sie dann überhaupt so alt werden?“

Der Assistenzarzt macht seine erste Operation, und sein Professor schaut ihm dabei über die Schulter. „Nein, nein!“, ruft der Professor plötzlich. „Nur den Blinddarm! Alles andere tun Sie schön wieder rein.“

„Wird die Operation denn sehr viel kosten, Herr Doktor?“
„Die Sorge können Sie getrost Ihren Erben überlassen!“

„Nun, Kurt, was hat dir denn der Arzt verordnet?“
„Höhenluft und viel Bewegung, Mausi.“
„Das ist ja wunderbar! Dann kannst du ja am Wochenende den Dachboden aufräumen!“

Ein Patient beim Hausarzt: „Herr Doktor, ich habe ein Problem!“
Der Arzt freundlich: „Na, dann erzählen Sie mal!“
„Ich kann nicht einschlafen!“
„Und warum nicht?“
„Ich habe furchtbare Angst, ein Einbrecher könnte unter meinem Bett liegen!“
„Klar! Sägen Sie doch einfach die Beine von dem Bett ab!“

Ein Ehemann rast zum Doktor. „Kommen Sie schnell, meine Frau hat wahnsinnig hohes Fieber!“
„Wie hoch denn?“
„Tja, unser Fieberthermometer ist kaputt, aber das Einkochthermometer steht auf Mirabellen.“

Einer, der aus der Narkose aufwacht, stellt fest, dass ihm nicht nur der Blinddarm, sondern auch die Mandeln fehlen. Der Chefchirurg bedauert das sehr: „Die Operation wurde für die Studenten per Fernsehen übertragen. Mit dem Blinddarm erntete ich einen derartigen Applaus, dass ich eine Zugabe geben musste.“

„Hat das Medikament, das Sie mir da verschreiben, auch irgendwelche Nebenwirkungen?“
„Ja, Sie müssen damit rechnen, wieder arbeitsfähig zu werden!“

„Sie müssen beim Ausfüllen des Totenscheines mehr Sorgfalt walten lassen“, mahnt der Chefarzt den jungen Assistenten, „Sie haben schon wieder in der Spalte mit der Frage ‚Todesursache‘ Ihren eigenen Namen eingetragen!“

Hausgeburt. Der Arzt geht ins Schlafzimmer, kommt nach kurzer Zeit wieder raus und bittet den Ehemann um eine Zange. Er verschwindet, erscheint jedoch bald wieder und verlangt Hammer und Meißel. Dem erbleichenden Ehemann wanken die Knie, doch der Arzt brummt nur: „Keine Sorge, ich krieg nur meine verdammte Tasche nicht auf!“

Der Patient fragt seinen Hausarzt: „Herr Doktor, muss ich denn immer noch auf Rauchen und Alkohol verzichten?“
„Aber ja doch! Das habe ich Ihnen doch schon vor vier Wochen gesagt!“
„Das stimmt! Aber ich habe gehofft, dass die Wissenschaft inzwischen Fortschritte gemacht hätte!“

Der Arzt sagt zum übergewichtigen Patienten: „Sie müssen unbedingt eine Diät machen. Glücklicherweise gibt es eine ganz neue Methode, bei der Sie alles essen können, was Sie wollen.“
Dem Patienten fallen vor Freude fast die Augen aus dem Kopf. Und der Arzt erklärt: „Sie dürfen es nur nicht runterschlucken!“

Der Psychiater malt einen Kreis und fragt den Patienten: „Woran denken Sie, wenn Sie das sehen?"
Der Patient antwortet: „An Sex!"
Der Psychiater malt einen Baum. Antwort des Patienten: „Sex!"
Das Gleiche beim Haus, Pferd, Stuhl, die Antwort lautet immer: „SEX!"
Da sagt der Psychiater etwas genervt: „Immer denken Sie an Sex, Sie sind ja sexsüchtig!"
Der Patient: „Wer, ich? Wer malt denn immer diese schweinischen Bilder?"

Arzt: „Also, Herr Meier, Sie sind ja schon wieder betrunken, habe ich Ihnen nicht gesagt, nur eine Flasche Bier pro Tag?"
Meier: „Ja denken Sie denn, Sie sind der einzige Arzt, zu dem ich gehe!"

„Herr Doktor, ist das eine seltene Krankheit, die ich habe?"
„Ganz und gar nicht, die Friedhöfe sind voll davon!"

Fragt der Psychiater: „Und wann haben Sie zum ersten Mal bemerkt, dass es Ihnen Spaß macht, Ihre Steuern zu bezahlen?"

„Was soll ich nur mit meinem Mann machen, er hält sich für einen Wolf!“
„Verhindern Sie, dass er Ihre Großmutter besucht!“

Der Patient klagt über Potenzstörungen.
„Ach“, meint der Arzt, „machen Sie sich mal keine Sorgen, wir haben da ein schnell wirkendes neues Phosphorpräparat.“
„Sie haben mich missverstanden“, sagt der Patient, „er soll stehen, Herr Doktor, nicht leuchten.“

Ein Arzt wird auf dem Friedhof von einem Patienten angesprochen: „Na, Herr Doktor, machen Sie Inventur?“

„Wie stehen meine Chancen, Herr Doktor?“
„Tja, wissen Sie, ich mache diese Operation bereits zum 28. Mal!“
„Da bin ich aber beruhigt.“
„Gut – einmal muss sie mir ja gelingen!“

Der Psychiater schaut über seine Brille zu dem Patienten.
„Betrügen Sie Ihre Frau?“, fragt er streng.
„Wen denn sonst?“, erwidert der Patient.

Ein Mann kommt zum Arzt, weil er starke Schmerzen im linken Knie hat. Der Arzt untersucht ihn und stellt fest: „Tja, guter Mann, da kann man nichts machen. Das sind wohl die ersten Altersbeschwerden!“ Daraufhin reagiert der Patient empört: „Kann nicht sein! Mein anderes Knie ist genauso alt und das tut nicht weh!“

Charakterisierungen: Ein Neurotiker baut die Luftschlösser, in denen die Psychotiker wohnen können und für die der Psychotherapeut die Miete kassieren kann.

Eine attraktive junge Dame kommt in die Apotheke, sieht dort eine Waage. Sie nimmt einen Euro, wiegt sich und schreit entsetzt auf. Rasch nimmt sie wieder einen Euro, legt Mantel und Hut ab und wiegt sich erneut. Sie zieht Schuhe und Pullover aus, nimmt den nächsten Euro und steigt wieder auf die Waage. Da kommt der Apotheker, stellt sich neben sie und sagt: „Machen sie nur weiter, junge Frau, ab jetzt geht es auf Kosten des Hauses.“

„So eine idiotische Verschreibung“, schimpft Peter, der in der Badewanne sitzt, „drei Tropfen täglich in warmen Wasser zu nehmen!“

Der Hausarzt zum Patienten: „Junge, Junge, Sie werden ja immer dicker!"
„Das stimmt! Für mein Gewicht müsste ich 2 Meter 10 groß sein. Aber ich kann essen und essen, was ich will – ich werde einfach nicht größer!"

„Herr Doktor, mit mir ist etwas nicht in Ordnung!", beschwert sich der zweiundneunzigjährige Herr Grünlich beim Psychiater. „Ich laufe dauernd hinter jungen Mädchen her!"
„Aber das ist doch ganz natürlich, Herr Grünlich!", beruhigt ihn der Arzt.
„Mag ja sein – aber ich kann mich nicht erinnern, weswegen!"

„Noch eine Behandlung, Herr Müller, dann haben wir es geschafft", sagt der Arzt zu seinem Patienten. Erfreut sagt der: „Ich bin dann also wieder gesund?"
„Nein, aber dann haben Sie mein Häuschen ganz allein finanziert!"

Kommt ein Tscheche zum Augenarzt. Der hält ihm die Buchstabentafel vor, auf der steht C Z W X N Q Y S T A C Z, und fragt: „Können Sie das lesen?"
„Lesen?" ruft der Tscheche erstaunt, „ich kenne den Kerl!"

Patient: „Ich leide unter Schlaflosigkeit!“
Arzt: „Aha. Hier, ich verschreibe Ihnen ein gutes Potenzmittel.“
Patient: „Was, davon soll ich einschlafen ... ?“
Arzt: „Nein. Aber das Wachbleiben wird dann für Sie wesentlich amüsanter.“

„Ein Glück, dass Sie endlich zur Untersuchung kommen, es war höchste Zeit!“
„Weiß ich, Frau Doktor, drei Tage vor dem Ersten wird überall das Geld knapp!“

Frau Doktor, können Sie mir helfen?“
Arzt: „Hmm, ich verschreibe Ihnen erstmal ein paar Moorbäder.“
„Und die helfen mir?“
„Nein, aber Sie gewöhnen sich schon mal an die feuchte Erde.“

Der Arzt fragt seinen Patienten: „Rauchen Sie?“
„Nein.“
„Trinken Sie?“
„Nein.“
Darauf der Arzt: „Schauen Sie nicht so triumphierend, ich finde schon noch was!“

Der Doktor sagt mahnend: „Vergessen Sie nie, dass der Alkohol Ihr Feind ist!“
„Das macht nichts“, meint Adalbert daraufhin, „ich bin ein mutiger Mensch.“

„So weit brauchen Sie Ihren Mund nun auch nicht aufzumachen“, sagt der Zahnarzt.
„Ich denke, Sie brauchen Platz für die Instrumente, Herr Doktor“, erklärt Kunibert.
„Schon richtig, aber ich selbst bleibe ja draußen.“

Ein Arzt hält mit Kollegen am Bett eines frisch operierten, schwer kranken Patienten eine Visite ab. Der erwacht und sagt leise: „Wer sind denn bloß diese ganzen Narren da?“
„Sehen Sie, liebe Kollegen“, freut sich der Oberarzt, „dem Patienten geht es schon besser. Er erkennt uns bereits!“

Der Arzt erklärt dem Patienten mit besorgter Miene: „Sie müssen unbedingt mit dem Trinken aufhören. Ihre letzte Blutprobe hat sich verflüchtigt, bevor ich sie testen konnte!“

„Woran ist die Ärztedemonstration denn gescheitert?“
„An den Plakaten. Die Mediziner hatten sie selbst beschriftet, und keiner konnte lesen, was sie eigentlich wollten.“

Ein Mann betritt eine Apotheke und verlangt nach einem Präparat gegen Durchfall. Die Apothekerin verkauft ihm etwas. Als der Mann die Apotheke verlassen hat, stellt die Apothekerin entsetzt fest, dass sie dem Mann statt eines Mittels gegen Durchfall ein Beruhigungsmittel verkauft hat. Am nächsten Tag betritt der Mann wieder die Apotheke. Die Apothekerin erkennt ihn sofort und entschuldigt sich ausdrücklich für das Versehen, das ihr passiert sei. „Ach, nicht so schlimm“, sagt der Mann, „ich habe zwar immer noch Durchfall, aber es regt mich jetzt nicht mehr auf!“

Zwei Psychiater treffen sich abends nach der Praxis auf ein Bier.
„Wie machen Sie das nur, Herr Kollege“, fragt der jüngere, der sehr angestrengt und nervös wirkt, „so erholt und ruhig hier zu sitzen, wo Sie doch von morgens bis spätabends den Problemen Ihrer Patienten zuhören müssen?“
„Wie bitte?“, wundert sich der ältere Kollege, „zuhören ... ?“

Der Oberarzt begrüßt den Chirurgen, den er zu einem Abendessen eingeladen hat: „Gut, dass Sie kommen. Wir brauchen jemanden, der den Truthahn zerlegen kann.“

Was sagt Petrus zum Arzt?
Lieferanten zum Hintereingang!

Erste Vorlesung der Medizinstudenten im ersten Semester:
Professor: „Meine Damen und Herren, zwei Dinge zeichnen einen guten Arzt aus. Erstens: die Fähigkeit, Ekel zu überwinden, zweitens: messerscharfe Beobachtungsgabe. Heute fangen wir mit der Ekelüberwindung an."
Gesagt, getan, und er taucht seinen Finger in ein Glas mit ekeliger, stinkender, grünlicher Flüssigkeit. Er zieht den Finger wieder raus und leckt ihn zum Entsetzen der Studenten ab. Er nimmt das Glas, geht zur ersten Sitzreihe und stellt es vor einem Studenten auf den Tisch. Der ziert sich eine Weile, taucht aber dann doch endlich seinen Finger in das Glas und leckt ihn ab.
Da sagt der Professor: „Ihren Ekel haben Sie zwar überwunden, aber Ihre Beobachtungsgabe lässt doch sehr zu wünschen übrig. Denn ich habe den Zeigefinger eingetaucht und den Mittelfinger abgeleckt."

Der Psychiater fragt seinen Patienten: „Halten Sie sich schon lange für einen Prinzen?"
„Nein, erst, seitdem ich kein Frosch mehr bin!"

Der Psychiater will von seinem Patienten wissen: „Na, wie heißen Sie denn heute?"
„Kevin Kostner!"
„Merkwürdig, gestern hießen Sie doch noch Julia Roberts."
„Stimmt, das war mein Mädchenname!"

Ein Arzt lässt sich seine Garageneinfahrt neu pflastern. Als die Arbeiter fertig sind, streuen sie Sand auf die neu verlegten Steine, um die Fugen auszufüllen. Als der Arzt das sieht, geht er zu den Arbeitern und sagt: „Jetzt wird der Pfusch also mit Sand überdeckt, damit ihn keiner sieht."
Darauf antwortet ein Arbeiter: „Ja, das haben unsere Berufe gemeinsam ..."

Ein Mann fragt seine Frau, die vom Arzt kommt: „Na, was hat er gesagt?"
Sie: „Ich soll ein Porzellansyndrom haben."
Der Mann ruft sofort den Arzt an und fragt, was das denn für eine Krankheit sein soll.
Der Arzt: „Ich konnte ihr doch auf keinen Fall sagen, dass sie nach meiner Erkenntnis nicht alle Tassen im Schrank hat."

Ein Mann liegt auf der Intensivstation, an viele Geräte und Schläuche angeschlossen. Da besucht ihn ein Pfarrer. Plötzlich fängt der Mann zu keuchen an. Da er nicht sprechen kann, bittet er in Zeichensprache um einen Stift. Er kritzelt auf einen Zettel einen Satz und stirbt. Der Pfarrer denkt sich: „Das geht mich nichts an" und bringt den Zettel der Frau des Verstorbenen. Die liest und fällt in Ohnmacht. Da nimmt der Pfarrer den Zettel und liest: „Idiot, geh von meinem Schlauch runter!"

„Wie äußern sich denn Ihre Schmerzen?“, fragt der Arzt den Patienten.
„Es ist einfach so“, antwortet der Patient, „es tut einfach weh. Geäußert haben sich meine Schmerzen bis jetzt aber noch nicht.“

Schulze erscheint beim Psychiater. Eine Hand in der Weste, Hut mit Breitseite auf dem Kopf.
„Was kann ich für Sie tun?“, fragt der Doktor.
„Für mich nichts. Ich habe alles. Ruhm, Macht, Reichtum – und als Napoleon werde ich in die Geschichte eingehen. Aber meine Frau muss verrückt sein. Die glaubt fest daran, eine Schulze zu sein!“

Ein Mann beim Psychiater: „Herr Doktor, Herr Doktor! Ich glaube, ich bin ein Auto. Brumm, brumm, brumm.“
Der Arzt: „Machen Sie das noch mal.“
„Brumm, brumm, brumm.“
„Ich glaube, Ihr Vergaser ist verstopft!“

Der Patient erwacht aus der Narkose und sagt erstaunt:
„Herr Doktor, Ihr Bart ist aber gewachsen, hat die Operation denn so lange gedauert?
„Erstens heiße ich Petrus – und zweitens habe ich schon immer einen Bart gehabt!“

Eine Ärztin fragt ihre Patientin: „Was kann ich für Sie tun?“
Sie antwortet: „Frau Doktor, ich habe vor einer Woche aus Versehen einen Zehn-Euro-Schein gegessen, und wenn ich jetzt auf Toilette gehe, kommt nur Kleingeld raus!“
Da antwortet die Ärztin:: „Liebe Frau, das ist doch kein Wunder, Sie sind ja auch in den Wechseljahren!“

Der Arzt fragt: „Ist Ihnen denn nichts aufgefallen, als Ihr Mann starb?“
Die Ehefrau: „Doch, es kam mir gleich so komisch vor, dass er nach 20 Jahren Ehe seine Augen verdrehte und sagte: ‚Oh Luise, mein Herz!‘“

Kommt eine Frau zum Psychiater. „Herr Doktor, Herr Doktor, ich glaube, mein Mann ist verrückt! Jeden Morgen beim Frühstück isst er die Kaffeetasse auf und lässt nur den Henkel übrig.
Sagt der Arzt: „So ein Irrer, wo der Henkel doch wirklich das Beste ist!“

Der Nervenarzt will wissen: „Herr Möchtegern, hat es in Ihrer Familie mal einen Fall von Geistesgestörtheit gegeben?“
„Ja, Herr Doktor, meine Schwester hat mal einem Millionär einen Korb gegeben!“

Der Arzt wird mitten in der Nacht gerufen. Er untersucht den Patienten: „Haben Sie schon Ihr Testament gemacht?"
„Nein, Herr Doktor, ist es denn wirklich so schlimm?"
„Lassen Sie einen Notar kommen und rufen Sie sofort Ihre nächsten Verwandten!"
„Heißt das, dass es mit mir zu Ende geht?"
„Das nicht, aber ich will nicht der Einzige sein, der mitten in der Nacht sinnlos aus dem Bett geholt wird."

Stationsarzt zur jungen Krankenschwester:
„Haben Sie dem Patienten auf Zimmer 12 Blut abgenommen?"
„Ja, aber mehr als sechs Liter habe ich nicht aus ihm herausbekommen ..."

Kommt Herr Meier zum Arzt und sagt: „Herr Doktor, Sie haben mir doch dieses Stärkungsmittel verschrieben."
Der Arzt fragt darauf: „Was ist denn damit?"
„Ich bekomme die Flasche nicht auf!"

Eine Frau kommt zum Arzt, zieht sich wie gewohnt aus und legt sich nackt auf die Liege. Der Mann in Weiß steht daneben und grinst.
„Herr Doktor, nun fangen Sie schon an, mich zu untersuchen!"
„Da müssen Sie schon warten bis der Arzt kommt, ich bin nur der Maler!"

Eine ältere Dame kommt zum Arzt: „Herr Doktor, ich habe diese Blähungen; obwohl sie mich nicht so sehr stören, ist es schon lästig. Sie stinken nie, und sie gehen immer leise ab. Wirklich, ich hatte bestimmt schon zwanzig Blähungen, seit ich hier im Raum bin, obwohl Sie das nicht bemerken konnten, weil das ohne Geruch oder Geräusch passiert."
Der Doktor: „Nehmen Sie diese Tabletten und kommen Sie in einer Woche wieder."
Nach einer Woche erscheint sie erneut und sagt: „Herr Doktor! Was zum Teufel haben Sie mir da gegeben? Meine Blähungen, obwohl sie immer noch leise sind, stinken jetzt fürchterlich!"
„Sehr gut. Jetzt, wo Ihre Nase wieder funktioniert, wollen wir uns um Ihr Gehör kümmern ..."

Im Wartezimmer eines Nervenarztes führt sich einer wie Tarzan auf. Da fragt ein anderer Patient: „Wer hat Ihnen eigentlich gesagt, dass Sie Tarzan sind?"
Selbstsicher kommt die Antwort: „Der liebe Gott."
Da steht im Wartezimmer ein Dritter auf und fragt: „Was soll ich gesagt haben?"

Ein Mann kommt zum Augenarzt und nimmt im Behandlungszimmer die Brille ab.
„Na", sagt der Doktor entgegenkommend, „wo fehlt's denn? Ist die alte nicht mehr scharf genug?"
„Die geht Sie gar nichts an", sagt der Mann, „ich brauche eine neue Brille!"

Ein Patient klagt seinem Arzt: „Herr Doktor, ich habe ein Gerstenkorn, das sehr wehtut."
Der Arzt: „Behalten Sie es im Auge, derzeit kann ich Ihnen nur eine Salbe dagegen verschreiben."

Was ist Heuchelei?
Wenn der Arzt „Gute Besserung" wünscht.

„Überstanden!" Der frisch Operierte liegt wieder in seinem Zimmer und atmet auf.
„Sagen Sie das nicht zu früh", warnt sein Bettnachbar, „mich mussten sie ein zweites Mal aufschneiden, weil der Professor eine Pinzette in meinem Bauch vergessen hat."
Da kommt die Stationsschwester ins Zimmer und fragt: „Hat jemand die Brille vom Herrn Professor gesehen?"

Der Pfleger stürzt aufgeregt ins Arztzimmer: „Der Simulant in Zimmer 23 ist gerade gestorben!"
„Das ist doch unglaublich", sagt die Stationsärztin, „jetzt übertreibt er es aber wirklich!"

Frau Meier kommt mit ihrer Tochter zum Arzt.
Der Arzt fragt: „Stottert Ihre Tochter immer?"
„Nein", sagt Frau Meier, „nur wenn sie was sagen will."

Der Augenarzt sagt zum Patienten: „Lesen Sie mal die Zahlen vor!“
„Welche Zahlen?“
„Na, die an der Tafel.“
„Welche Tafel?“
„Die an der Wand hängt!“
„Welche Wand?“
„Guter Mann, Sie benötigen keine Brille, sie brauchen einen Blindenhund.“
„Was soll ich denn mit einem blinden Hund?“

„Sie haben eine sehr seltene, sehr ansteckende Krankheit. Wir müssen Sie leider auf die Isolierstation verlegen. Dort bekommen Sie nur Kartoffelpulver und Spiegeleier zu essen.“
„Werd ich davon denn wieder gesund?“
„Nein, aber das ist das Einzige, was sich unter der Tür durchschieben lässt.“

Die Sprechstundenhilfe kommt ins überfüllte Wartezimmer: „Wo ist denn der Herr, der einen Verband wollte?“
„Der ist wieder gegangen, die Wunde war inzwischen verheilt!“

In der Klinik stößt ein junger Assistenzarzt mit dem Chefarzt zusammen: „Oh mein Gott, verzeihen Sie!“
„Schon gut, Professor genügt.“

Ein Arzt verschreibt versehentlich seinem Patienten Abführmittel anstatt Hustensaft. Nach zwei Tagen trifft der Arzt den Patienten und fragt: „Na, husten Sie noch?“ Erwidert der Patient: „Nein, Herr Doktor, ich trau mich nicht mehr!“

Die Ehefrau klagt dem Psychologen: „Mit meinem Mann ist was nicht in Ordnung. Wenn er von der Arbeit kommt, küsst er erst den Hund und dann mich.“
Der Psychologe: „Bringen Sie mir beim nächsten Mal ein Foto Ihres Hundes mit.“

Vier Ärzte sitzen beim Stammtisch.
Der Augenarzt steht auf und sagt: „Ich gehe jetzt. Man sieht sich.“
Der HNO-Arzt sagt: „Ich komm mit. Wir hören voneinander.“
Der Urologe meint: „Ich glaub, ich verpiss mich auch.“

Die Patientin zum Arzt: „Mit den Hormonpillen scheinen Sie sich vergriffen zu haben!“
„Wieso?“
„Mein Mann strickt seit acht Tagen Pullover, und ich muss mich rasieren.“

Der Arzt fragt seinen Patienten: „Was tun Sie gegen Ihre Erkältung?“
„Ich trinke täglich acht Gläschen Rum.“
Der Arzt ist ganz entsetzt: „Das genügt doch nicht!“
Der Patient: „Mehr bringe ich aber einfach nicht runter!“

Eine Krankenschwester versucht, ihren Patienten wachzurütteln. Da kommt ein Pfleger und fragt: „Was machen Sie denn da?“
Die Schwester: „Er muss unbedingt wach werden, er hat vergessen, seine Schlaftabletten zu nehmen!“

Einer alten Dame wird nach vier Wochen der Gipsverband vom Fuß abgenommen. Der Doktor mahnt:
„Das sieht ja gut aus. Aber Sie sollten trotzdem weiterhin keine Treppen steigen.“
„Gut, Herr Doktor, obwohl mich das ewige Rauf- und Runterhangeln vom Dach allmählich anstrengt!“

Der Chirurg Dr. Schneider tröstet: „Sie fragen mich, was ist, wenn die Operation schiefgeht? Da machen Sie sich mal keine Sorgen – das merken Sie gar nicht.“

Ein Mann kommt in die Apotheke: „Bitte eine Packung Acetylsalicylsäure."
Darauf fragt der Apotheker: „Sie meinen Aspirin?"
Der Mann: „Ja, genau, ich kann mir leider dieses blöde Wort nie merken!"

„Wie alt sind Sie eigentlich, Frau Mauerbruch?", fragt der Schönheitschirurg seine neue Patientin.
„Ich gehe auf die vierzig zu."
„Aus welcher Richtung?"

„Hat man über Ihr Auge gleich kalte Umschläge gemacht?", fragt der Sportarzt den gestürzten Inline-Skater. „Nein, nur blöde Witze."

„Herr Doktor, ich leide so an Gedächtnisschwund!"
„Seit wann haben Sie denn das?"
„Was denn?"

Ein Arzt telefoniert: „Hier hat einer diese komischen Bauchschmerzen", sagt er, „was war das denn für ein Tee, den du mir immer dagegen gegeben hast, Mama?"

Ein Gewerkschaftsfunktionär benötigt einen Herzschrittmacher, und der Arzt fragt:
„Wollen Sie einen roten oder einen schwarzen?"
„Natürlich einen roten!", sagt der Gewerkschaftsmann.
Nach der Operation fragt er den Arzt: „Man sieht doch von außen gar nicht, ob der rot ist oder schwarz, was ist denn der Unterschied?"
Der Arzt: „Der Rote hat nur eine 35-Stunden-Woche!"

Spät in der Nacht wird der berühmte Professor zu einem reichen Patienten gerufen. Dem verabreicht er eine Spritze und dem Kranken geht es sofort besser. Dankbar atmet er auf: „Ihren späten Besuch rechne ich Ihnen hoch an."
„Ich Ihnen auch", versichert ihm der Professor.

Frau Müller klagt über Leibschmerzen.
Der Arzt meint: „Das ist der Blinddarm, der muss raus."
Ein paar Wochen später hat Frau Müller Halsschmerzen.
„Das sind die Mandeln, die müssen raus", sagt der Arzt.
Nach längerer Zeit kommt die Frau wieder in seine Praxis und sagt: „Herr Doktor, ich wage es kaum auszusprechen, aber ich habe Kopfschmerzen!"

# „Was ist Betrug?“, fragt der Professor den Jurastudenten.

„Was ist Betrug?“, fragt der Professor den Jurastudenten.
„Betrug ist, wenn Sie mich durchfallen lassen.“
„Wieso denn das?“
„Weil sich nach dem Strafgesetzbuch derjenige des Betrugs schuldig macht, der die Unwissenheit eines anderen ausnützt, um diesen zu schädigen.“

Der junge Akademiker hat seinen ersten Arbeitstag im Büro, und der Chef verlangt:
„Putzen Sie bitte dieses Zimmer.“
Der Akademiker ist verblüfft und empört: „Aber ich komme doch von der Universität!“
„Verzeihung, dann zeige ich Ihnen sofort, wie das geht.“

Im Hörsaal hat man eine neue Lautsprecheranlage installiert. Der Professor spricht zur Probe ins Mikrofon: „Können Sie mich auch auf den hinteren Sitzreihen hören?“
Ein Student aus der vorletzten Reihe unterbricht kurz seine lebhafte Unterhaltung und ruft: „Jawohl, Herr Professor, aber es stört uns nicht im Geringsten!“

Prüfer zum Prüfling: „Mit dem, was Sie nicht wissen, können noch zwei andere durchfallen!“

Raubüberfall im Studentenwohnheim, der Einbrecher brüllt: „Hände hoch! Ich suche Geld!“
„Prima, wir suchen mit!“

Im Hörsaal sind zwei Garderobenhaken angebracht worden. Darüber ein Schild: „Nur für Dozenten!“ Am nächsten Tag klebt ein Zettel drunter: „Aber man kann auch Mäntel daran aufhängen ...“

Der Professor sitzt in der Mensa und isst. Ein Student setzt sich unaufgefordert zu ihm. Etwas verärgert meint der Professor: „Seit wann essen denn Adler und Schwein zusammen an einem Tisch?“
Der Student: „Ok, dann flieg ich halt weiter ...“


„Was ist Betrug?“, fragt der Professor den Jurastudenten.

Warum stehen Studenten schon um sieben Uhr auf?
Weil um acht der Supermarkt zumacht.

Der Physiker soll erklären, warum es in der Eisenbahn so rumpelt, und geht natürlich ganz logisch vor. Zuerst begutachtet er die Lok, von der kommt das Geräusch nicht, die Lok kann also vernachlässigt werden. In jedem Wagen rumpelt es genauso, also kann das Problem auf einen reduziert werden. Er horcht erneut: Das Rumpeln kommt von unten. Also kann auch der Oberbau vernachlässigt werden. Der Unterbau besteht aus Achsen und Rädern. Die Achsen müssten gut geschmiert sein. Bleiben die Räder. Die Räder können mit guter mathematischer Präzision als Kreise beschrieben werden. Kreisflächeninhalt ist Pi R Quadrat. Pi ist eine Konstante, die rumpelt nicht. Man kann davon ausgehen, dass nach einer Weile Fahrt auch der Radius konstant ist. Man kann also beides wegstreichen. Was bleibt übrig? Das Quadrat! Und dass ein Quadrat rumpelt, ist ja klar!

Auf der Uni-Toilette. Student: „Ach, Herr Professor! Endlich treffe ich Sie mal an einem Ort, wo ich mir Ihnen gegenüber auch mal was 'rausnehmen darf ...!"
Der Professor: „Was Sie nicht sagen ... so, wie ich Sie kenne, werden Sie auch hier wieder den Kürzeren ziehen!"

Die Physikprüfung. Prüfer: „Wenn ich Ihnen jetzt ein Barometer gäbe, wie würden Sie damit die Höhe dieses Hauses messen?“
Prüfling: „Ich würde damit aufs Dach gehen, es fallen lassen und die Sekunden zählen!“

„Nun, Else“, fragt der Professor zerstreut sein Hausmädchen, „wie haben Sie Ihren freien Abend verbracht? Waren Sie im Kino?“
„Nein, ich war im Bett!“
„So, so, und war es gut besucht?“

Ein Architekt, ein Physiker und ein Mathematiker haben die Aufgabe bekommen, mit einer bestimmten Länge Zaun eine Schafherde einzuzäunen. Der Architekt macht einige Skizzen und fängt an. Der Zaun war ihm aber leider zu kurz. Der Physiker berechnet und berechnet, gibt dann aber auch auf. Der Mathematiker nimmt nun einige Latten und baut einen Zaun um sich. Dann kommt er zu der Erkenntnis: „Ich definiere: Ich befinde mich außerhalb des Zauns.“

Ein Student, der im Examen durchgefallen ist, mailt seinem Bruder: „Nicht bestanden. Bereite Vater vor.“
Der Bruder schreibt zurück: „Vater vorbereitet. Bereite dich vor.“

Ein Physikprofessor erklärt seiner Klasse ein besonders komplexes Konzept, als ein entgeisterter Student ihn unterbricht.
„Wozu lernen wir eigentlich den Mist?“, ruft der junge Mann.
„Um Leben zu retten“, antwortet der Professor und macht dann weiter.
Ein paar Minuten später meldet sich der Student erneut.
„Wie kann die Physik denn Leben retten?“
Der Professor schaut den Studenten eine Weile an.
„Physik rettet Leben“, sagte er, „denn sie hält die Idioten aus der Medizin heraus.“

Ein Mathematiker schenkt seiner Frau einen wunderbaren großen Strauß Rosen und sagt: „Ich liebe dich!“ Sie nimmt die Rosen, haut sie ihm um die Ohren, gibt ihm einen Tritt und wirft ihn aus der Wohnung. Was hat er falsch gemacht? Er hätte sagen müssen: „Ich liebe dich und nur dich!“

Was haben Professoren mit Bankräubern und Astronauten gemeinsam?
Alle drei Berufsgruppen legen Wert auf den größtmöglichen Abstand zwischen Wohnort und Arbeitsplatz.

Ein Manager kommt jeden Tag auf dem Weg zur Arbeit am Stammplatz eines Obdachlosen vorbei. Dabei wirft er ihm immer einen Euro in den Hut.
Eines Tages gibt er dem Bettler nur noch 50 Cent.
„Hey Chef, was ist los?", will der wissen.
„Mein Sohn geht jetzt auf die Uni, da muss ich sparen", sagt der Manager.
„Unerhört!" murmelt der Bettler, „lässt seinen Sohn auf meine Kosten studieren ..."

Der Student schreibt eine Mail an seinen Vater:
Wo bleibt das Geld?
Antwort vom Vater: Hier ...!

Examen. Physik wird geprüft. Auf der Heizung liegt ein Ziegelstein. Der Student betritt den Raum. Der Professor fragt: „Warum ist der Stein auf der von der Heizung abgewandten Seite wärmer?"
Der Prüfling: „Vielleicht wegen der Wärmeleitung und so?"
Der Professor: „Falsch, sondern weil ich ihn gerade umgedreht habe."

Der Professor während der Prüfung: „Zeichnen Sie einen waagerechten Strich an die Tafel, verlängern Sie diesen nun über die Wand bis zur Tür und schließen Sie diese leise von außen!"

 „Was ist Betrug?", fragt der Professor den Jurastudenten.

Der Mathematiker fragt seinen Kollegen: „Was ist denn mit deiner süßen kleinen Freundin, der Mathematikerin?“
Der antwortet: „Die habe ich verlassen, ich habe sie angerufen, und sie erzählt mir, dass sie im Bett liegt und sich mit drei Unbekannten rumplagt ...“

Ein Prüfling ist gerade durchgefallen und verlässt das Gebäude, als von oben sein Prüfer runterruft:
„Sie haben doch bestanden, der hier ist noch viel schlechter ...“

Der Professor der Chemie sagt bei seinem Experiment zu den anwesenden Studenten: „Wenn ich nicht sehr vorsichtig bin, dann fliegen wir alle in die Luft. Bitte treten Sie doch etwas näher, damit Sie mir besser folgen können.“

Ein Mathematiker will seinen neuesten Beweis als Bild aufhängen, blöderweise ist aber niemand da, der den Nagel dafür in die Wand haut. Also greift er zu Leiter, Nagel und Hammer und hält den Nagel mit dem Kopf zur Wand. Gerade als er zuschlagen will, schaut er noch mal genau hin und stutzt. Er überlegt und überlegt und überlegt. Nach mehreren Minuten konzentrierten Nachdenkens hat er des Rätsels Lösung: „Das ist ein Nagel für die gegenüberliegende Wand!“

„Kennen wir uns nicht?“, begrüßt der Professor den aufgeregten Studenten bei der mündlichen Prüfung.
„Ja, Herr Professor, vom letzten Mal. Ich wiederhole heute.“
„Gut. Wie lautete denn das letzte Mal die erste Frage?“ will der Professor wissen.
„Kennen wir uns nicht?“

„Du studierst jetzt schon im 16. Semester Medizin, mein Sohn. Wann gedenkst du eigentlich mal Arzt zu werden?“
„Ach Papa, ich lasse mir absichtlich Zeit mit dem Studium. Die meisten Patienten haben einfach mehr Vertrauen zu älteren Ärzten.“

Ein Mann muss Steuern zahlen und lässt sich beraten:
Der Steuerfachgehilfe fragt: „Was haben Sie denn verdient?“
Der Jurist fragt: „Was hatten Sie an Sonderabschreibungen, Ausgaben, Unterhaltszahlungen ...“
Der Physiker fragt: „Was sind Steuern?“
Der BWLer fragt: „Wie viel wollen Sie denn zahlen?“

Entweder ich betreibe Mathematik, dann muss ich die Wirklichkeit vergessen – oder ich betreibe Physik, dann muss ich die Mathematik vergessen.

 „Was ist Betrug?“, fragt der Professor den Jurastudenten.

Wenn ein Mathematiker wählen kann zwischen einem belegten Brötchen und ewiger Seligkeit, was nimmt er? Natürlich das Brötchen: Nichts ist besser als ewige Seligkeit, aber ein belegtes Brötchen ist besser als nichts!

Ein Physikstudent, ein Mathematikstudent und ein Medizinstudent bekommen von ihren Professoren jeweils ein Telefonbuch vorgelegt.
Der Physikstudent: „Ich kann aus diesen Messergebnissen nicht auf den Versuch schließen, und damit ist das Ergebnis zu ungenau und wertlos!"
Der Mathematikstudent: „Diese Nummern lassen sich nicht als mathematische Reihe zusammenfassen, damit sind sie per Definition Definitionen. Und ohne Zusammenhang sind diese Definitionen wertlos."
Der Medizinstudent schaut den Professor verzweifelt an und fragt: „Bis wann soll ich die können?"

Dringender Anruf bei der Bahndirektion:
„Hallo, hallo! Auf dem Bahndamm liegt ein Gleis!"
Darauf antwortet der Bahnangestellte:
„Das ist auch gut so!" – und legt auf.
Zehn Minuten später ist der gleiche Anrufer wieder dran:
„Jetzt haben Zug den almen alten Mann übelfahlen!"

„Was ist Betrug?", fragt der Professor den Jurastudenten.

Worin besteht der Unterschied zwischen einem Architekten und einem Bauingenieur?
Ein Architekt baut eine Brücke, die stürzt ein, und er weiß warum.
Ein Bauingenieur baut eine Brücke, die nicht einstürzt, und er weiß nicht warum.

Ein Professor und seine Studenten stehen um eine aufgebahrte Leiche, der Professor fragt die Studenten: „Müller, woran ist der Mann gestorben?"
Müller: „Klarer Fall, Herzinfarkt."
Professor: „Falsch! Schulze, woran ist der Mann gestorben?"
Schulze: „Gehirntumor, zu spät erkannt, tot."
Professor: „Total falsch! Meier, woran ist der Mann gestorben?"
Meier: „Säuferleber, Leberzirrhose."
Professor: „Woher wissen Sie das so genau?"
Meier: „Ich werd doch noch meinen Vater kennen!"

Jeden Morgen, wenn der Professor in sein Labor kommt, ist die Flasche mit dem selbst hergestellten Alkohol leer – ausgetrunken. Eines Tages platzt dem Professor der Kragen. Er schreibt einen Zettel: „Macht blind!" und klebt ihn auf die Flasche. Am nächsten Morgen kommt er ins Labor, die Flasche mit dem Alkohol ist wieder halb leer. Unter seinem Zettel klebt ein weiterer mit dem Satz: „Ein Auge riskiere ich!"

# Lehrer: „Paul, bilde einen Satz mit Pferd und Wagen!“

Lehrer: „Paul, bilde einen Satz mit Pferd und Wagen!“
„Das Pferd zieht den Wagen.“
„Gut, und nun die Befehlsform!“
„Hü!“

Der Lehrer zu Fritzchen: „Nenn mir mal ein paar Tiere!“
Fritzchen zählt auf: „Häschen, Hündchen, Pferdchen ...“
Der Lehrer verbessert: „Lass doch das ‚chen‘ weg.“
Darauf Fritzchen: „Eichhörn.“

Der Lehrer fragt seine Schüler: „Wer kennt die Weinsorte, die am Fuße des Vesuvs wächst?“
Da antwortet eine Schülerin: „Glühwein!“

Junglehrer Schulze fragt seine Flamme: „Willst du mich heiraten?“
Sie haucht beglückt: „Ja.“
Er: „Antworte bitte mit einem ganzen Satz.“

In der Schule. „Hast du gehört? Unser Direktor ist gestorben.“
„Ja, und ich frage mich die ganze Zeit, wer da mit ihm gestorben ist.“
„Wieso mit ihm?“
„Na, in der Anzeige stand doch: Mit ihm starb einer unserer fähigsten Mitarbeiter ...“

Lehrer: Oh Mann, es ist kaum zu glauben, dass dieses Niveau noch gesenkt werden kann, aber es passiert dann doch immer wieder.

Der Pfarrer fragt in der Sonntagsschule: „Was müsst ihr zuerst tun, damit euch eure Sünden vergeben werden?“
Der kleine Peter antwortet brav: „Zuerst sündigen, Herr Pfarrer ...“

 Lehrer: „Paul, bilde einen Satz mit Pferd und Wagen!“

Der Lehrer erzählt den Kindern: „Der Mensch kann also mit der Nase riechen, mit den Füßen laufen, mit dem Mund reden und mit den Händen arbeiten.“ Meldet sich aufgeregt Fritzchen. „Ja, Fritzchen, was möchtest du sagen?“
„Das ist aber bei dem Herrn Meier, der neben uns wohnt, ganz anders. Bei dem riechen die Füße, läuft die Nase, arbeitet das Mundwerk und reden tut der mit den Händen!“

„Ich kann einfach nicht glauben, dass meine Tochter im Rechnen wirklich eine Sechs verdient hat“, beschwert sich die Mutter beim Lehrer. „Ich auch nicht“, antwortet dieser, „aber es ist nun mal die schlechteste Note, die ich vergeben kann.“

Interessiert erkundigt sich der Vater: „Na, Bub, wie war's heute im Chemieunterricht?“
„Gar nicht langweilig“, erzählt der Junge, „in Chemie haben wir heute gelernt, wie man Sprengstoff herstellt!“
„Und was habt ihr morgen in der Schule?“
„Welche Schule?“

Die Lehrerin stellt Susi eine Frage und bekommt zur Antwort: „Sie sind aber vergesslich. Gestern haben Sie mich doch schon dasselbe gefragt, und ich habe Ihnen gesagt, dass ich es nicht weiß!“

„Ich will nicht in die Schule!"
„Aber du musst in die Schule!"
„Die Schüler mögen mich nicht, die Lehrer hassen mich, der Hausmeister kann mich nicht leiden, und der Busfahrer kann mich nicht ausstehen."
„Jetzt reiß dich bitte zusammen: Du bist jetzt 45 Jahre alt und der Direktor, du musst in die Schule!"

Die hübsche Schülerin zum Lehrer: „Glauben Sie mir, ich würde wirklich alles tun, um versetzt zu werden!"
Der Lehrer hakt nach: „Wirklich alles?"
Sie beugt sich zu ihm und haucht: „Ja, alles!"
Lehrer: „Würdest du auch lernen?"

Ferdi betet: „Lieber Gott, du kannst doch alles, darum mache Rom zur Hauptstadt von Frankreich, denn das habe ich heute in meiner Erdkundearbeit geschrieben."

„Dagobert, kennst du den Ärmelkanal?"
„Tut mir leid, Herr Lehrer, wir haben noch kein Kabelfernsehen."

„Willie", fragt der Deutschlehrer, „was meint man mit der inneren Stimme des Menschen?"
„Das Magenknurren."

 Lehrer: „Paul, bilde einen Satz mit Pferd und Wagen!"

Lehrerin: „Wenn ich sage: ‚ich bin krank‘, was ist das für eine Zeit?“
Max: „Eine sehr schöne Zeit!“

In der Schule fragt der Lehrer: „Wer kann mir die drei Eisheiligen nennen?“
Meldet sich Peter: „Langnese, Schöller und Dr. Oetker!“

„Dekliniere ‚Werwolf‘!“
„Der Werwolf, des Weswolfs, dem Wemwolf, den Wenwolf.“

„Mama, seit Papa mir nicht mehr bei den Hausaufgaben hilft, sind die immer richtig!“

„Robert“, stellt der Lehrer den notorischen Schulschwänzer zur Rede, „wo warst du schon wieder die letzte Stundc?“
„Ich hab ein kleines Nickerchen gemacht!“
„Wie bitte?“, fragt der Lehrer verblüfft, „während des Unterrichts?“
„Aber klar! Schließlich hat mich das Lernen ermüdet!“

Zwei Jungen stehen vor dem Standesamt und betrachten interessiert ein Brautpaar.
„Was meinst du“, sagt der eine, „wollen wir die mal erschrecken?“
„Gute Idee“, sagt der andere, läuft auf den Bräutigam zu und ruft: „Hallo, Papa!“

„Gute Nachrichten, Mami, du hast mir doch zehn Euro versprochen, wenn ich doch noch 'nen Vierer in Mathe kriege.“
„Ja, und?“
„Schon wieder Geld gespart!“

„Wenn du es schaffst, in die nächste Klasse zu kommen, machen wir eine schöne Reise miteinander“, verspricht der Vater.
Heiner freut sich, beugt aber gleich vor: „Prima, Papa, aber zu Hause ist es doch auch ganz schön.“

„Mal zuhören. Es gibt direkte und indirekte Steuern“, erklärt der Lehrer seiner Klasse. „Die Einkommenssteuer ist eine direkte Steuer. Nenn mir jetzt eine indirekte Steuer.“
„Die Hundesteuer“, tönt es aus der vorletzten Bank.
„Wieso das denn?“
„Sie wird nicht direkt vom Hund bezahlt!“


Lehrer: „Paul, bilde einen Satz mit Pferd und Wagen!“

„28 Fehler, Wolf-Dieter. Kannst du mir erklären, wie auf eine einzige Seite deiner Hausaufgaben 28 Fehler kommen können?“
„Das kann ich mir auch nicht erklären. Der Schulranzen lag jedenfalls die ganze Nacht über verschlossen in meinem Zimmer.“

„Also, das ist doch ...“, stottert die Musiklehrerin, als sie den Geigenkasten des Schülers geöffnet hat, „du kommst mit einer Maschinenpistole zum Unterricht?“
„Ach du lieber Himmel“, murmelt der Schüler und wird bleich, „jetzt steht mein Vater mit der Geige in der Stadtsparkasse!“

Der Lehrer fragt die Kinder: „Wer kann mir ein Beispiel dafür nennen, dass Ehrlichkeit am längsten währt?“
„Ich, Herr Simon“, antwortet Mäxchen, „Wenn ich die Rechenaufgaben abschreibe, bin ich schnell fertig, wenn ich sie allein mache, dauert es viel länger.“

„Also ich muss schon sagen, dein Zeugnis lässt viel zu wünschen übrig!“
„Prima, Papa, dann wünsch ich mir ein Fahrrad!“

„Dein Zeugnis gefällt mir überhaupt nicht, Sabine!“
„Mir auch nicht, Papa. Aber es ist doch schön, dass wir den gleichen Geschmack haben!“

„Gehst du denn schon in die Schule?“, fragt der Onkel seinen kleinen Neffen Fritz.
„Na klar“, erwidert der stolz.
„So, so“, fragt der Onkel weiter, „und was machst du so in der Schule?“
„Ich warte, bis sie aus ist.“

„Graham Bell und Samuel Morse waren wahrhaft große Männer“, berichtet Lehrer Müller. „Nicht nur, dass sie das Telefon und den Morseapparat erfunden haben, nein, beide haben sich auch nicht gescheut, taubstumme Frauen zu heiraten. Weist das nicht auf große, tolerante und fürsorgliche Geister hin?“ Meldet sich Peter zu Wort: „Ich würde sagen, es beweist eher, dass Männer wirklich Großartiges leisten können, wenn sie zu Hause ihre Ruhe haben.“

„Der Aufsatz über die Milch sollte doch zwei Seiten lang werden! Warum ist deiner nur eine halbe Seite lang?“
„Ich habe über Büchsenmilch geschrieben!“

„Du, Papi“, sagt der Sohn nachmittags zu Hause, „ich war im Biologieunterricht der Einzige, der sich gemeldet hat!“
Darauf der Vater: „Na prima, mein Junge, was wollte der Lehrer denn wissen?“
Franz: „Wer von uns ein paar Läuse in die Schule mitbringen kann!“

„Finden Sie nicht auch, dass mein Sohn außergewöhnlich begabt ist?“, fragt eine Mutter die Lehrerin ihres Sprösslings. „Er hat immer so originelle Einfälle.“
„Stimmt“, bestätigt die Lehrerin, „besonders in der Rechtschreibung!“

„Max“, fragt der Lehrer, „wo wurde der Friedensvertrag von 1919 unterschrieben?“
Hans: „Unten rechts!“

„Wie nennt man jemand, der unverheiratet ist?“
„Ledig, Frau Strelow!“
„Und jemand, der verheiratet ist?“
„Erledigt!“

Ein schottischer Lehrer erklärt im Chemieunterricht die Wirkung von Säuren. „Hier in diese Säure werfe ich ein Geldstück. Wird es sich auflösen?“
„Nein“, rufen die Schüler einstimmig.
„Sehr gut! Und warum nicht?“
„Weil Sie es dann nicht hineinwerfen würden.“

„Herr Lehrer, können Sie mir erklären, was ein Kreistier ist?“, fragt Michael.
„Ein Kreistier? Das gibt es doch gar nicht?“
„Gibt es doch. Es heißt doch schließlich ‚Kreistierarzt‘.“

„Hier ist die Addition, Herr Lehmann, die ich machen sollte. Ich habe sie zehnmal nachgerechnet.“
„Da warst du aber fleißig.“
„Ja, hier sind die zehn Ergebnisse!“

„Hitze dehnt aus, Kälte zieht zusammen. Wer weiß ein Beispiel?“
„Die Ferien im Sommer dauern sechs Wochen, die im Winter nur zwei!“

Was ist der Unterschied zwischen Lehrern und Gott?
Gott weiß alles, Lehrer wissen alles besser!

 Lehrer: „Paul, bilde einen Satz mit Pferd und Wagen!“

Der Vater ist sehr von Bernhard enttäuscht: „Ich hatte dir doch sogar ein Auto versprochen, wenn du das Abitur bestehst, und dennoch bist du jetzt durchgefallen. Was hast du nur die ganze Zeit getan?“
„Ich habe den Führerschein gemacht.“

Die Versetzung in die 2. Klasse ist fraglich. Die letzte Chance ist die Prüfung beim Direktor.
Direktor: „Also, Fritz, buchstabier doch mal ‚Papa‘.
Peter: „Papa.“
Direktor: „Gut, bestanden. Lieschen, buchstabier mal ‚Mama‘.“
Lieschen: „Mama.“
Direktor: „Gut, bestanden. Nun zu dir, Göran, buchstabier mal ‚Ausländerdiskriminierung‘ ...“

„Kann mir einer sagen, ob man sexuelle Erregung auch hören kann?“, fragt der Lehrer im Sexualkunde-Unterricht.
„Na klar!“, antwortet der kleine Kurt, „so was nennt man ‚Stoßseufzer‘!“

„Moritz, du hast die gleichen sechs Fehler im Diktat wie dein Tischnachbar. Wie erklärt sich das wohl?“
Moritz: „Ganz einfach. Wir haben denselben Lehrer!“

„Mami, wo ist mein Hemd von gestern?“, fragt Horst.
„In der Wäsche!“, antwortet die Mutter.
„Ich bin verloren, auf dem Ärmel standen alle römischen Kaiser, und morgen schreiben wir die Klausur!“

Der Lehrer behandelt in der Klasse die drei Steigerungsgrade:
„Werner, steigere bitte das Wort ‚leer‘!“
Werner beginnt: „Leer, leerer“, dann stockt er, und plötzlich strahlt er über das ganze Gesicht: „Oberlehrer!“

„Na, Maximilian“, fragt der Lehrer, „was verstehst du unter Notwehr?“
„Wenn ich mein Zeugnis selbst unterschreibe!“

„Na, Robert, wie gefällt es dir in der Schule?“, erkundigt sich die rührige Tante Mechthild.
„Prima, nur die vielen Stunden zwischen den Pausen langweilen mich furchtbar!“

„Sexualkunde hat ihre eigenen Probleme“, jammerte neulich der Lehrer. „Eine meiner Schülerinnen wurde schwanger, und jetzt habe ich keine Ahnung, ob ich sie tadeln oder loben soll.“

 Lehrer: „Paul, bilde einen Satz mit Pferd und Wagen!“

„Na, wie hat dir mein Kuchen geschmeckt?“, fragt die Oma ihren kleinen Enkel Friedhelm.
„Den habe ich der Lehrerin geschenkt“, antwortet er.
Ob sie denn auch den Kuchen gelobt hätte, will Oma von Martin wissen.
„Weiß ich nicht. Seitdem fehlt sie.“

Der Lehrer erklärt: „Wörter die mit ‚un‘ anfangen, bedeuten immer etwas Schlechtes, wie z. B. Unfrieden oder unangenehm. Nennt mir noch ein Beispiel.“
Mäxchen meldet sich und sagt: „Ich kenn noch eins: Unterricht!“

„Herr Schulze“, fragt Herrmännchen den Klassenlehrer, „kann man für etwas bestraft werden, was man nicht getan hat?“
„Natürlich nicht. Das wäre ungerecht.“
„Das ist prima“, sagt Herrmännchen. „ich habe nämlich meine Hausaufgaben nicht gemacht!“

„Was ist wichtiger für uns, die Sonne oder der Mond?“, fragt die Lehrerin im Unterricht.
„Natürlich der Mond“, antwortet Christa, „denn der leuchtet in der Nacht, wenn es dunkel ist, am Tag ist es sowieso hell.“

„Warum hast du gestern im Unterricht gefehlt?“, will der Lehrer von Thomas wissen.
„Weiß ich nicht“, erklärt Thomas, „aber hier ist die Entschuldigung, ich hab sie nur noch nicht gelesen!“

„Welcher Vogel baut kein eigenes Nest?“, fragt der Lehrer den Fritz.
„Der Kuckuck!“
„Richtig. Und warum nicht?“
„Weil er in einer Uhr wohnt!“

Geschichtsunterricht. Die Lehrerin will wissen:
„Welches wichtige Ereignis fand im Jahre 1483 statt?“
Mäxchen meldet sich:
„Da wurde Luther geboren.“
„Sehr gut. Und was geschah 1492?“
„Da wurde Luther neun Jahre!“

Zum Besuch des Sexualkundeunterrichts musste jeder Schüler einen von den Eltern unterschriebenen Schein mitbringen, dass er den Unterricht besuchen darf. Ein Junge sagte zum Lehrer, als er ihm den Schein gab:
„Meine Mama sagt, dass ich mitmachen darf, solange es keine Hausarbeiten gibt.“

 Lehrer: „Paul, bilde einen Satz mit Pferd und Wagen!“

„Wer hat für dich die Hausaufgabe gelöst?“, fragt der Lehrer streng.
„Das weiß ich doch nicht“, antwortet Karlchen. „Ich musste gestern Abend schon früh ins Bett.“

„Warum hast du kein Zeugnis?“
„Das habe ich Kurt mitgegeben, der will seine Eltern damit erschrecken.“

Lehrer: „Hört mal! Es gibt zwei Wörter, die ich nie mehr von euch hören will. Das eine ist ‚affengeil‘ und das andere ‚saudoof‘!
Schüler meldet sich: „Geht in Ordnung. Wie heißen die beiden Wörter?“

„Dankmar, was weißt du von den alten Römern?“, fragt der Lehrer. Dankmar überlegt kurz und sagt dann: „Sie sind alle tot.“

In der Klasse der ABC-Schützen hebt Ursula die Hand: „Hier stinkt es!“
„Man sagt nicht: es stinkt, sondern: es riecht!“, belehrt die Lehrerin.
„Ja, aber hier riecht es so, als ob es stinkt“, wehrt sich Ursula.

Die junge Referendarin hat ihre erste Lehrprobe. Sie schreibt an die Tafel: „Im Herbst werden alle Blätter braun." Dann fordert sie den kleinen Klaus auf, den Satz vorzulesen. Klaus stottert ein bisschen herum und liest schließlich: „Mann, ist das ein steiler Zahn!" Die Referendarin schnappt nach Luft und schickt Klaus vor die Tür. Beim Herausgehen dreht sich Klaus zur Prüfungskommission um und sagt beleidigt: „Wenn Ihr mir noch einmal falsch vorsagt, dann gehe ich nie wieder zur Schule!"

„Warum bewundern wir heute immer noch die alten Römer?", will der Lehrer wissen.
Uschi vermutet: „Weil sie fließend Latein sprachen."

Die Schulklasse ist zusammen mit ihrem Lehrer fotografiert worden. Der Lehrer empfiehlt seinen Schülern, sich Abzüge machen zu lassen.
„Stellt euch vor, wie nett es ist, wenn ihr nach dreißig Jahren das Bild wieder zur Hand nehmt und sagt: Ach, das ist ja der Dankmar, der ist jetzt auch Lehrer; und das ist doch Willi Reisner, der ist Bäcker geworden; und da steht doch der Ulrich, der ist nach Amerika ausgewandert ..."
Da ist aus der letzten Reihe eine Stimme zu hören: „Und das war unser Lehrer, der ist schon lange tot!"

 Lehrer: „Paul, bilde einen Satz mit Pferd und Wagen!"

Der Schüler Peter schläft im Unterricht.
Der Lehrer weckt ihn: „Ich kann mir nicht vorstellen, dass das der richtige Platz zum Schlafen ist!"
Darauf Peter: „Ach, es geht schon. Wenn Sie noch etwas leiser sprechen!"

Der Schulinspektor besucht eine Schule und fragt Franz: „Was weißt du über den Zerbrochenen Krug von Kleist?" Franz stottert verlegen: „Ich schwöre, ich war es wirklich nicht!"
Empört sagt der Inspektor zum Lehrer: „Herr Kollege, der Schüler Franz weiß nichts über den Zerbrochenen Krug von Kleist – was sagen Sie dazu?" Darauf der Lehrer: „Also eines ist sicher: Wenn der Franz sagt, er war es nicht, dann stimmt das, denn der sagt die Wahrheit." Der Inspektor kann es nicht fassen und geht zum Direktor. Er fragt ihn: „Herr Direktor, was ist an Ihrer Schule los – Franz weiß nichts über den zerbrochenen Krug von Kleist und sein Lehrer genauso wenig!"
Der Direktor zückt den Geldbeutel, nimmt 10 Euro heraus, gibt sie dem Schulinspektor und meint: „Können wir die Angelegenheit damit als erledigt betrachten?"
Der Inspektor kann das nicht fassen, er fährt nach Berlin zur Bundesbildungsministerin und berichtet über die Zustände an dieser Schule: „… und stellen Sie sich vor, der Schulleiter gibt mir 10 Euro!", schließt er.
Darauf die Frau Ministerin: „Dann wird er es wohl gewesen sein."

Die Klasse wird vom Religionslehrer geprüft:
„Gegen welches der Zehn Gebote hat sich Adam versündigt, als er im Paradies den Apfel aß?“
„Gegen gar keins“, ruft Helmut.
„Wieso nicht?“, fragt der Lehrer.
„Weil es damals die Zehn Gebote noch gar nicht gegeben hat“, klärt der schlaue Helmut auf.

Der Lehrer schimpft: „Ich hoffe, dass ich dich nicht noch einmal beim Abschreiben erwische, Fränzchen!“
„Das hoffe ich auch ...“

„Und was geschieht, wenn du eins der Zehn Gebote brichst?“, erkundigt sich der Pfarrer in der Religionsstunde.
Kläuschen meint nach kurzem Überlegen:
„Na, dann sind es eben nur noch neun!“

„Was halten Sie als Lehrer davon, dass immer jüngere Schülerinnen sich schminken?“
„Das ist schon in Ordnung, die heulen wenigstens nicht, wenn man schlechte Noten verteilt.“

 Lehrer: „Paul, bilde einen Satz mit Pferd und Wagen!“

Lehrer zum Schüler: „Sag deinem Großvater, er soll morgen zu mir in die Schule kommen."
„Nicht mein Vater?"
„Nein, ich möchte deinem Großvater zeigen, wie viele Fehler sein Sohn in deiner Hausarbeit gemacht hat."

Zwei Schuljungen unterhalten sich: „Was nehmt ihr den grade in der Schule durch?"
„Das Kapital von Karl May."
„Aber das ist doch nicht von Karl May, sondern von Karl Marx!"
„Ach so, deshalb! Wir sind schon auf Seite 200, und noch keine Indianer."

„Bei uns in Deutschland ist die Kinderarbeit verboten", erklärt Gruppenleiter Franz in der Pfadfinderstunde.
„Das ist doch ein Ding, und warum wissen das unsere Lehrer nicht?"

Die Schüler einer Klasse schreiben einen Aufsatz zum Thema, ‚Wenn ich Aufsichtsratsvorsitzender wäre'. Alle schreiben eifrig, nur Herbert nicht, der schaut aus dem Fenster.
Die Lehrerin fragt: „Warum schreibst du nicht?"
Herbert antwortet: „Weil ich auf meine Sekretärin warte."

# Jemand fragt den Sozialarbeiter ...

Jemand fragt einen Sozialarbeiter: „Entschuldigen Sie, können Sie mir sagen, wie ich zum Bahnhof komme?“ Der Sozialarbeiter antwortet: „Nee du, das kann ich dir auch nicht sagen. Aber warte kurz, ich fahre dich hin.“

Drei Mütter unterhalten sich angeregt über ihre Söhne.
Die erste ganz stolz: „Mein Sohn ist Kaplan, den grüßen alle mit Herr Kaplan!“
Drauf die zweite: „Das ist doch gar nichts, mein Sohn ist Bischof, den grüßen alle mit Exzellenz!“
Die dritte Mutter etwas zerstreut: „Ich weiß nicht, immer wenn ich erzähle, dass mein Sohn Sozialarbeiter ist, sagen alle: ach du lieber Himmel!“

Fritzchen geht in die 2. Klasse. Die Eltern sind beide Sozialpädagogen.
Die Lehrerin fragt Fritzchen „Was ist 4 plus 5?“
Fritzchen: „Die Antwort ist 9 – aber ich möchte es lieber vortanzen ...“

Klient: „Meine Frau glaubt, sie sei ein Huhn.“
Sozialarbeiter: „Nun, sie sollte auch mal zu mir kommen, vielleicht kann ich ihr helfen.“
Klient: „Ich würde sie ja gerne zu Ihnen schicken, aber wir brauchen die Eier.“

Zwei Sozialpädagogen begegnen sich in der Stadt.
Der eine fragt den anderen: „Weißt du, wo der Bahnhof ist?“
„Nein, leider kann ich dir das nicht sagen.“
Der erste meint: „Macht nichts – aber ich fand es schön, dass wir darüber reden konnten.“
Am nächsten Tag begegnen sich die beiden erneut.
Fragt der eine den anderen: „Wie ist es, hast du den Bahnhof inzwischen gefunden?“
Der andere antwortet: „Nein, aber ich kann jetzt damit umgehen.“

Klient: „Ich habe das Gefühl, dass keiner was mit mir zu tun haben will.“
Sozialarbeiter: „Der Nächste bitte.“

Eine Bürgerin betritt das Sozialamt, gefolgt von 10 Kindern.
„Wow“, sagt die Sozialarbeiterin verblüfft, „sind das alle Ihre?“
„Ja, alle sind die Meinen“, sagt die gestresste Mutter, die diese Frage bestimmt schon tausendmal gehört hat. Sie dreht sich zu den Kindern um und befiehlt: „Setz dich hin, Sascha!“, und alle Kinder setzen sich.
„So“, sagt die Sozialarbeiterin, „jetzt müssen wir gemeinsam diesen Antrag ausfüllen. Ich brauche die Namen aller Kinder.“
„Dieser hier ist der Älteste, das ist Sascha.“
„Gut. Der nächste?“
„Der hier heißt auch Sascha.“
Die Sozialarbeiterin ist verdattert, stutzt, und schreibt weiter. Ein Sohn nach dem anderen wird aufgerufen, alle heißen Sascha.
Dann ist die älteste Tochter dran. Sie heißt auch Sascha.
„Gut“, sagt die Sozialarbeiterin, „ich erkenne ein Muster, alle Kinder heißen also Sascha?“
„Ja, das macht das Leben einfacher“, sagt die Mutter. „Wenn es für die Kinder Zeit ist aufzustehen und in die Schule zu gehen, rufe ich: ‚Sascha! Aufstehen.‘, und wenn das Abendbrot gerichtet ist, rufe ich auch nur ‚Sascha! Essen!‘, und alle Kinder erscheinen. Wenn einem der Kinder Gefahr droht, rufe ich nur ‚Sascha, Stopp!‘, und alle Kinder sind gewarnt. Die Kinder alle ‚Sascha‘ taufen zu lassen war die beste Idee, die ich je hatte.“
Die Sozialarbeiterin fragt dann nachdenklich: „Und was ist, wenn Sie nur ein Kind rufen wollen und nicht die ganze Truppe?“
„Das ist gar kein Problem, dann rufe ich sie mit ihrem Nachnamen.“

Klient: „Ich glaube, ich bin ein Hund."
Sozialarbeiter: „Seit wann glauben Sie das denn?"
Klient: „Seit ich ein Welpe war."
Sozialarbeiter: „Okay, legen Sie sich mal auf die Couch."
Klient: „Tut mir leid, aber ich darf nicht auf die Sofas."

Als Gott die Sozialpädagogen erschaffen wollte, fragte er zunächst die Steine, ob sie Sozialpädagogen werden wollten. Aber sie antworteten lapidar: „Oh nein, Herr, wir sind nicht hart genug!"

Zwei Sozialpädagogen gehen im Park an einem See spazieren. Darin rudert ein Mann wie wild mit den Armen und ruft um Hilfe. Die Sozialpädagogen gehen ungerührt weiter. Der Mann ruft immer wieder verzweifelt um Hilfe. Nichts passiert. Endlich ruft der Mann: „Hilfe, Hilfe, ich ertrinke!"
Da sagt der eine Sozialpädagoge zum anderen: „Das wurde aber auch Zeit, dass er sein Problem erkennt!"

Wer war der erste Sozialpädagoge? Christoph Kolumbus. Als er losfuhr, wusste er nicht wohin. Als er ankam, wusste er nicht, wie er dahin gekommen war. Wieder zu Hause, konnte er nicht sagen, wo er gewesen war. Und das alles mit dem Geld anderer Leute.

Ein Sozialpädagoge auf einer Safari in Afrika wird von mehreren Löwen umstellt. Halbtot vor Angst geht er in sich, um eine positive Aura aufzubauen, damit ihn die Löwen nicht fressen. Als er aus seiner Selbstreflexion aufschaut, sitzen die Löwen im Kreis und halten sich die Pfoten. Der Sozialpädagoge ist erleichtert, weil sein Glaube ans Gute gesiegt hat. Die Löwen aber singen im Chor: „Einen guten Appetit alle zusammen."

Zwei Sozialpädagogen sitzen auf einem Ast und sägen auf der dem Baum zugewandten Seite. Kommt ein Junge vorbei und sagt : „He, ihr fallt doch gleich runter!"
Ungestört arbeiten die beiden weiter. Da kracht's, und beide fallen runter. Kurz darauf kommt der Junge wieder vorbei.
Da sagt der eine Sozialpädagoge zum anderen:
„Guck mal, da kommt der Hellseher!"

Aus dem Interview eines Betroffenen mit einem Sozialpädagogen:
1. Frage: „Was ist Ihr Grundproblem?"
Antwort: „Geldmangel."
2. Frage: „Was brauchen Sie für eine bessere Jugendversorgung?"
Antwort: „Mehr Sozialpädagogen."
3. Frage: „Und was ist Ihr Ziel?"
Antwort: „Die Jugendlichen in ihrer Unabhängigkeit von den Erziehenden zu bestärken."

Ein Sozialarbeiter steigt in ein Taxi. Der Fahrer fragt: „Wo möchten Sie denn hin?“
Darauf der Sozialarbeiter: „Egal – ich werde überall gebraucht!“

Was sagt ein arbeitsloser Sozialarbeiter zu einem arbeitenden Sozialarbeiter?
„Zwei BigMac und eine Cola, bitte.“

„Guten Tag, hier ist die psychiatrische Hotline. Wenn Sie zwanghaft neurotisch sind, dann drücken Sie bitte ständig auf die ‚1‘.
Wenn Sie antriebsschwach sind, dann bitten Sie jemanden, die ‚2‘ zu drücken.
Wenn Sie eine gespaltene Persönlichkeit haben, drücken Sie bitte die ‚3‘, ‚4‘, ‚5‘ und die ‚6‘.
Wenn Sie unter Verfolgungswahn leiden, dann wissen wir bereits, wer Sie sind und was Sie wollen. Bitte bleiben Sie in der Leitung, damit wir Ihren Anruf zurückverfolgen können.
Wenn Sie schizophren sind, dann hören Sie bitte genau zu, und eine kleine Stimme wird Ihnen mitteilen, welche Taste Sie drücken müssen.“

Wenn Sozialarbeiter an die Regierungsmacht kämen, wie würden sie Obdachlosigkeit bekämpfen?
Mehr Brücken bauen.

Wie viele Sozialpädagogen werden benötigt, um eine Glühbirne auszuwechseln?
Nur einen, aber die Glühbirne muss auch wirklich wollen ...
Keinen, denn dafür ist kein Geld in unserem Budget.
Es ist nicht die Glühbirne, die einen Wechsel benötigt, sondern das System!
Nur einen, aber er muss zur Supervision bei einem Elektriker, um mehr über theoretische Ansätze der Elektrizität zu lernen.
Nur einen, aber wir müssen die Glühbirne da abholen, wo sie steht.
Drei: einen für die Arbeit, einen, um die Erfahrungen zu teilen, und einen zur Supervision, damit die Professionalität der Arbeit gewährleistet ist.
Einhundert: einen, um die Birne zu wechseln, und neunundneunzig, um den Papierkram zu erledigen.
Keinen. Die Glühlampe ist nicht durchgebrannt, sie erscheint nur in einem anderen Licht.
Eigentlich eh egal, da die Glühbirne sowieso wieder dem Burnout-Syndrom anheimfallen wird.
So viele, wie der Etat hergibt.

Was ist der Unterschied zwischen Gott und einem Sozialpädagogen?
Gott behauptet nicht, Sozialpädagoge zu sein.

Klient: „Ich glaube, ich bin unsichtbar."
Sozialarbeiter: „Was? Ist da jemand? Wer hat das gesagt?"

Warum werden Sozialarbeiter 300 Meter tief in der Erde begraben?
Weil sie tief im Inneren gute Menschen sind.

Was sind die wichtigsten Utensilien für einen Sozialpädagogen?
Eine Kerze, ein Räucherstäbchen, eine Kanne Tee und das Diskussionsdeckchen.

Klient: „Meine Frau glaubt, sie sei ein Kühlschrank."
Sozialarbeiter: „Keine Sorge, das geht vorbei."
Klient: „Ja, aber mich stört das blöde Licht, wenn sie mit offenem Mund schläft."

Ein Mann kommt zur Gesprächstherapie.
Mann: „Ich fühle mich nicht verstanden."
Sozialarbeiter: „Sie haben das Gefühl, dass sich Ihre Mitmenschen nicht in Sie hineinversetzen können."
Mann: „Ich weiß nicht weiter."
Sozialarbeiter: „Sie sind ratlos!"
Mann: „Ich werde mein Leben beenden."
Sozialarbeiter: „Sie denken an Selbstmord."
Mann steht auf, springt aus dem Fenster des zehnten Stockwerkes.
Sozialarbeiter: „Platsch ..."

Klient: „Meine Frau hält mich für verrückt, weil ich Würstchen mag."
Sozialarbeiter: „Das ist doch Unsinn! Ich mag auch Würstchen."
Klient: „Ja? Toll, soll ich Ihnen meine Sammlung zeigen? Ich hab' schon über hundert."

Ein Sozialarbeiter und eine Sozialarbeiterin lernen sich bei einem Wochenendseminar kennen. Zwischen ihnen funkt es, und sie verbringen das ganze Wochenende miteinander. Beim Abschied versprechen sie sich, weiterhin in Kontakt zu bleiben, denn beide wohnen weit auseinander. Die ersten Wochen schreiben sie sich noch wechselseitig, doch nach einigen Monaten lassen die Kontakte nach. Er versucht zwar, die Verbindung aufrechtzuerhalten, aber nach einiger Zeit muss er einsehen, dass es vorbei ist. Zwei Jahre später treffen sie sich zufälligerweise wieder. Ihre Leidenschaft wird neu entfacht, und nach einiger Zeit fragte er sie, warum sie damals den Kontakt abgebrochen habe. Sie erzählt ihm, dass sie von ihm schwanger geworden sei und sie eine gemeinsame Tochter hätten. Er versteht ihr Schweigen nicht, denn er hätte sie sehr gerne geheiratet. Daraufhin erzählt sie ihm, dass sie ihn auch gerne geheiratet hätte, aber nach langen Diskussionen mit ihren Eltern entschieden habe, dass es besser sei, einen Bastard zu haben, als noch einen Sozialarbeiter.

Zwei in der psychiatrischen Abteilung eines Krankenhauses arbeitende Sozialarbeiter begegnen sich auf dem Flur.
Der eine sagt höflich: „Guten Morgen."
Ein paar Schritte weiter dreht sich der andere um und grübelt: „Was hat der bloß damit gemeint?"

Ein Priester, ein Rabbi und ein Sozialarbeiter sind mit einem Flugzeug unterwegs. Wegen technischer Probleme fallen nach und nach sämtliche Triebwerke aus, und das Flugzeug beginnt abzustürzen. Der Priester fängt an zu beten, der Rabbi liest in seiner Thora, und der Sozialarbeiter organisiert eine Selbsthilfegruppe für Opfer von Flugzeugkatastrophen.

Ein Sozialarbeiter trainiert in einem Altersheim das Gedächtnis der Heimbewohner.
Der Sozialarbeiter fragt die Teilnehmer: „Wie viel ist 3 mal 3?"
Der erste Rentner antwortet: „58."
Der zweite sagt: „Dienstag."
Der dritte antwortet: „Neun."
Erfreut sagt der Sozialarbeiter: „Richtig! Wie kamen Sie auf die Antwort?"
Der Dritte antwortet: „Ganz einfach, ich habe Dienstag durch 58 geteilt."

Zwei Sozialarbeiter (A und B) treffen sich:
A: „Ich muss zum Bus, kannst du mir sagen, wie spät es ist?"
B: „Nein, aber wir können gern darüber reden."
A: „Also, dafür wäre ich dir richtig dankbar, das fände ich echt spannend."
B: „Hast du schon mal in Erfahrung gebracht, wie weit in der Beziehung deine Selbsterfahrung ist?"
A: „Tut mir leid, aber mir fehlt momentan noch völlig das Feedback. Aber es ist spannend, sag ich dir!"
B: „Ich glaub eher, dass da dein Über-Ich mit dem Es in Konflikt geraten ist."
A: „Nein, über mir wohnt keiner und meiner Frau geht's auch gut."
B: „Das ist ja toll! Und wie gehst du jetzt damit um?"
A: „Oh, ich glaube, ich habe kurzfristig die Regeln der Metakommunikation falsch angewendet. Ist das so bei dir rübergekommen?"
B: „Ja, ich habe die Stimmigkeit vermisst. Aber so ein wenig emotionale Authentizität ist wirklich prima. Wie geht's dir damit?"
A: „Ich glaub, da ist methodisch noch mehr rauszuholen, bedenke doch nur mal den spannenden sozialen Aspekt der Situation, allein schon im informellen Bereich."
B: „Didaktisch gesehen habe ich den Eindruck, dass es auch die Supervision echt locker bringen würde."
A: „Supervisionen finde ich auch unheimlich spannend, vorausgesetzt, die Transaktionsakzente sind richtig gesetzt und die Metaebene ist gerade."
B: „Wunderbar, wie ich mit dir über deine Erfahrungen kommunizieren kann. Mein Eindruck ist, dass wir so harmonische Du-Botschaften rüberbringen."
A: „Ehrlich? Gut, dass wir uns eben, ohne rezeptiv zu

werden, wahre Spontaneität bewahrt haben. Freut es dich eigentlich, dass wir uns hier unterhalten?“
B: „Ja, Freud finde ich echt toll. Du erweckst aber bei mir den Eindruck, dass deine Libido ödipal besetzt ist.“
A: „Echt? Du, das muss ich sofort mit meinen Therapeuten diskutieren. Also bis bald.“
B: „Endlich mal jemand, mit dem man sich ganz normal unterhalten kann!“

Vor einer Kneipe liegt einer, bewusstlos und verwundet. Das sehen zwei Sozialpädagogen, worauf der eine zum anderen sagt: „Du, dem, der das gemacht hat, dem müssen wir echt helfen.“

Zwei Studenten der Sozialpädagogik teilen ein Zimmer. Einer wacht auf und fragt den anderen: „Du, wie spät ist es?“
Sagt der andere: „Dienstag.“
Da sagt der erste: „Ach Mann, so genau wollte ich es doch gar nicht wissen: Winter- oder Sommersemester?“

Ein Sozialpädagoge sieht sich einem Straßenräuber mit einer Pistole in der Hand gegenüber. „Geld oder Leben“, schreit der Räuber.
„Tut mir leid“, antwortet der Sozialpädagoge, „wie du siehst, besitze ich weder das eine noch das andere.“

Was haben Sozialpädagoge und Musiker gemeinsam? Beide wissen nicht, wo nächsten Monat das Geld herkommt.

> Bei einer Nachtwanderung erinnert Fritzchen seinen Vater daran, dass in dieser Gegend schon Bären gesehen worden sind. Der Vater fragt daraufhin seinen Sohn, ob er ihm zutraue, mit einem Bären fertig zu werden.
> Und der Junge antwortet: „Natürlich, du bist ein Sozialarbeiter. Du würdest vermutlich zu dem Bären sagen: ‚Setz dich hin und lass uns mal ein wenig über Dein Problem reden.'"

Ein Soziologe erklärt einem Forum die verschiedenen Gesellschaftssysteme:
Feudalismus: Keine Kühe im Besitz des Bauern.
Kapitalismus: Der Bauer hat zwei Kühe, aber das Steueramt konfisziert eine und versteigert sie.
Sozialismus: Einer hat zwei Kühe und gibt die bessere der Genossenschaft.
Kommunismus: Einer hat zwei Kühe. Der Staat nimmt sie ihm weg und gibt ihm dafür etwas von der Milch.
Planwirtschaft: Einer hat zwei Kühe, welche die Regierung abführt. Eine wird geschlachtet, für die andere ernennt sie zwei Beamte, die sie melken sollen, dabei wird die Milch sauer.

# Der Regisseur zum Schauspieler ...

Der Regisseur zum Schauspieler: „Geh auf die Brücke und spring ins Wasser!“
„Aber ich kann nicht schwimmen!“
„Das macht nichts, es ist ja eh die letzte Szene.“

Bei den Außenaufnahmen zu einem Krimi. Versehentlich wird ein mit scharfer Munition geladener Revolver eingesetzt, und der Hauptdarsteller sinkt tödlich getroffen zu Boden. Der Regisseur springt sofort aus seinem Sessel und schimpft lauthals: „Aufhören! Mensch, Kevin, lass dich nicht fallen wie ein Sack Hafermehl. Kannst du die Szene nicht etwas überzeugender spielen?“

Der Schauspielschüler ist durch die theoretische Prüfung gefallen. Nach einem Semester darf er die Prüfung wiederholen, aber er schafft es wieder nicht. Enttäuscht schüttelt er den Kopf: „Kein Wunder, das konnte auch nichts werden, der gleiche Raum, der gleiche Prüfer, die gleichen Fragen."

„Wie gefällt Ihnen mein neues Drama?",
fragt der junge, hoffnungsvolle Autor den Theaterdirektor.
„Nicht schlecht, aber ich würde den Helden am Schluss durch einen Schuss sterben lassen und nicht durch Gift."
„Warum das?"
„Damit das Publikum wieder aufwacht!"

Arzt: „Sie haben nur noch vier Monate zu leben."
Schauspieler: „Wovon denn?"

An der Theaterkasse: „Bitte zwei Karten!"
„Für ‚Tristan und Isolde'?"
„Nein, für meine Frau und für mich!"

Nach der Pause im Theater: „Entschuldigung, habe ich Ihnen vorhin auf den Fuß getreten?"
„Ja, allerdings."

„Franz, komm, ich habe unsere Reihe wiedergefunden!“
Kassiererin im Theater: „Nun kaufen Sie schon die siebte Eintrittskarte innerhalb einer Stunde!“
„Was bleibt mir denn anderes übrig? Am Eingang steht ein Kerl, der zerreißt sie mir immer wieder!“

Der Fernsehredakteur liest das Drehbuch zu einem neuen Fernsehspiel und diskutiert es mit einem Regisseur. Dann hat er den erfolgversprechenden Einfall: „Für eine 45-Minuten-Sendung gibt die Story nicht genug her. Aber ich habe eine Idee: Wir machen eine sechsteilige Serie daraus.“

Ein Nachwuchsschauspieler hat seinen ersten Auftritt hinter sich und fragt nacht der Vorstellung seine Freundin: „Was sagst du? War ich nicht einfach klasse?“
„So genau kann ich dir das nicht sagen, gerade als deine neun Worte kamen, musste ich husten.“

Es treffen sich zwei Freundinnen nach langer Zeit.
„Wo arbeitest du eigentlich?“, fragt die eine.
„Ich arbeite beim Stadttheater und bin zuständig für die Rollenverteilung!“
Die Freundin ist beeindruckt: „Das ist ja eine anspruchsvolle Tätigkeit!?“
„Es hält sich in Grenzen. Wichtig ist vor allem, dass auf jeder Toilette eine Rolle zur Verfügung steht.“

„Warum kommst du so spät zur Theaterprobe?“
„Ich musste noch abspülen!“
„Abspülen? Also, das käme mir nie und nimmer in den Sinn!“
„Mir doch auch nicht, die Idee stammt von meiner Frau!!!“

Was ist der Unterschied zwischen einem Theater und dem Bundestag? – Im Theater werden gute Schauspieler schlecht bezahlt!

Was ist paradox? Wenn ein Sopran bass erstaunt ist, dass der Tenor alt aussieht.

„Ich werde demnächst im Ausland singen“, erklärt die Sängerin voller Stolz.
Darauf der Kritiker: „Gnädige Frau, das finde ich aber sehr rücksichtsvoll von Ihnen.“

Am Abend im Theater. Ein Zuschauer ruft während der Aufführung: „Licht aus, ich will schlafen!“
Da schallt es von hinten: „Auf gar keinen Fall. Ich möchte lesen!“

Der Schauspieler steht wieder einmal besoffen auf der Bühne. Er zischt der Souffleuse zu: „Keine Einzelheiten jetzt – wie heißt das Stück?“

Im Theater stolpert Fritz über das Bein eines Herrn. Dieser schreit: „Trottel!“
„Sehr angenehm“, antwortet Fritz, „mein Name ist Meier.“

Im Theater, man spielt Richard III. Auf der Bühne steht Richard III. und ruft: „Ein Pferd! Ein Pferd! Ein Königreich für ein Pferd!“
Von der Galerie schallt es: „Würde es ein Esel nicht auch tun?“
„Sicher“, kontert der Schauspieler schlagfertig, „kommen Sie doch bitte her!“

Der alte Schlagersänger geht nach langer Zeit noch einmal auf Tournee. Zu seinem Konzert kommt nur eine Besucherin. „Heute singe ich nur für Sie, Gnädigste.“
„Dann machen Sie bitte schnell. Ich muss hier noch alles sauber machen.“

Das Provinztheater hat einen neuen Opernsänger engagiert. Obwohl er wirklich kein besonders guter Sänger ist, jubelt ihm das Publikum zu und fordert eine Zugabe nach der anderen. Der Sänger ist schon ganz heiser und kann nur noch krächzen. Trotzdem, das Publikum klatscht weiter. Da fragt eine Frau den neben ihr sitzenden Mann: „Sagen Sie mal, finden Sie diesen mittelmäßigen Tenor wirklich so gut?“
„Natürlich nicht“, erwidert der Sitznachbar, „aber heute machen wir ihn ein für alle Mal fertig.“

Heiner B. und seine Frau sitzen im Theater, die Musiker stimmen ihre Instrumente, die Zeit schleicht dahin, aber Heiner B. ist äußerst munter. Ihn reizt die Blase. Er gibt sich den entscheidenden Ruck, bettelt sich durch die enge Reihe und begibt sich auf Erkundungstour. Gang links, Gang rechts, Tür auf – erstarrte Damen in Unterwäsche – falsch – nächster Gang, Tür rechts – zu! Der Druck steigt mit der Erwartung, – da – ein leerer Raum im düsteren Licht, in der Mitte ein Tisch mit einer Vase. Mit letzter Kraft steuert Martin B. die Vase an, macht sie gestrichen voll und zieht sich schleunigst zurück. Er kämpft sich wieder auf seinen Platz, läßt sich entspannt in die Polster gleiten und fragt dann beiläufig seine Frau, ob er schon etwas verpasst hätte.
„Ach nee“, meint diese, „es kam nur der Dirigent, da war dann alles ruhig, und dann kamst du auf die Bühne und hast in die Vase gepinkelt.“

An der Theaterkasse der Volksbühne fragt eine Dame die Kassiererin unfreundlich: „Ist der Platz, den Sie mir hier zuweisen, auch wirklich ganz nah an der Bühne?“
„Selbstverständlich, gnädige Frau. Noch eine Reihe näher, und Sie stünden schon mit auf dem Programm!“

Worin besteht der Unterschied zwischen einem Irrenhaus und einem Theater? In einem Irrenhaus ist zumindest der Direktor normal.

Frau Grün stößt ihren Mann im Theater an und flüstert: „Mein Nebenmann schläft.“
Darauf Herr Grün: „Und deshalb weckst du mich?“

Ein Schauspieler sitzt vor der Kneipe und weint. Ein Kollege kommt vorbei und fragt: „Warum weinst du so, hat die Kneipe geschlossen?“
„Nein“, ist die Antwort.
„Was dann, hast du kein Geld, soll ich dir was leihen?“
„Nein, ich habe Geld wie Heu.“
„Warum weinst du dann so?“
„Ich habe keinen Durst!“

# Anruf auf dem Polizeirevier

Anruf auf dem Polizeirevier: „Hilfe, Hilfe, hier ist eine Katze im Zimmer!“
„Und deswegen rufen Sie uns an? Ja, sind Sie denn völlig bescheuert?“
„Nein, bin ich nicht, ich bin der Papagei von Hubers, Gartenstraße 43.“

Anruf bei der Funkzentrale der Polizei: „Helfen Sie mir, man hat aus meinem Wagen Lenkrad, Handbremse und Armaturenbrett geklaut!“
Minuten später meldet sich der Streifenwagen bei der Zentrale: „Die Sache ist geklärt. Der Kerl ist besoffen und sitzt auf dem Rücksitz.“

Eine riesige Menschentraube hat sich auf der Kreuzung versammelt. Ein weiterer Passant kommt hinzu und fragt: „Was ist denn hier los?!"
Der andere zuckt bedauernd die Schultern:
„Keine Ahnung, der Letzte, der es wusste, ist vor einer Viertelstunde gegangen."

Die schusselige Uschi fährt mit ihrer klapprigen Ente bei Rot über die Ampel. Ihr Pech, denn nach wenigen Metern wird sie schon von der Polizei eingeholt. Der unfreundliche Polizist verlangt Fahrzeugpapiere und Führerschein, notiert dann Uschis Personalien und meint unwirsch: „Das kostet Sie 80 Euro, gute Frau!"
Uschi gelassen: „Das ist okay, Herr Wachtmeister, der Wagen gehört Ihnen!"

Ein Polizist kommt in die Bank, stellt sich hinter den Kunden, der gerade bedient wird, und fragt: „Entschuldigen Sie, ist es Ihr Wagen, der vor der Bank mit laufendem Motor im Halteverbot steht?"
Der Bankkunde kleinlaut: „Ja!"
Der Polizist: „Dann heben Sie mal zwanzig Euro mehr ab!"

Ein Polizist mahnt den Passanten: „Sie dürfen doch nicht bei Rot über die Straße gehen. Sind Sie denn von Sinnen?"
„Nein, Herr Wachmeister, von Lüneburg."

„Sie sind mit mehr als 80 Stundenkilometern gefahren!"
„Das kann gar nicht sein, Herr Wachtmeister, vielleicht mit 50, eher aber sogar nur 30, oder sogar nur 20 oder 10."
Der Wachtmeister: „Es reicht! Zwanzig Euro wegen Falschparkens!"

Aus einem Polizeiprotokoll: „... dann durchfuhr ich mit hohem Tempo die Kurve, geriet über die Fahrbahn hinaus, durchbrach einen Gartenzaun, raste durch mehrere Blumenbeete, überschlug mich dreimal – und dann verlor ich die Gewalt über meinen Wagen."

Ein Betrunkener torkelt aus einer Kneipe auf den Parkplatz und tastet auf den Dächern der Autos dort herum. Ein Passant fragt ihn, warum er das mache.
Der Betrunkene lallt: „Ich suche mein Auto!"
Der Passant versucht zu erklären: „Guter Mann, so werden Sie Ihr Auto nie finden! Erstens erkennt man dadurch weder die Marke noch die Farbe, und das Kennzeichen können Sie so auch nicht lesen!"
Der Betrunkene: „Das macht nichts! Hick. Da muss ein Blaulicht drauf sein!"

Ein aufgeregter Wohnungsinhaber ruft bei der Polizei an: „In meinem Zimmer tickt eine Bombe."
„Wir kommen – solange sie tickt, haben Sie nichts zu befürchten!"

„Ihr Wagen ist komplett überladen! Ich muss Ihnen leider den Führerschein abnehmen," sagt der Polizist zu einem Autofahrer.
„Aber das ist ja lächerlich. Der Führerschein wiegt doch höchstens 50 Gramm!"

„Sie lügen!", verkündet der Kommissar dem Verdächtigen.
„Ganz bestimmt nicht!", wehrt sich der. „Ich war die letzten zwei Februartage wirklich in Frankfurt."
„Eben!", triumphiert der Kommissar. „Die letzten zwei Tage im Februar gibt es doch gar nicht!"

Der kleine Klaus geht eine Straße entlang und findet einen Gummiknüppel. Einige Meter weiter steht ein Polizist. Klaus fragt ihn höflich: „Ist das Ihr Gummiknüppel, Herr Polizist?"
Der Polizist schaut nach: „Nee, meinen hab ich verloren."

Am Grenzübergang: „Haben Sie etwas zu verzollen, mein Herr?"
„Ich habe nur ein halbes Reh dabei."
„Tot oder lebendig?"

„Baden ist hier verboten!“, erklärt der Polizist einer jungen Frau.
Die Frau fragt empört: „Warum haben Sie das nicht gesagt, bevor ich mich ausgezogen habe?“
Der Polizist antwortet: „Ausziehen ist nicht verboten ...“

Verkehrskontrolle. Dankmar wird von einem Polizisten aufgefordert, seine Fahrzeugpapiere und seinen Führerschein zu zeigen. Entnervt raunzt er den Polizisten an: „Leute, was habt ihr bloß für eine Unordnung in eurem Revier. Meinen Führerschein hab ich doch schon vorgestern Ihrem Kollegen gegeben!“

Der Geisterfahrer zum Polizisten: „Was heißt hier falsche Richtung? Sie wissen doch gar nicht, wohin ich will!“

Der Hauptkommissar fragt den Aufseher: „Wann haben Sie bemerkt, dass der Besucher in der Münzsammlung ein Dieb war?“
„Na, als er mir beim Hinausgehen einen Vereinstaler in die Hand drücken wollte!“

Der junge Polizist wird geprüft: „Und wie zerstreut man eine Volksmenge?“
Der Befragte: „Man nimmt die Mütze ab und sammelt!“

Angela Merkel ist Kandidatin in einer Quizsendung.
„Und nun die entscheidende Frage, Frau Merkel, wie viele Inseln gibt es in der Nordsee und wie heißen sie?"
„Es gibt sehr viele Inseln in der Nordsee und ich heiße Angela Merkel!"

Der Verkehrspolizist stoppt Klaus Plickert an der Ortsausfahrt: „Haben Sie einen Führerschein?"
„Selbstverständlich", antwortet Plickert, „wollen Sie ihn sehen?"
Der Polizist winkt ab: „Nein, danke, nicht nötig. Nur wenn Sie keinen gehabt hätten, dann hätten Sie ihn zeigen müssen!"

Ein Polizist klingelt bei Morsers an der Haustür. „Guten Tag, Frau Morser, stimmt es, dass Ihr Mann Amateurfunker ist?"
„Ja, das stimmt. Ist das etwa verboten?"
„Nein, eigentlich nicht. Aber gerade ist die gesamte NATO-Flotte ausgelaufen."

Ein Obdachloser wird von der Polizei verhört.
„Ihre Schulbildung?"
„Ich bin Analphabet."
„Was sind Sie?"
„Analphabet!"
„Buchstabieren Sie bitte!"

Ein Reporter wird von einem Polizisten vehement daran gehindert, den abgesperrten Tatort zu betreten. „Lassen Sie mich näher ran“, protestiert der Reporter, „ich muss eine Sensationsstory darüber schreiben!“
„Bleiben Sie gefälligst hinter der Absperrung“, weist der Polizist ihn erneut zurecht, „was passiert ist, können Sie doch morgen in der Zeitung lesen!“

Ein vollkommen betrunkener Mann torkelt aus der Kneipe und auf ein Auto zu, was von einem Polizisten beobachtet wird.
Der Polizist sagt: „Sie wollen in Ihrem Zustand doch nicht etwa die Hände ans Lenkrad legen?“
Der Betrunkene: „Also freihändig fahr ich besoffen noch schlechter.“

Der Verkehrspolizist zur Autofahrerin: „Wissen Sie denn nicht, dass ein Kind erst ab zwölf auf dem Beifahrersitz mitfahren darf?“
„Ach, seien Sie doch nicht so kleinlich“, sagt die Fahrerin und schaut auf die Uhr, „wegen der paar Minuten!“

Der kleine Junge zum berittenen Polizisten: „Wieso fahren Sie denn kein Auto wie die anderen Polizisten?“
„Weil da mein Pferd nicht reinpasst.“

Auf dem Polizeirevier klingelt das Telefon. „Ist dort die Polizei?“
„Jawohl!“
„Dann bleiben Sie unbedingt da, wo Sie sind, hick, denn sonst bin ich meinen Führerschein los, hick.“

Ein Polizist stoppt einen Autofahrer: „Pusten Sie bitte in die Tüte!“
„Aber warum denn?“
„Die Pommes sind mir zu heiß!“

Kunz wird bei einer Verkehrskontrolle der Führerschein abgenommen, weil er getrunken hat.
„Sie müssen mir den Führerschein unbedingt gleich wiedergeben“, fleht er den Polizisten an.
„Und warum?“ fragt der. „Ich habe ihn mir von meinem Schwager ausgeborgt!“

Der Professor angelt seelenruhig an einem See. Auf einmal steht ein Polizist hinter ihm und will wissen: „Mit welchem Recht angeln Sie eigentlich hier?“
Gelassen dreht sich der Professor um: „Mit dem mir gegebenen Recht des genialen Intellekts über die mir unterlegene animalische Kreatur!“
„Verzeihen Sie bitte“, meint der Polizist, „aber man kann ja nicht alle neuen Gesetze kennen!“

Die junge Frieda wird von einem Polizisten angehalten. „Junge Frau, Sie sind gerade mit 120 Sachen die Stunde durch eine geschlossene Ortschaft gebraust. Das wird teuer!"
„Herr Wachtmeister, das kann gar nicht sein – ich bin doch erst seit einer Viertelstunde unterwegs!"

Ein Polizist stoppt einen viel zu schnell fahrenden Autofahrer: „Darf ich bitte Ihren Führerschein sehen?", fragt er höflich.
„Wieso Führerschein?", fragt der Autofahrer zurück, „ich denke, den bekommt man erst mit 18!"

Keiner, Niemand und Doof wohnen zusammen in einem Haus. Eines Tages geht Doof vor seinem Haus spazieren, als Keiner dem Doof von oben auf den Kopf spuckt, worauf der umgehend zur Polizei rennt. Dort angekommen beklagt er sich empört bei dem Polizisten: „Keiner hat mir auf den Kopf gespuckt und Niemand hat's gesehen!"
Darauf der Polizist: „Sind sie doof?"
„Ja, höchstpersönlich!"

Warum sieht man in München nie drei Polizisten nebeneinander gehen? Damit keiner auf die Idee kommt, der Mittlere würde abgeführt.

# Eine Durchsage des Piloten …

Eine Durchsage des Piloten im Flugzeug: „Wenn sich ein Arzt an Bord befindet, soll er bitte ins Cockpit kommen!“
Ein Mann steht auf und geht nach vorn.
Nach wenigen Minuten ertönt die Stimme des Arztes aus den Lautsprechern: „Sollte sich ein Pilot an Bord befinden, bitte nach vorn kommen!“

Die Passagiere bemerken, dass der linke Flügel des Flugzeugs Feuer gefangen hat. Kurz danach fängt auch der rechte Flügel an zu brennen. Der Pilot kommt mit umgeschnalltem Fallschirm aus der Kabine.
„Kein Grund zur Aufregung“, sagt er beschwichtigend, „ich hole nur schnell Hilfe.“

Eine Durchsage im Flugzeug: „Liebe Passagiere, hier spricht der Pilot. Zuerst eine gute Nachricht: Unsere Reisegeschwindigkeit beträgt 900 km/h. Leider muss ich Ihnen aber mitteilen, dass wir durch einen Fahrwerksfehler noch nicht abgehoben haben."

Warum ist es gut, in einem Flugzeug vorn zu sitzen? Bei einem Absturz kommt der Getränkewagen noch mal vorbei!

Ein Flugzeug landet auf einem Flughafen. Der Pilot bremst so hart wie nur irgend möglich. Und schließlich, kurz bevor die Rollbahn zu Ende ist, kommt das Flugzeug zum Stehen. Der Pilot wischt sich den Schweiß ab und sagt: „Verdammt, das ist die kürzeste Landebahn, auf der ich je aufgesetzt habe."
Der Copilot schaut rechts aus dem Fenster; dann nach links aus dem Fenster und sagt: „Aber dafür ist sie mindestens 3000 Meter breit."

Tower zu einem Piloten, der besonders hart aufsetzte: „Eine Landung soll ja kein Geheimnis sein. Die Passagiere sollen ruhig wissen, wann sie unten sind."
Pilot: „Macht nichts. Die klatschen eh immer."

„Hören Sie um Himmels willen endlich mit diesen blöden Kunststücken auf“, ruft ein vor Angst schlotternder Flugschüler dem Piloten zu, „ich sitze zum ersten Mal in so einer Kiste und Sie nehmen überhaupt keine Rücksicht auf mich.“
„Oje“, sagt darauf entsetzt der Pilot, „dann sind Sie wohl nicht der Lehrer, der mir heute das Landen beibringen wollte?“

„Warum hat das Flugzeug einen Propeller?“, möchte der Lehrer wissen.
„Damit der Pilot nicht schwitzt“, antwortet Mäxchen.
„So ein Unsinn, das ist ja völlig falsch.“
„Komisch“, erwidert Mäxchen, „ich sah einmal, wie in einem Flugzeug der Propeller ausgefallen ist. Da hätten Sie mal sehen müssen, wie der Pilot geschwitzt hat.“

Bei einem Flug über den Atlantik fallen plötzlich sämtliche Triebwerke aus, doch dem Piloten gelingt es, das Flugzeug auf dem Wasser aufzusetzen.
„Keine Panik!“, lautet die Durchsage an die Passagiere. „Verlassen Sie bitte in Ruhe das Flugzeug, das sich nur langsam mit Wasser füllen wird. Das Meer ist im Augenblick sehr ruhig. Leider mussten wir feststellen, dass wir keine Schwimmwesten an Bord haben. Wir dürfen uns deshalb an dieser Stelle von den Nichtschwimmern verabschieden und wünschen den anderen Passagieren eine angenehme Weiterreise!“

Im Cockpit des Düsenriesen wird fröhlich gefeiert. Nach dem fünften doppelten Whisky sagt der Flugkapitän: „Nun muss ich aber aufhören, Leute, ich hab mein Auto am Flugplatz stehen."

Ein Pilot kann seine Fluggäste nach einem kurzen Blick auf sie in der Kabine einschätzen:
Diejenigen, die sich von Anfang an anschnallten, in aller Ruhe die Zeitung lesen, bei den Notfallanweisungen gelangweilt ihre Akten durchsehen – das sind die Vielflieger.
Diejenigen, die mit dem Gurt nicht klarkommen, sich neugierig alles anschauen, den Notfallanweisungen aufmerksam und gleichzeitig verwirrt lauschen – das sind die Erstflieger.
Und diejenigen, die sich besonders fest anschnallen, die Augen schließen und bei den Notfallanweisungen nervös werden – die sind selbst Piloten!

Tower: „Sind Sie ein Airbus 320 oder 340?"
Pilot: „Ein A 340 natürlich!"
Tower: „Dann starten Sie doch bitte auch die beiden anderen Triebwerke!"

Tower: „Höhe und Position?"
Pilot: „Also ich bin 1,80 m und sitze ganz vorne links."

In einer Boeing sitzt ein Passagier und blättert nervös in einer Illustrierten.
Die Stewardess kommt mit den Getränken durch den Gang und fragt: „Darf ich Ihnen ein Glas Wein anbieten?"
Antwortet der Mann: „Nein, danke, ich muss nachher noch fliegen …"

Im Taxi: „Schnell zum Flughafen. Ich muss unbedingt noch die Zehn-Uhr-Maschine nach New York erreichen!"
„Das werden wir nicht mehr schaffen, die fliegen immer pünktlich."
„Aber heute nicht, ich bin nämlich der Pilot!"

Pilot: „F LX 30, Kontrollraum, bitte kommen, wir haben nur noch wenige Liter Treibstoff. Erbitte Anweisungen!"
Tower: „Bitte geben Sie uns Ihre Position an, wir haben Sie nicht auf unserem Radarschirm!"
Der Pilot antwortet: „Wir stehen auf der Landebahn drei und möchten wissen, wann der Tankwagen kommt!"

Pilot: „Erbitten Starterlaubnis."
Tower: „Sorry, wir haben Ihren Flugplan nicht. Wo möchten Sie hin?"
Pilot: „Wie jeden Dienstag nach Hamburg."
Tower: „Heute ist aber Mittwoch."
Pilot: „Wirklich? Dann haben wir ja frei."

Auf einem winzigen Flughafen in einem exotischen Land soll ein Flugzeug starten.
Mit gemischten Gefühlen hören die Passagiere, wie der Pilot laut protestiert: „Ich fliege nicht mit der verdammten Kiste, wenn der Motor nicht ausgetauscht wird!“
Nach einer Viertelstunde startet das Flugzeug dennoch.
„Was, so schnell ist der Motor ausgetauscht worden?“, fragt ein Passagier die Stewardess.
„Der Motor nicht – aber der Pilot!“

Durchsage des Towers: „Um Lärm zu vermeiden, schwenken Sie bitte 45 Grad nach rechts.“
Pilot: „Was können wir in 20.000 Metern Höhe schon für Lärm machen?“
Tower: „Den Krach, wenn ihre 707 mit der 727 vor Ihnen zusammenstößt!“

Pilot: „Wetterlage bei euch?“
Tower: „Wir haben zehn Achtel Bewölkung.“
Pilot: „Wie können Sie zehn Achtel haben?“
Tower: „Ganz einfach. Gestern hatten wir acht Achtel, und heute sieht es viel schlechter aus.“

Der Pilot meldet dem Tower: „Flugzeug fliegt komisch.”
Tower antwortet: „Flugzeug ermahnt, ernst zu sein und anständig zu fliegen.”

# „Guten Tag, ich bin der Klavierstimmer."

„Guten Tag, ich bin der Klavierstimmer."
„Ich habe doch gar keinen bestellt."
„Das weiß ich, aber Ihre Nachbarn haben alle zusammengelegt."

Probe in der Jazz-Band. Der Drummer tippt den Bassisten an und fragt ganz leise: „Hilf mir mal! Was sind denn eigentlich Tschangeto-Sticks?"
Darauf der Bassist verdutzt: „Du bist doch der Drummer! Wieso fragst du mich?"
Da zeigt der Drummer auf die Stelle in der Partitur, wo steht: Change to sticks.

Der Franz sagt zu seiner Mutter: „Wenn ich erwachsen bin, will ich ein Schlagzeuger werden!"
Meint die Mutter: „Aber beides zusammen wird nicht gehen."

Der Hausherr bei der Feier: „Meine lieben Freunde, meine Frau ist entschlossen, Ihnen eine Sonate von Haydn vorzuspielen. Ich schlage vor, wir hören uns die Sache an und legen anschließend eine Gedenkminute ein, in der wir Haydn um Entschuldigung bitten."

Sagt ein Chorsänger zum anderen: „Hey, warum kann unser Dirigent gefahrlos zwei Finger in die Steckdose stecken? Na, weil er ein schlechter Leiter ist."

Das Konzert ist beendet, aber zwei Platzanweiser applaudierten heftiger als alle anderen. Die Leute im Umkreis lächeln den beiden Musikenthusiasten anerkennend zu, bis einer der beiden die Hände sinken lässt und der andere ihm zuruft: „Klatsch doch, du Idiot. Noch eine Zugabe, und die erste Überstunde ist fällig ..."

Was ist der Unterschied zwischen einer Zauberflöte und einem bremsenden Zug? Ein Zug gibt nach einem Kilometer Ruhe.

Was ist der ‚Nationalfeiertag' der Bratscher? Der 20. März, es ist der Übergang vom Winterschlaf zur Frühjahrsmüdigkeit.

Was ist der Unterschied zwischen einer Bratsche und einer Kreissäge? Die Kreissäge ist für Kammermusik besser geeignet!

Die drei häufigsten Lügen eines Trompeters?
„Ja, ich habe das zu Hause geübt!"
„Ja, ich habe meine Trompete gestimmt!"
„Nein, ich kenne deine Freundin nicht."

Kommt ein Bratschist aufgeregt in das Musikgeschäft: „Also, die Bratsche, die Sie mir gestern verkauft haben, die können Sie gleich wiederhaben. Da ist ja bei jeder Saite ein anderer Ton drauf!"

Die resolute junge Dame betritt das Modegeschäft und sagt: „Ich brauche einen weiten Rock." Sie probierte und probiert und sagt dann zur Verkäuferin: „Haben Sie nicht noch weitere? Ich übe nämlich einen Beruf aus, bei dem ich die Beine breit machen muss."
Die Verkäuferin schaut sehr irritiert. Dies bemerkt die junge Dame und erklärt ärgerlich: „Was denken Sie denn, ich bin Cellistin bei den Philharmonikern!"

Der völlig unbegabte Bariton sagt: „Und nun singe ich ‚Am Brunnen vor dem Tore'."
Ein genervter Zuhörer: „Das ist auch besser so, hier drinnen will Ihnen ja sowieso keiner mehr zuhören!"

Fritz: „Wie bekommt man einen Bratscher dazu, Tremolo zu spielen?"
Anna: „Über die betreffende Stelle in den Noten ganz dick ‚Solo' schreiben!"

Kennst du die Geschichte, in der der Dirigent mit einem Strick in den Wald geht?"
„Nein, aber sie fängt ganz gut an."

Warum sind die Saiten von einem Bass so dick?
Damit sie zumindest einen Gig überstehen.

Eine Ergänzung zu den drei Lügen eines Trompeters:
4. Lüge: „Das ist aber gut, was du da spielst!“

Tannhäuser ist eine Oper, die um sechs anfängt, und wenn man nach drei Stunden auf die Uhr schaut, ist es zwanzig nach sechs.

„Ich singe oft, aber nur, um die Zeit totzuschlagen!“, erzählt Frau Müller ihrer Nachbarin im Treppenhaus.
„Ja, ja“, stimmt die ihr zu, „es gibt schon wirklich grausame Waffen auf dieser Welt.“

Aus einer Anzeige: Verkaufe Bratsche, ab vierter Lage wie neu!

Auf einer Gesellschaft bei ganz, ganz feinen Leuten fragt ein Gast den anderen: „Warum sitzt der Professor seit Stunden auf dem Klavierhocker?“
Der Gefragte sagt leise: „Er will nur verhindern, dass sich die Dame des Hauses ans Klavier setzt.“

Was haben Trompeter und Vampire gemeinsam?
Schreckliche Angst vor Kreuzen.

„Mensch Hans, ich habe gehört, du bist jetzt im Gesangverein – als Tenor oder als Bass?“
„Nee, als Ausrede ...“

Was ist der Unterschied zwischen einem Sopran und einem Porsche?
Die meisten Musiker waren noch nie in einem Porsche.

Worin besteht der Unterschied zwischen einer Zwiebel und einer Bratsche?
Wenn man eine Bratsche zerhackt, weint keiner.

Was sind die drei ärgsten Feinde des Musikers?
Frische Luft, helles Tageslicht und das unerträgliche Gebrüll der Vögel.

Treffen sich zwei Tenöre an der Bar. Sagt der eine mit gestütztem Ton: „Ich habe gerade meine Stimme versichern lassen!“
„Ach, und was machst du mit dem vielen Geld?“

Warum geht ein Bratscher nicht über einen Friedhof?
Zu viele Kreuze!

Was ist der Unterschied zwischen einer Geige und einer Bratsche? Die Bratsche brennt länger. Warum brennt die Bratsche länger? Weil sie üblicherweise noch im Kasten ist.

Das weibliche Publikum klatscht heftig nach der Aufführung: „Zugabe! Zugabe! Zugabe!“
Die Band retour: „Is ja gut, okay, wir geben alles zu.“

Was passiert, wenn man Country Music rückwärts spielt? Deine Frau kehrt zu dir zurück, dein Hund wird wieder lebendig und du kommst aus dem Knast raus.

Was ist der Unterschied zwischen einem Kritiker und einem Eunuchen? Da gibt's keinen. Beide wissen genau, wie man es machen muss, können's aber nicht.

Jedes Mal vor dem Konzert geht der Bratschist an seinen Garderobenschrank, nimmt einen Zettel, liest ihn und nimmt dann befriedigt Bratsche und Bogen unter den Arm, um auf die Bühne zu gehen. Nun wollen seine Kollegen natürlich wissen, was er da immer liest. Beim nächsten Konzert schauen sie in seinen Schrank, entdecken dort den Zettel, auf dem steht: Bratsche links, Bogen rechts ...

Warum hat ein Bassist in einer Band die meisten Boxen on stage? Er muss die Massen nicht durch seine Spielfertigkeit, sondern durch sein Equipment beeindrucken.
(Erklärung für Nicht-Musiker. Die Faustregel: Wenn ein Gitarrist eine Box hat, dann braucht der Bassist vier.)
Deshalb sieht man bei einigen Bands die ganze Bühne voller Lautsprecher, damit keiner Minderwertigkeitskomplexe bekommt!

„Sag mal, müsstest du nicht mal wieder den Bass nachstimmen?“ Der Bassist zupft an den Saiten und sagt: „Wieso? Sie sind doch noch alle straff.“

Was macht ein Hammondorgel-Spieler in seinen zärtlichsten Momenten? Er stellt das Leslie auf „slow“.

Zu einem Gitarristen: „Spielst du 'ne Wandergitarre?“
„Nee, wieso?“
„Weil das Musik ist zum Weglaufen!“

Müller ist zum ersten Mal in der Oper und hat sich verspätet. Der Platzanweiser zeigt den Weg: „Seien Sie bitte ganz leise!“
„Warum, schlafen die anderen schon?“

Im Vorzimmer sitzen drei Leute bei einem Vorstellungsgespräch. Einer davon ist Heino. Der erste geht rein, kommt nach fünf Minuten wieder raus und sagt: „Mist, kein Führerschein."
Auch der zweite kommt nach fünf Minuten wieder raus und schimpft: „Mist, kein Abitur."
Zuletzt geht Heino rein, kommt aber schon nach einer Minute wieder raus und schimpft: „Mist, kein Nachname!"

Wie verhindert man, dass einem die Geige gestohlen wird? Man legt sie in einen Bratschenkasten.

Was ist der Unterschied zwischen einem Schlagzeuger und einem Drumcomputer? Der Drumcomputer wird nicht schneller. Und die Gemeinsamkeit? Beide haben kein Gehirn.

Was ist der Unterschied zwischen dem Leiter eines Schulchores und einem Schimpansen? Wissenschaftler haben bewiesen, dass Schimpansen mit Menschen kommunizieren können.

Ein Blinder und ein Taubstummer machen Tanzmusik. Sie fangen an zu spielen. Der Taubstumme fragt: „Spielen wir schon?" Der Blinde fragt: „Tanzen sie denn schon?"

Warum haben viele Menschen Angst, wenn jemand mit einem Geigenkoffer eine Bank betritt? Sie denken, dass da eine Bratsche drin sein könnte und der Träger Gebrauch davon macht!

Ein Bratschist steht mit seinem Instrument auf einem 10 Meter hohen Turm. Wenn er springt, was ist dann schneller unten – er oder die Bratsche? Egal, Hauptsache, er springt.

Zwei reiche Damen im Konzert. Sagt die eine über den Tenor im engen Kostüm: „Der hat aber ein tolles Organ.“ Darauf die andere: „Stimmt, aber singen tut er auch nicht schlecht!“

Treffen sich zwei Musiker vormittags im Hotel.
„Hast du schon gefrühstückt?“
„Nein, keinen Schluck.“

Wieviel Tubisten braucht man, um eine Glühbirne einzuschrauben? Fünf – einer hält die Glühbirne und die anderen vier saufen, bis der Raum sich dreht.

Was ist der Unterschied zwischen Sopranistinnen und Terroristen?
Mit Terroristen kann man verhandeln.

Wie bringt man Cellisten dazu, fortissimo zu spielen?
Indem man in die Noten schreibt: solo, pianissimo, espressivo.

Warum spielen einige Bassisten mit einem Plektron Pic?
Dies ist für schwächere Musiker die einzige Möglichkeit, überhaupt einen Ton herauszubringen.

Was ist der Unterschied zwischen einem Bratscher und einer Wanderdüne?
Die Wanderdüne ist schneller.

Prüfung Musiktheorie: „Was ist die Subdominante von F-Dur?"
„Wieso, F-Dur ist doch die Subdominante?"

„Was dirigiert Thielemann denn heute?"
„Ich weiß nicht, was er dirigiert. Wir spielen Beethovens Fünfte."

Was ist los, wenn ein Bratscher blutüberströmt von der Bühne wankt? Er hat einen Lagenwechsel probiert!

Wie viele Sinfonien hat Beethoven geschrieben? Vier: die Dritte, die Fünfte, die Sechste und die Neunte.

Der Dirigent einer Blaskapelle unterbricht die Probe:
„Der zweite Trompeter hat gerade falsch gespielt!"
Darauf der erste Trompeter: „Der ist doch gar nicht da."
„Dann sagen Sie es ihm eben, wenn er kommt."

„Sag mal, stimmt es, dass du deinen Sohn den ganzen Tag lang auf dem Schlagzeug üben lässt?"
„Ja, ich weiß genau, was ich will."
„Und was wäre das?"
„Die Wohnung von nebenan!"

Warum sind die Mikrofone heute alle mit einem Metallkäfig umgeben? Als sie noch in bunte Schaumstoffkugeln gehüllt waren, haben zu viele Sänger die für Eiskugeln gehalten und reingebissen.

Ein Bratscher geht zum Psychiater und sagt: „Herr Doktor, ich habe ein Problem: Ich rede im Schlaf."
„Das machen doch viele Leute."
„Mag sein, aber das ganze Orchester lacht schon über mich!"

Ein Bratscher soll in einem Stück Violinschlüssel spielen.
„Ich kann aber keinen Violinschlüssel."
„Dann wird eben alles in Altschlüssel umgeschrieben."
„Den kann ich aber auch nicht."

„Wer ist in eurem Ärzteorchester eigentlich der musikalischste?"
„Der Cellist."
„Spielt er denn wirklich so gut?"
„Keine Ahnung, er geht immer, bevor wir mit dem Spielen anfangen."

Petrus erscheint einem alten Musiker. „Ich habe eine gute und eine schlechte Nachricht. Die gute: Du wirst ins Himmlische Orchester aufgenommen. Die schlechte: Die erste Probe ist morgen um 10 Uhr!"

Der Dirigent schimpft immer mehr über den Klang des Orchesters, bis dieses einmal komplett den Einsatz verweigert. Der Konzertmeister erklärt dem Dirigenten: „Sehen Sie, so klingt ein Taktstock!“

Woher hat die Bratsche ihren Namen? Wenn man draufsteht, macht es „brratsch“!

Wie wurde die Bratsche erfunden? Jemand spannte Saiten über einen Geigenkasten.

Warum spielen Dudelsackspieler im Gehen?
Sie versuchen, vor den Tönen zu fliehen.

Warum sind Rockmusiker so schlechte Liebhaber?
Weil sie den Verstärker nicht mit ins Bett nehmen können.

An der Tür des Saales hing ein Schild: „Hunde müssen draußen bleiben.“
Nach dem Konzert konnte man die handschriftliche Ergänzung lesen: „Der Tierschutzverein.“

Im stockdunklen Wald treffen sich ein Hase und eine Schlange. Beide sehen nichts vor Dunkelheit. Fragt der Hase die Schlange:
„Kannst du erraten, wer ich bin?“
Die Schlange bemustert ihn mit der Zunge und meint: „Hhmm, du hast Fell ... einen Stummelschwanz ... und große Ohren. Du bist ein Hase!“
„Richtig“, sagt der Hase, „jetzt bin ich dran!“
Der Hase untersucht die Schlange: „Hhhmm ... du bist kalt ... du hast keine Ohren und bist ganz glatt. Es gibt nur eine Möglichkeit: Du bist der Kreativdirektor einer Plattenfirma ...“

Der große Luxusdampfer ist untergegangen. Ein Passagier kann sich auf das schwimmende Klavier retten. Kommt ein anderer angeschwommen und fragt höflich: „Darf ich Sie begleiten?“

„Ich habe bereits mit zehn Jahren Geige gespielt. Mein Lehrer verglich mich sogar mit Paganini.“
„Donnerwetter, das ist aber ein Lob. Was sagte der denn genau?“
„Einen Paganini werde ich wohl nie aus dir machen können!“

Eigentlich hab ich ja Geige gespielt, aber dann bin ich sehr günstig an einen Bass gekommen ...

Wie viele Sinfonien hat Bruckner geschrieben? Eine – und die zehn Mal.

Ein Musiker zum anderen: „Der Dirigent hat dich gerade so angesehen – ob er gemerkt hat, dass du einen falschen Ton gespielt hast?"
„Keine Sorge, ich habe so zurückgeschaut, als ob ich richtig gespielt hätte."

Der Star-Violinist zu seinem Freund: „Du glaubst nicht, wer mich heute angerufen hat ... Simon Rattle!"
„Toll, und was hat er gesagt?"
„Sorry, hab mich verwählt."

Warum sind Bratschen auf modernen CD-Einspielungen nicht zu hören? Weil die Technik inzwischen Aufnahmen ohne jegliche Nebengeräusche produzieren kann.

Was steht in den Noten der Geigen, wenn sie schnell spielen sollen? Vivace. Und was steht geschrieben, wenn sie langsam spielen sollen? Wie Bratsche.

Warum hatte Bach so viele Kinder, Kant jedoch kein einziges? Weil Bach sich auf die Kunst der Fuge verstand, während Kant nur das Ding an sich betrachtet hat.

Max Reger schreibt an einen Kritiker: „Ich sitze hier im kleinsten Zimmer und habe Ihre Kritik vor mir. Bald werde ich sie hinter mir haben.“
Antwort des Kritikers an Max Reger: „Wenn Sie das öfter machen, ist Ihr Hintern bald schlauer als Ihr Kopf!“

Ein Rockmusiker hat eine Aufnahme von Beethovens Pastorale geschenkt bekommen. Am nächsten Tag beschwert er sich bei seinem Freund: „Also die Deutsche Grammophon ist eigentlich ne gute Firma, aber an einer Stelle haben sie sich doch eine Rückkopplung eingefangen!“

Orchesterprobe. Dirigent: „Ich bin mir nicht sicher, ob das im Takt 2 vor D in den Bässen F oder Fis sein soll. Spielen Sie doch mal F!“ Brummm.
„Spielen sie jetzt mal Fis!“ Bromm.
„Ach spielen Sie doch, was Sie wollen!“

„Heh, toller Mercedes – wie hast du denn den denn finanziert?“
„Ich habe dem Autohändler mein Waldhorn in Zahlung gegeben.“
„Und das hat er akzeptiert?“
„Ja, er war sogar sehr froh über den Handel. Er wohnt übrigens direkt über mir!“

Vor der vierwöchigen Konzerttournee fällt der Dirigent plötzlich aus. Ein Bratscher kann auch dirigieren, springt ein und rettet die Tournee. Als er danach wieder an seinen Platz zurückkehrt, sagt sein Nachbar: „Hallo, schön, dich zu sehen, warst du vier Wochen in Urlaub?“

Vor einem Berg steht ein Trompeter und spielt ständig falsche Töne. Einmal fragt ihn ein Passant, warum er das „f“ immer zu hoch spielt, da antwortet der Trompeter: „Ich spiele schon richtig. Aber sehen Sie, da oben ist ein Kreuz. Das Echo schallt mir immer wieder ein ‚fis‘ zurück.“

In der Straßenbahn liest ein Musiker eine Partitur. Ein Staatsschützer hält das Notenblatt für Geheimschrift und verhaftet den Musiker unter Spionageverdacht, obwohl der versichert, das sei eine Fuge von Bach. Der Verhaftete wird am nächsten Tag einem Richter vorgeführt, der ihn anschreit: „Also raus mit der Sprache! Bach hat schon gestanden!“

„Max, war der Kunde mit unserer Schuhauswahl nicht zufrieden?“ fragt der Ladenbesitzer seinen Angestellten, nachdem ein Kunde eine große Zahl verschiedenster Schuhe ausprobiert hat. „Aber nein, Chef. Das war ein Dirigent, der sucht zwei Schuhe, die c-moll auf Basis Kammerton 432 Herz quietschen.“

Ein Ostfriese geht ins Musikhaus und sagt zu dem Verkäufer: „Ich möchte die rote Trompete dort und das weiße Akkordeon!“
Der Verkäufer stutzt, doch der Ostfriese beharrt auf seinem Wunsch. Schließlich sagt der Verkäufer: „Okay, den Feuerlöscher kann ich Ihnen verkaufen, aber der Heizkörper bleibt hier!“

In einer Oper haben die zweiten Geigen über eine längere Passage Tremolo zu spielen. Auf einmal beugt sich einer zu seinem Nachbarn und fragt: „Wo sind wir?“
„Weiß ich auch nicht, aber in 10 Minuten ist die Oper aus!“

An einer Stelle hat ein Kontrafagottist tatsächlich mal einen Ton zu spielen. Er meldet sich deshalb und fragt den Dirigenten, wie der Ton klingen sollte. Er spielt einen Ton vor: „ooooooorb“ oder so „oooooorrrrb“?
„Eigentlich egal“, sagt der Dirigent, „aber ziehen Sie bitte danach die Spülung!“

# Vergnügt um die Häuser ziehen

# „Herr Ober, was macht das Bier?“

„Herr Ober, was macht das Bier?“
„Es löscht den Durst, Herr Huber!“

Ein Altbier-Vertreter, ein Kölsch-Vertreter und ein Pils-Vertreter treffen sich nach einem langen Arbeitstag in einer Kneipe. Der Altbiermensch bestellt irgendein fieses Düsseldorfer Gesöff (sprich Alt), der Kölschvertreter ein kühles Dom-Kölsch und der Pils-Vertreter lediglich ein Wasser. Fragen die beiden anderen, warum er denn nicht sein Bier bestellt. Daraufhin dieser: „Wenn Ihr kein Bier trinkt, trink ich auch keins!“

Zwei Jockeys unterhalten sich an der Theke. Sagt der eine: „Wie ernährst du denn dein Pferd?“ Der andere antwortet: „Mit Hafer und Bier.“
„Schon mal was gewonnen?“
„Nee, aber mein Pferd ist immer bestens drauf!“

Hänschen sitzt bei seinen Hausaufgaben: „Du, Papa. Was ist das für ein Satz: ‚Es ist kein Bier im Haus?‘“
Stöhnt der Vater auf: „Das ist kein Satz – das ist eine Katastrophe!“

Diener Dagobert öffnet dem alten, schwerhörigen Grafen die Tür und murmelt: „Na, Alter, wieder im Wirtshaus gewesen und Bier gesoffen?“
„Nein, Dagobert, in der Stadt gewesen und ein Hörgerät gekauft!“

Zwei Lilliputaner kommen in die Kneipe.
Der eine sagt: „Zwei Halbe.“
Daraufhin der Wirt: „Ja, das sehe ich, und was wollt ihr trinken?“

Der Optimist sagt: „Das Glas ist halb voll.“
Der Pessimist sagt: „Das Glas ist halb leer.“
Ich sag: „Ist doch egal, ich kauf mir eh noch eins.“

Ein betrunkener Mann steht in der Straßenbahn und beschimpft die Fahrgäste zu seiner Linken: „Lauter Idioten, lauter Idioten!“ Die Leute zu seiner Rechten brüllt er an: „Lauter Ehebrecher, lauter Ehebrecher!“
Plötzlich springt ein Mann auf und schreit den Betrunkenen an: „Was erlauben Sie sich? Ich bin seit 20 Jahren verheiratet und habe meine Frau noch nie betrogen!“
Daraufhin lallt der Betrunkene: „Dann setz dich rüber zu den Idioten!“

„Was würdest du zu einem Bier sagen?“
„Nichts – ich würde es trinken!“

Ein Mann, der kein Wort mit „B“ aussprechen kann, geht in eine Kneipe. Dort will er sich ein Bier bestellen und sagt: „Ich hätte gerne ein Glas B...b....bbb....Wasser.“
Er trinkt das Glas Wasser und ist verärgert. Irgendwie muss es doch klappen.
Er versucht es noch einmal: „Ich hätte gerne ein Glas B...b...b...bbb...Wasser.“ Er wird ärgerlicher, aber er gibt nicht auf: „Ich hätte gerne ein Glas B...b...b...ier! Juhu!“
Darauf der Barkeeper: „Becks oder Budweiser?“

„Stimmt es, dass dein Mann sich das Trinken abgewöhnt hat?“
„Nein, er schwankt noch!“

Ein Amerikaner sitzt im Hofbräuhaus, trinkt sein Bier und kaut dabei am Bierdeckel. „Hat's geschmeckt ?", fragt der Ober freundlich.
„Bier sehr gut, aber Kekse sehr hart."

Im Hotel ist ein Feuer ausgebrochen. Die Leute schreien: „Wasser! Bringt Wasser!"
Plötzlich öffnet sich ein Fenster und ein Mann ruft: „Aber auf Zimmer 306 bringt ihr Bier!"

Eine Gesellschaft kommt ins Restaurant. Die Kellnerin nimmt die Bestellung auf. Ein vorsichtiger Gast sagt: „Für mich bitte unbedingt ein sauberes Glas."
Die Kellnerin bringt das Bestellte und fragt zuletzt: „Und wer bekommt das saubere Glas?"

Ich bin neulich in eine Polizeikontrolle geraten.
Der Polizist fragte: „Haben Sie was getrunken?"
Ich habe wahrheitsgemäß geantwortet:
„Nur 10 kleine Wachtmeister, Herr Jägermeister!"
Daraufhin musste ich mit zur Blutprobe und heute kam der Laborbericht: „Bei der eingesandten Flüssigkeit handelt es sich um alten schottischen Whisky, die Beimenge konnte wegen Geringfügigkeit nicht ermittelt werden ...!"
Jetzt darf mein Führerschein nach ‚Bad Flensburg' zur Kur und eine ‚Punkte-Diät' machen ...

Meier sitzt in der Kneipe. Neun Bier und ein Kartoffelsalat in seinem Magen unterhalten sich miteinander, als es plötzlich „flubb“ macht und ein Obstler reinkommt.
Der Kartoffelsalat fragt: „Ey, wer bist du denn?“
„Ich bin ein Obstler, der Müller hat mich ausgegeben.“
Die Unterhaltung geht weiter. Fünf Minuten später macht es wieder „flubb“. Der Kartoffelsalat fragt: „Ey, wer bist du denn?“
„Ich bin ein Obstler, der Müller hat mich ausgegeben.“
Die Unterhaltung geht weiter. Fünf Minuten später macht es wieder „flubb“. Der Kartoffelsalat fragt: „Ey, wer bist du denn?“
„Ich bin ein Obstler, der Müller hat mich ausgegeben.“
Der Kartoffelsalat: „Ey Leute, macht mal Platz, den Müller muss ich mir mal ansehn.“

Wirt: „Heinrich, vom letzten Monat hast du bei mir noch sechs Bier stehen!“
Heinrich: „Kannste ruhig wegschütten, die trinkt ja eh keiner mehr!“

Ein Skelett betritt die Kneipe und stellt sich an die Theke.
„Bitte, was darf's sein?“, fragt der Wirt.
„Ich hätte gern ein großes Bier, aber mit Wischlappen, wenn's geht.“

Ein Mann kommt mit seiner Frau in die Kneipe. Die beiden gehen an die Theke und er bestellt ein Bier. Der Wirt sagt: „Moment – zuerst die Frau!"
Fragt der Mann: „Was ist das hier – 'ne Kneipe oder 'n Rettungsboot?"

Der Wirt bittet den Gast, endlich zu gehen, öffnet ihm die Türe zur Straße.
Gast: „Mein Gott, was stinkt denn hier so?"
Wirt: „Das stinkt nicht, das ist Frischluft."

Ein Mann kommt in die Kneipe und bestellt drei Bier. Natürlich fragt der Wirt, für wen denn die drei Bier seien. Der Mann antwortet, zwei für meine Brüder in Australien und eins für mich. Am nächsten Tag kommt der Mann wieder in die Kneipe, und dieses Mal weiß der Wirt sofort Bescheid: „Drei Bier, zwei für deine Brüder in Australien, und eines für dich."
Am Tag drauf kommt der Mann wieder, er bestellt aber nur zwei Bier. Der Wirt fragt „Warum nur zwei? Ist einer deiner Brüder gestorben?"
Der Mann antwortet: „Nein, die zwei Bier sind für meine Brüder in Australien, ich selbst trinke nicht mehr."

„Ich hatte heut' ein 7-Gänge-Menü: ne Bratwurst und 'n Sixpack Bier!"

Mann in der Kneipe: „Was macht deine Frau, wenn du hier bist?“
„Sie spaltet Holz.“
„Was? Du sitzt hier und deine Frau spaltet Holz? Wie kannst du das zulassen?“
„Was soll ich tun, sie mag nun mal kein Bier!“

Ein Mann kommt um zwei Uhr nachts nach Hause.
Frau: „Ich habe dir gesagt, dass du zwei Bier trinken darfst und um zehn Uhr nach Hause kommen sollst.“
Mann: „Oh! Da habe ich wohl die beiden Zahlen verwechselt.“

„Ab sofort weht hier ein anderer Wind“, sagt der Wirt energisch zu seinem Gast, „Sie haben so oft die Zeche nicht bezahlt, dass ich ab sofort nichts mehr anschreibe.
Der Gast schaut den Wirt total ungläubig an und sagt dann: „Sie müssen ja ein tolles Gedächtnis haben, wenn Sie das alles so behalten können!“

Die Streifenbeamten stoppen ein Auto. „Sie riechen ja vielleicht! Ist das Bier, Herr Professor? Wir müssen leider einen Alkoholtest mit Ihnen machen.“
Professor Kraus: „Das passt jetzt prima, in welche Kneipe gehen wir denn?“

„Nenne mir die vier Elemente!“, verlangt der Lehrer von Gisela.
Das Mädchen zählt auf: „Erde, Wasser, Feuer und Bier.“
„Bier, wieso denn Bier?“, will der Lehrer wissen.
„Immer, wenn mein Vati Bier trinkt, sagt meine Mutti: ‚Jetzt ist er wieder voll in seinem Element‘.“

Ein Besoffener geht nachts eine Straße entlang und trifft schließlich auf eine Litfaßsäule. Er rennt leicht dagegen, bleibt stehen, und tastet nach beiden Seiten die Litfaßsäule vollständig und sorgfältig ab. Er geht rechts herum, tastet und tastet, dann links herum und tastet wieder, dann bricht er verzweifelt zusammen und heult: „Oh Gott, man hat mich eingemauert!“

Zwei junge Typen eröffneten eine Kleinbrauerei irgendwo auf dem Land. Nach einigen Jahren sorgfältiger Arbeit produzierten sie einen strohfarbenen Saft mit einem guten, starken Geruch nach Hopfen. Sie sandten eine Probe ins staatliche Labor und warteten ungeduldig auf das Ergebnis. Es lautete: „Geschätzter Herr, unsere Analyse der Probe ergab, dass Ihr Pferd an Diabetes leidet.“

Ein Pferd kommt in eine Kneipe und bestellt sich an der Bar ein Bier. Fragt der Wirt das Pferd: „Ah geh, warum so a lang's G'sicht?“

Ein Gast sieht in einer Gaststätte in Gelsenkirchen einen jungen Mann die dritte Flasche Bier trinken. Zu dem geht er hin und sagt: „Junger Mann, wissen Sie nicht dass jährlich 50.000 Deutsche an Alkohol sterben?“
„Was geht das mich an, ich bin Schwede!“

Ein kleiner Mann sitzt traurig in der Kneipe, vor sich ein Bier. Da kommt ein richtig großer Kerl, haut dem Kleinen auf die Schulter und trinkt dessen Bier aus. Der Kleine fängt an zu weinen.
Der Große: „Nu hab dich nicht so, du Memme! Flennen wegen einem Bier!“
Der Kleine: „Na dann pass mal auf: Heute morgen hat mich meine Frau verlassen und das Konto abgeräumt, Haus ist leer! Dann habe ich meinen Job verloren! Ich wollte nicht mehr leben, legte mich aufs Gleis – Umleitung! Wollte mich aufhängen – der Strick ist gerissen! Wollte mich erschießen – der Revolver klemmte! Und nun kaufe ich mir vom letzten Geld ein Bier, kippe Gift rein, und du säufst es mir weg ... !“

Wer vor 18 Monaten 1.000 Euro in den Neuen Markt investiert hat, hat sich 18 Monate lang über fallende Kurse geärgert und heute noch 90 Euro übrig. Wer vor 18 Monaten 1.000 Euro in Bier investiert hat, konnte 18 Monate lang jede Woche einen Kasten herrliches Helles von Weltruf genießen und hat heute noch Leergut für über 200 Euro!

Ein Mann kommt in eine Kneipe und sagt: „Ein Bier bitte, bevor das wieder losgeht!“ Der Wirt denkt sich nichts und zapft ihm ein Bier. Der Mann trinkt aus und bestellt wieder: „Ein Bier bitte, bevor das wieder losgeht!“ Der Wirt bringt ihm ein neues Bier. Der Mann trinkt und bestellt mit demselben Spruch: „Ein Bier bitte, bevor das wieder losgeht!“ Schließlich fragt der Wirt ganz misstrauisch: „Kannst du überhaupt bezahlen?“
Der Mann: „Jetzt geht das schon wieder los!“

Die Kellnerin nimmt die Bestellung und fragt: „Was möchten Sie trinken? Wein, Vodka, Cognac, Whisky, Gin ...?“
Der Mann: „Und ein Bier dazu!“

Ein Amerikaner sitzt in einer Kneipe irgendwo in Deutschland. Er langweilt sich. Plötzlich ruft er: „Leute! Ich gebe 1.000 Dollar für denjenigen, der 10 Bier auf Ex trinkt.“ Niemand reagiert, aber ein Mann steht auf und verlässt die Kneipe. Nach kurzer Zeit kommt er zurück und sagt zu dem Amerikaner: „Ich werde das machen!“ Er trinkt 10 Bier auf Ex. Der Amerikaner bezahlt 1.000 Dollar und fragt: „Wo warst du eben? Wo bist du hingegangen?“
„Ach, ich war nur in der Nachbarkneipe und habe mal probiert, ob ich das schaffen kann.“

# Herr Wirt, Ihre Pasteten sind total ungenießbar …

„Herr Wirt, Ihre Pasteten sind total ungenießbar!“
„Ich bitte Sie, Verehrtester, ich habe schon Pasteten hergestellt, da waren Sie noch gar nicht auf der Welt!“
„Und warum servieren Sie das Zeug dann erst jetzt?“

Der Ober fragt: „Wie schmeckt Ihnen der Wein, mein Herr?“
„Danke, sehr gut. Mit etwas Öl und ein paar Salatblättern wäre er perfekt.“

Gast: „Was können Sie mir denn empfehlen?“
Ober: „Das Restaurant zwei Häuser weiter.“

„Herr Ober, spielen hier die Musiker, was der Gast wünscht?"
„Selbstverständlich, mein Herr!"
„Dann sollen sie Skat spielen, bis ich mit dem Essen fertig bin!"

Gast: „Herr Ober, jetzt habe ich schon fünf Mal mein Schnitzel bestellt, und es ist immer noch nicht da!"
Ober: „Tut mir leid, aber Massenbestellungen brauchen immer etwas länger."

Der Gast möchte zahlen.
Der Ober fragt: „Was hatten Sie denn?"
Der Gast: „Das weiß nur der Koch, bestellt hatte ich ein Steak."

„Soll ich Ihnen das Mittagessen in die Kabine bringen?", fragt der Ober den seekranken Passagier, „oder soll ich es gleich über Bord werfen?"

„Herr Ober, holen Sie bitte den Geschäftsführer, ich esse dieses undefinierbare Etwas nicht!"
Der Ober: „Das hat keinen Sinn, der Geschäftsführer isst es bestimmt auch nicht!"

Das Telefon klingelt. „Kann ich bei Ihnen einen Tisch bestellen?“
Der Ober, zähneknirschend: „Wie oft muss ich noch sagen, dass wir hier keine Möbel verkaufen?“

„Ich möchte das bestellen, was der Herr dort isst“, sagt der Gast zum Kellner. „Ich will es gerne versuchen“, antwortet der, „aber ich fürchte, er wird es sich nicht wegnehmen lassen.“

„Herr Ober, ist das eigentlich Kaffee oder Tee, was Sie mir serviert haben?“
„Nach was schmeckt es denn?“
„Nach Spülwasser!“
„Dann ist es Kakao!“

„Herr Ober, das Essen ist ungenießbar! Ich will sofort den Chefkoch sprechen!“
„Das geht nicht, mein Herr. Der Chefkoch ist gerade drüben im ‚Löwen‘ zum Mittagessen.“

„Herr Ober, in meiner Suppe kämpfen zwei Fliegen!“
„Erwarten Sie für drei Euro fuffzich etwa auch noch'n Stierkampf?“

„Herr Ober, haben Sie was, was schnell geht? Ich muss gleich weg."
„Dann nehmen Sie am besten unser Wurstbrot, das muss auch weg."

„Herr Ober! In meiner Suppe schwimmt eine eklige Fliege!" Der Ober ist entsetzt:
„Enschuldigung, das ist ja schrecklich. Ich werde Ihnen sofort eine neue Suppe bringen. Das Essen geht natürlich auf Kosten des Hauses, und auf Kosten des Hauses darf ich Sie auch noch zu einem Cognac einladen."
Der Ober entfernt sich. Darauf ertönt eine Stimme vom Nebentisch:
„Pssst, Herr Nachbar. Würden Sie mir bitte freundlicherweise Ihre Fliege leihen?"

Die Bauernfamilie kommt in das Nobelrestaurant in der Stadt, um sich dort mit Verwandten zu treffen. Der Ober kommt natürlich sofort an den Tisch.
„Was darf ich Ihnen bringen?"
„Nix, mir hock'n bloß da ...", meint der Vater.
„Aber mein Herr, das geht nicht, Sie müssen schon etwas bestellen."
„So, ja, hmm ... dann bestellen Sie dem Koch einen schönen Gruß, wir sind jetzt da."

„Herr Ober, hier auf der Karte steht: Kaviar. Was ist das denn?"
„Das sind Fischeier, mein Herr!"
„Gut, dann hauen Sie mir zwei in die Pfanne!"

„Herr Ober, ich warte jetzt schon fast eine Stunde. Haben Sie mich vergessen?"
„Aber nein! Sie sind doch der Schweinskopf mit Knödelfüllung!"

„Herr Ober, was sind das für kleine schwarze Dinger, die da auf meiner Gemüsesuppe schwimmen?"
„Das werden wohl die Vitamine sein, mein Herr!"

„Herr Ober, was macht meine Leber?"
„Bin ich Arzt?"

Karl bestellt sich in einem vornehmen Restaurant ein Beefsteak. Dabei will er sich beim Ober vergewissern:
„Ist das Beefsteak auch wirklich schön zart?"
„So zart wie ein Frauenherz!", versichert der Kellner begeistert.
„Dann bringen Sie mir doch lieber eine Schweinshaxe!", antwortet Karl ahnungsvoll.

Ein Gast beschwert sich beim Kellner über die Wurst.
Der Kellner rechtfertigt sich: „Was stört Sie denn so an der Wurst?“
Der Gast: „Die Zipfel stören mich!“
Der Kellner: „Aber jede Wurst hat doch zwei davon!“
Der Gast: „Das schon, aber bei dieser sind sie so dicht zusammen!“

„Herr Ober, machen Sie bitte das Fenster zu!“
„Zieht es denn?“
„Ja, mein Schnitzel ist schon zwei Mal vom Teller geweht!“

Kreisler zum Ober: „Das ist aber eine sehr traurige Sache mit dem Fisch, den Sie mir gerade serviert haben.“
„Ich verstehe nicht, mein Herr.“
„Na, so klein und schon so verdorben.“

Gast: „Kann man hier Wild essen?“
Ober: „Die meisten Gäste essen manierlich.“

„Wie möchten Sie denn Ihr Ei serviert haben, mein Herr.“
„Hat die Art des Servierens Einfluss auf den Preis?“
„Nein, mein Herr.“
„Dann servieren Sie es mir auf einem großen Schnitzel.“

Der Kellner bringt den Kaffee und schaut dann aus dem Fenster:
„Sieht nach Regen aus“, meint er.
„Aber“, sagt der Gast freundlich, nachdem er einen Schluck Kaffee getrunken hat, „aber ein bisschen schmeckt er doch nach Kaffee.“

„Herr Ober, haben Sie Froschschenkel?“
„Ja.“
„Dann hüpfen Sie mal und bringen Sie mir einen Schnaps!“

Ein Wirt zum anderen: Wieso kannst du das Taubenragout so billig anbieten?
Der andere: „Pst, nicht weiterverraten. Ich mische das Fleisch, halb Taube, halb Pferd.“
Wirt (nach längerem Kopfrechnen): „Aber dann sehe ich immer noch nicht, wie du auf diesen Preis kommst.“
Der andere: „Ganz einfach, immer eine Taube auf ein Pferd.“

„Herr Ober, wie nennen Sie dieses Gericht?“
„Hüttenkäse.“
„Dann habe ich eben auf ein Stückchen Tür gebissen.“

„Herr Ober, nehmen Sie doch bitte die Fettaugen aus meiner Suppe, ich fühle mich immer so beobachtet beim Essen."

Ein Liliputaner kommt in eine Kneipe und bestellt einen Schnaps.
Er bekommt ein Glas, kippt es, schüttelt sich und ruft: „Brrrrr, der ist ja so stark, da zieht sich einem ja alles zusammen!"
Der Wirt: „Also bitte keine Reklamation, Sie sind schon so klein reingekommen!"

Im Restaurant: „Nun, mein Herr, wie war das Steak?"
„Erstklassig, und ich sage das als Profi."
„Sind Sie Metzger?"
„Nein, Schuhmacher!"

„Herr Ober", erkundigt sich Meier-Westernhagen, „warum heißt dieses Gericht denn Räuberspieß?"
„Warten Sie ab, bis Sie die Rechnung bekommen, mein Herr."

„Herr Ober, dieser Kaffee ist ja ganz kalt!"
„Gut, dass Sie mir das sagen, mein Herr! Eiskaffee kostet nämlich einen Euro mehr."

Der Chefkoch lässt die neue Kellnerin zu sich rufen.
„Sagen Sie mal, wieso haben Sie denn ‚Speinat' auf die Speisekarte geschrieben?"
„Sie haben doch selber gesagt", wehrt sie sich, „ich soll Spinat mit Ei schreiben."

„Mein Teller ist ganz feucht", beschwerte sich der Reisende im Luxushotel.
„Sei doch ruhig", flüsterte seine Frau, „das ist doch schon die Suppe!"

Gast: „Also ich nehme das mit Käse überbackene Rinderhack-Medaillon in Teighülle und dazu frittierte Kartoffelstiftchen an einer würzigen Tomatensauce."
Ober: „Okay!" (ruft in die Küche):
„Einmal Cheeseburger mit Pommes und Ketchup!"

Der Gast hat im Restaurant eine Taube bestellt. Das Vieh ist zäh wie Leder. Auf einmal beißt er auf eine kleine Metallkapsel. Er öffnet sie und findet einen Zettel: „Greifen im Morgengrauen an. Napoleon."

„Herr Ober, in dem Kirschkuchen sind ja gar keine Kirschen!"
„Ja logisch, im Hundekuchen sind ja auch keine Hunde."

Gast: „Einen Kaffee ohne Sahne bitte." Nach fünf Minuten kommt der Kellner wieder und sagt: „Tut mir leid, die Sahne ist leider alle, kann es auch ein Kaffee ohne Milch sein?"

Der Urlauber in einem kleinen Hotel: „Bitte, ich möchte zwei Eier, eines steinhart, das andere roh, einen verbrannten Toast und eine lauwarme Brühe, die Kaffee heißt."
„Ich weiß nicht, ob sich das machen lässt", gibt der Kellner zu bedenken.
„Aber wieso denn nicht, gestern ging es doch auch."

Gast: „Das Schnitzel schmeckt wie ein alter Hauslatschen, den man mit Zwiebeln eingerieben hat!"
Ober: „Donnerwetter! Das haben Sie alles schon gegessen?"

Gast in einem Restaurant zur Kellnerin: „Ist das ein Apfel- oder Pfirsichkuchen?"
Die Kellnerin antwortet: „Ja schmecken Sie das denn nicht?"
Gast: „Nein."
Kellnerin: „Na dann ist es doch auch egal."

Ein Mann sitzt in einem Café und beobachtet, wie der Mann am Nebentisch, der gerade eine Tasse Kaffee bekommen hat, diesen Kaffee in eine Blumenvase leert und danach die Tasse verspeist. Er lässt nur den Henkel übrig. Danach bezahlt der Gast und verlässt das Cafe. Der erstaunte Beobachter ruft den Kellner und berichtet, was er soeben beobachtet hat:
„Der Mann am Nebentisch hat seinen Kaffee in die Blumenvase geschüttet und die Tasse gegessen. Schauen Sie, nur der Henkel ist noch übrig geblieben. Ist das nicht merkwürdig?“
„Das ist wirklich merkwürdig“, antwortete der Kellner, „dabei ist der Henkel doch gerade das Beste.“

Im französischen Feinschmeckerrestaurant: „Unsere Schnecken sind weltbekannt!“ „Habe ich schon bemerkt, bin vorhin von einer bedient worden.“

„Herr Ober, meine Suppe ist kalt!“
„Kein Wunder! Die haben Sie ja bereits vor einer Stunde bestellt!“

„Herr Ober, haben Sie Zucker?“
„Nein, Gicht!“

Sagt der Gast zum Ober: „Der Karpfen sieht aber gar nicht gut aus."
Meint der Ober: „Kein Wunder, der ist ja auch tot!"

Der Ober bringt die Suppe, nach einer Weile kommt er wieder am Tisch vorbei und sieht, dass der Gast die nicht angerührt hat.
Ober: „Etwas nicht in Ordnung, der Herr?"
Gast: „Kosten Sie die Suppe!"
Ober: „Ist sie zu heiß, zu kalt?"
Gast: „Kosten Sie die Suppe!"
Ober: „Ist sie versalzen?"
Gast: „Kosten Sie die Suppe!"
Ober: „Äh – es ist ja gar kein Löffel da!"
Gast: „Genau!"

Ober: „Und, mein Herr, wie fanden Sie das Steak?"
Gast: „Nach langem Suchen unter einem Salatblatt!"

„Mein Herr, Sie haben ihren Kaffee verschüttet!"
„Bestimmt nicht, Herr Ober, der war so schwach, dass er von allein umgefallen ist!"

# Sport ist nicht nur Mord …

# Zwei Bergsteiger überqueren einen Gletscher

Zwei Bergsteiger überqueren einen Gletscher. Der Schorsch fällt plötzlich in eine Spalte. Der Sepp ruft: „Hast du Schmerzen?“
Aus der Spalte schallt es zurück: „Bis jetzt nicht, ich falle noch!“

Der Bergführer im Steig zu seiner Gruppe: „Sollte einer von euch jetzt stürzen, bitte kurz nach rechts schauen – da ist die Aussicht besser.“

Der Almbauer ruft seinem Knecht zu: „Sepp, treib die Ziegen aus dem Stall, Bergsteiger wollen Gemsen sehen!“

Der Xaver schlägt unten am Berghang mit einem dumpfen Schlag auf. Ruft der Sepp: „Kannst du Dich noch bewegen?“
Der Xaver: „Nein!“
Der Sepp: „Gut, ich lass dir das Seil runter, beiß dich fest, dann zieh ich dich rauf.“
Gesagt getan, der Sepp lässt das Seil runter, der Xaver beißt sich fest und der Sepp zieht seinen Bergkameraden hoch. Als der Kopf vom Xaver schon aus der Spalte schaut, fragt der Sepp: „Xaver, kannst noch?“

Zwei Bergsteiger haben endlich den Gipfel erklommen.
„So ein herrliches Panorama“, ärgert sich der eine, „und ich Trottel habe das Glas vergessen.“ Meint der andere: „Ist doch nicht so schlimm, trinken wir halt aus der Flasche.“

Mit zahlreichen Blessuren erscheint der Toni nach der Tour beim Arzt: „Ich bin abgestürzt.“
„Hoch?“
„Quatsch, natürlich runter!“

Mäxchens Eltern haben sich vor 12 Jahren während einer Bergtour kennengelernt. Darüber muss Mäxchen in der Schule heute einen Aufsatz schreiben. Er beginnt: „Meine Eltern, Opfer der Berge!“

Zwei Wanderer stehen vor einer Gletscherspalte. Sagt der eine: „Letzte Woche ist da mein Wanderführer reingefallen."
„Was, das sagst du einfach so?"
„Na ja, die neueste Auflage war es nicht, und ein paar Seiten fehlten auch schon."

Ein Papagei und sein Besitzer unternehmen zusammen mit einem Bergführer eine Bergtour. Der Papagei ruft den Bergführer mit den Worten: „Hey, du, gib mir sofort was zu trinken." Der gibt dem Vogel was zu trinken. Kurz darauf schreit der Papagei: „Hey, Alter, ein Bier, aber zack-zack!" Wiederum bekommt der Papagei ein kühles Bier aus dem Rucksack des Führers gereicht. Der Besitzer denkt sich: Was der Papagei kann, das kann ich schon lange. Er ruft dem Bergführer zu: „Hey, Alter, gib mir auf der Stelle auch ein Bier." Doch das geht jetzt zu weit für den guten Mann. Er beschließt vor Wut, seine Schützlinge die Wand hinunterzuwerfen. Im Flug auf halber Höhe der Wand sagt der Papagei zu seinem Besitzer: „Also, für einen Typen, der nicht fliegen kann, hast du eine ganz schön große Klappe ..."

Was ist der Unterschied zwischen einem knackigen, intelligenten, sympathischen Mann und Ötzi? Tja, Ötzi hat man gefunden.

Ein Berggänger verirrt sich auf dem Heimweg. Er kommt an eine Sennhütte und bittet um Nachtquartier. Die Sennerin und der alte Senn sind einverstanden. Da nur ein Bett vorhanden ist, müsse er allerdings in der Bettmitte schlafen. Beim gemeinsamen Nachtessen bleibt eine Kartoffel übrig, doch keiner traut sich, dem anderen die Kartoffel wegzuessen. In der Nacht ist die Sennerin ziemlich unruhig. Morgens um halb sechs Uhr geht der Senn in den Stall, um das Vieh zu versorgen. Die Sennerin wird noch unruhiger und sagt: „Jetzt ist es günstig!“
Darauf springt der Tourist auf, rennt in die Küche und verspeist die Kartoffel …

Ein Mann geht mit seiner Frau auf einem Berg spazieren. Bei einer steilen Stelle gibt er seiner Frau einen heftigen Stoß, und sie stürzt in die Tiefe. Nach 10 Minuten kommt ihm ganz aufgeregt ein Wanderer mit Fernglas entgegen und sagt: „Das war Mord, ich hab das mit meinem Fernglas genau gesehen. Sie sind ein Mörder, ich zeige Sie bei der Polizei an.“
Da antwortet ihm der Mann in aller Ruhe: „Regen Sie sich doch nicht so auf, ich werde meinen Drachen wohl fliegen lassen dürfen, wo ich will …“

Ein Schild an der Tür: „Hier beschimpft der Hüttenwirt seine Gäste noch selbst.“

Urlauber zum Bergführer: „Schöne Berge habt ihr hier."
Bergführer: „Des wiss ma eh."
Urlauber: „Schöne Seen habt ihr auch hier."
Bergführer: „Des wiss ma ah."
Urlauber „Nur die Menschen hier sind etwas komisch."
Bergführer: „Des mocht nix, de forn eh nach zwa Wochen wieder hoam."

Ein Schnarcher liegt im Lager neben einer hübschen jungen Dame. Sie boxt ihn mit dem Ellenbogen, er dreht sich ab und schnarcht weiter. Sie boxt ihn erneut, er dreht sich auf den Rücken und schnarcht weiter. Sie boxt ihn nochmals, er dreht sich nun zu ihr und sagt: „Sorry, ich bin jetzt zu müde!"

Zwei Bergsteiger wollen biwakieren und merken, dass sie keine Decken haben.
Da sagt der eine zum andern: „Schau, dort steht eine Leiter, mit der kannst du dich zudecken."
Da sagt der andere: „Die geht nicht, da fehlt eine Sprosse, da friere ich ja. So ein Mist, ein Kopfkissen habe ich auch nicht."
Der andere sieht neben ihnen eine alte Stahlröhre und sagt: „Nimm diese."
Der Kamerad sagt: „Die ist aber hart."
Der andere: „Macht nichts, steck einfach ein wenig Gras hinein."

Zwei Bergsteiger sind auf einem steilen Firnfeld unterwegs, stürzen plötzlich und kommen ins Rutschen. Dem einen gelingt es gerade noch, den Eispickel in den Firn zu rammen und sich am Stiel festzuhalten; der andere greift die Beine des ersten, um nicht weiterzurutschen. Durch das Gewicht der beiden rutscht der erste natürlich langsam am glatten Stiel des Pickels herunter. Schließlich ruft er zum anderen: „Lass sofort meine Beine los, sonst hau ich dir den Pickel ins Kreuz.“

Gestern standen wir am Abgrund, heute sind wir schon einen Schritt weiter.

Mein schönstes Tourenerlebnis? Als der Gips endlich wieder runterkam.

Ein Bergführer weist eine Amerikanerin auf eine Gletschermoräne hin:
„Diese Steine sind alle vom Gletscher gebracht worden!“
„Und wo ist der Gletscher jetzt?“
„Wieder raufgegangen, neue holen.“

# Fußballer, Boxer und noch viel mehr

Der Trainer nach einer Niederlage: „Ihr solltet spielen wie noch nie und nicht, als ob ihr noch nie gespielt hättet!“

Was ist der Unterschied zwischen einem Bankräuber und einem Fußballstar?
Der Bankräuber sagt: „Geld her, oder ich schieße!“
Der Fußballstar hingegen: „Geld her, oder ich schieße nicht!“

Der Nationalspieler fragt sich: „Ich weiß gar nicht, was die Leute immer gegen uns haben, wir tun doch gar nichts!“

„Der 1. FC Magdeburg spielt morgen wieder in blauen Hosen."
„So? Nicht mehr in Magdeburg?"

Ein Freund zum anderen: „Mein Arzt hat mir geraten, mit dem Fußballspielen aufzuhören!"
Sagt der andere: „Mein Gott, hat er was Schlimmes bei dir gefunden?"
Antwortet der eine: „Nee, er hat mich spielen sehen!"

Zwei Fußballspieler streiten sich:
„Du bist der größte Depp, der hier rumläuft!", ruft der eine.
„Quatsch", sagt der andere, „der größte Trottel hier auf dem Platz bist noch immer du!"
Ruft der Trainer: „Hey Jungs, ich glaube, ihr habt vergessen, dass ich auch noch da bin!"

Der Lehrer: „Max, kannst du mir zwei berühmte Männer nennen, deren Namen mit M beginnen?"
Max: „Natürlich, Herr Lehrer, Müller und Messi!"
Der Lehrer: „Ich dachte da eher an Michelangelo und Mozart."
Max: „Kenn ich nicht! Spielen die Regionalliga?"

Der neue Spieler soll beim FC Bayern den Vertrag unterschreiben. Doch er sagt: „Tut mir leid, ich kann das nicht unterschreiben, ich bin Analphabet!“
Daraufhin der Vorstand: „Das macht doch nichts, deine Religion ist uns egal!“

„Sie sind jetzt 20 Jahre Schiedsrichter, sind Sie mit Ihrer Laufbahn zufrieden?“
„Nein, bin ich nicht! In den ganzen 20 Jahren hat mir niemand Schmiergeld angeboten!“

Warum wird das Frankfurter Waldstadion jetzt überdacht? Weil Glücksspiele unter freiem Himmel verboten sind!

„Schon gehört? Jetzt ist ein Van Gogh für 60 Millionen verkauft worden.“
„Mit diesen Ablösesummen machen sich die Fußballvereine doch gegenseitig kaputt.“

Warum wurde Toni Polster vom Tierschutzverband angezeigt? Weil er 90 Minuten auf dem gleichen Regenwurm gestanden ist.

Der Spieler auf der Ersatzbank sagt: „Auch auf der Ersatzbank ist es sehr gefährlich, schließlich könnte ich ja beim Spiel einschlafen und von der Bank fallen!“

Der Trainer zum Spieler: „Du Blödmann, warum hast du denn ein Eigentor geschossen?“
Der Spieler antwortet: „Weil doch die Tore alle so gleich aussehen …“

Ein BVB-Fan betritt eine Kneipe und ruft in die Menge: „Hey, wer will einen irren Schalke-Witz hören?“
Da dreht sich ein glatzköpfiger Kerl um und sagt: „Ich bin einsfünfundneunzig groß und 140 Kilo schwer und ein S04-Fan. Mein Kumpel neben mir ist zwei Meter groß und 150 Kilo schwer und ebenfalls S04-Fan. Möchtest Du uns deinen Witz immer noch erzählen?“
Darauf der Dortmunder: „Lieber nicht, bevor ich ihn zweimal erklären muss!“

Ein Mann sagt zu seiner Frau: „ Schade, dass es zur Zeit so wenig Fußball im Fernsehen gibt.“ Sagt die Frau: „Na ja, bei dem schönen Wetter können die schließlich auch draußen spielen!“

Fußballspieler sind heute viel fairer als früher: Heute besuchen sie nach dem Spiel ihre Gegner sogar im Krankenhaus!

Zwei Freunde treffen sich.
Der eine sagt: „Meine Frau will sich scheiden lassen, wenn ich weiterhin auf den Fußballplatz gehe!“
Der andere erwidert: „Das ist aber wirklich blöde!“
Darauf der eine: „Ja stimmt, ich werde sie wirklich vermissen!“

Der Fußballer fragt seine Frau: „Und? Wie war ich?“
Sie: „Letzte Woche warst du besser!“
Er: „Aber da hab ich doch gar nicht gespielt!“
Sie: „Ja, eben!“

Der Fußballfan zur Freundin: „Ach Susi, wenn ich Fußball schaue, vergesse ich alles!“
Die Freundin: „Ich heiße Nicole!“

Am Stammtisch: „Sag mal, versteht euer Trainer wirklich etwas vom Fußball?“
„Aber klar doch! Vor dem Spiel erklärt er uns, wie wir gewinnen können, und nach dem Spiel analysiert er, warum wir verloren haben!“

Berti Vogts nach dem Viertelfinale:
„Wir wollten ein Vorbild für alle Fans sein – wir schlagen niemanden mehr …“

Der erfolglose Mittelstürmer steht im Himmel vor Petrus.
Der fragt ihn ganz verblüfft: „Wie hast du denn das Tor gefunden?“

Der Jockey beendet das Rennen als Erster. Der Manager kommt zu ihm und beschimpft ihn: „Sie hätten doch noch viel schneller im Ziel sein können!“
Daraufhin antwortet der Jockey: „Natürlich hätte ich das, aber ich musste doch beim Pferd bleiben!“

Kurz vor Anpfiff des Pokalendspiels kommt noch ein Sportsfreund, ziemlich außer Atem, an die Kasse. „Zu spät“, sagt die Kassiererin, „das Stadion ist ausverkauft, bis auf den letzten Platz.“
„Prima“, freut sich der Sportsfreund, „dann geben Sie mir den!“

Presseerklärung von Ferrari: „David Coulthard ist vorhin mit seinem Flugzeug abgestürzt, wir möchten hiermit offiziell Stellung nehmen: Wir waren es nicht!“

Interview nach dem Auslandsturnier der Bayern.
Der Reporter fragt:
„Na, wie fühlen Sie sich nach dem Turnier, Herr Matthäus?"
Matthäus antwortet: „Super, ich war echt super drauf, ich habe z. B. zwei Bombentore in einem Spiel geschossen."
Reporter: „Herzlichen Glückwunsch, und wie ging das Spiel aus?"
Matthäus: „1 : 1."

Hans beim Fallschirmspringen. Als sich 1500 Meter über dem Boden der Schirm nicht öffnet, wird er unruhig. Bei 1000 Metern bekommt er Angst. In 500 Meter Höhe packt ihn die wahre Verzweiflung. Als es gerade noch drei Meter sind, meint Hans dann lässig: „Halb so wild. Die paar Meter schaffe ich auch noch ohne Fallschirm."

Ein Sportler springt mit seinem Fallschirm ab. Er zieht an der Leine, der Fallschirm öffnet sich aber nicht. Er zieht an der Reserveleine, der Reserveschirm geht auch nicht auf. Plötzlich kommt ihm von unten ein Mann entgegengeflogen. Diesem ruft er zu: „Hey, reparieren Sie zufällig Fallschirme?"
„Nein, Gaaasflaschen ..."

Beim Manager der Eisrevue bewirbt sich die 17jährige Katja: „Ich kann eine Acht laufen."
„Aber das kann doch fast jeder."
„In römischen Ziffern ..."

Der Fußball-Trainer zum Rundfunkreporter: „Können Sie nicht etwas langsamer reden? Meine Jungs können nicht so schnell rennen, wie Sie sprechen!"

Der Fußballer fragt den Schiedsrichter: „Wie heißt denn ihr Hund?"
„Ich habe keinen Hund ..."
„Oh, das tut mir aber leid. Blind – und keinen Hund."

Harry, der Gewichtheber, ist fix und fertig.
„Schon wieder verloren!", berichtet er seinem Freund.
„Ach Harry", sagt der, „du sollst nicht alles so schwer nehmen!"

Was ist der Unterschied zwischen Karstadt und Bayern München? Es gibt keinen großen, aber
Karstadt hat die bessere Sportabteilung.

In sieben Meter Tiefe bemerkt ein Taucher einen anderen, der in der gleichen Tiefe ohne Taucherausrüstung unterwegs ist. Der Taucher geht sechs Meter tiefer, wenige Minuten später ist auch der andere da. Als der nach weiteren neun Metern wieder gleichauf zu sehen ist, nimmt der Taucher eine Tafel und schreibt mit wasserfester Kreide: „Wie zum Teufel kannst du in dieser Tiefe so lange ohne Taucherausrüstung bleiben?“
Der andere kritzelt mit letzter Kraft auf die Tafel: „Ich ertrinke, du Trottel!“

Was ist der Unterschied zwischen einem Bankräuber und einem Fußballstar?
Der Bankräuber sagt: „Geld her, oder ich schieße!“
Der Fußballstar hingegen sagt: „Geld her, oder ich schieße nicht!“

Wie nennt man eine Eisenbahn, mit der das FIFA-Präsidium reist?
Flaschenzug.

„Der Weg von der Kabine zum Ring ist aber weit!“, beschwert sich der Boxer.
„Das macht doch nichts“, tröstet ihn sein Trainer, „zurück wirst du ja sowieso getragen.“

„Ich mach euch einen Vorschlag“, sagt Oliver Kahn. „Ihr geht alle in eine Bar und ich spiele allein gegen sie. Was meint ihr dazu?“
„Klingt vernünftig“, antwortet der Teamchef, und die anderen Spieler und gehen in eine Bar auf ein Bier und spielen Billard. Nach gut einer Stunde erinnert sich Mehmet Scholl, dass ja das Spiel läuft, und schaltet den Fernseher ein:
„Deutschland 1 (Kahn 10. Min.) – Holland 0“, zeigt die Anzeigetafel. Zufrieden widmen sie sich wieder ihrem Billardspiel und dem Bier für eine weitere Runde, bevor sie sich das Endresultat anschauen. Die Anzeigetafel zeigt:
„Deutschland 1 (Kahn 10. Min.) – Holland 1 (Davids 89. Min.)“ „Scheiße!“, schreien alle Spieler und rennen entsetzt ins Stadion zurück, wo sie Oliver Kahn in der Garderobe sitzen sehen, das Gesicht in den Händen vergraben.
„Was zum Teufel ist passiert, Oli?“, schreit Jürgen Klinsmann.
„Sorry, Freunde“, antwortet Kahn, „aber dieser verdammte Schiedsrichter hat mich in der 11. Minute vom Platz gestellt.“

„Sag mal, versteht euer Trainer wirklich etwas von Fußball?“
„Aber klar doch! Vor dem Spiel erklärt er uns, wie wir gewinnen können, und nach dem Spiel analysiert er, warum wir verloren haben!“

Samstagnachmittag auf dem Fußballplatz. Die Gastmannschaft liegt hoffnungslos zurück. Da sagt der Mittelstürmer zu seinem Teamgefährten: „Wenn wir hier schon nicht gewinnen können, dann treten wir ihnen wenigstens den Platz kaputt!"

Zwei Angler sitzen stundenlang bewegungslos am See. Irgendwann schlägt der eine die Beine übereinander.
Darauf der andere: „Was soll das denn? Ich denke, wir sind zum Angeln hier und nicht zum Tanzen ..."

Ein Spaziergänger erblickt einen Angler, bleibt stehen und schaut ihm minutenlang zu. Kopfschüttelnd meint er schließlich:
„Also nichts ist ja so langweilig wie Angeln!"
„Doch!", sagt darauf der Angler. „Das Zuschauen!"

Bei einem Fußballspiel kämpfen zwei Spieler verbissen um den Ball. Plötzlich fällt der eine zu Boden, hält sein Bein fest und verzieht vor Schmerzen das Gesicht. Der Schiedsrichter läuft zu ihm hin und fragt:
„Wen soll ich rufen – die Rettung oder einen Kritiker?"

In 100 Jahren: Der Teufel besucht Petrus und fragt ihn, ob man nicht mal ein Fußballspiel ‚Himmel – Hölle' machen könne. Petrus sagt: „Glaubt ihr denn, dass ihr auch nur die geringste Chance habt? Sämtliche guten Fußballspieler sind im Himmel: Pelé, Beckenbauer, Charlton, Di Stefano, Müller, Maradona …"
Darauf der Teufel: „Aber bei uns sind alle Schiedsrichter …"

„Und ihr Fachgebiet ist Fußball?", fragt der Showmaster.
„Ja", antwortet der Kandidat.
„Bravo, da habe ich eine Frage. Wie viele Maschen hat ein Tornetz?"

Ein Mann sitzt im eigentlich ausverkauften Stadion des WM-Finales und hat neben sich einen leeren Sitz. Irritiert fragt der Zuschauer auf der anderen Seite des leeren Platzes, ob der jemandem gehöre.
„Nein", lautet die Antwort. „Der Sitz ist frei."
„Aber das ist unmöglich! Wie kann einer eine Karte haben für ein WM-Finale und nutzt den Sitz dann nicht?"
„Der Sitz gehört zu mir. Meine Frau wollte mitkommen, aber sie ist kürzlich verstorben. Es ist das erste WM-Finale, dass wir uns nicht gemeinsam ansehen können, seitdem wir vor 40 Jahren geheiratet haben."
„Oh, das tut mir leid. Wollte denn niemand von Ihren Verwandten oder Freunden stattdessen mitkommen?"
Der Mann schüttelt den Kopf: „Nein, die können nicht. Die sind alle auf ihrer Beerdigung."

Im Winterurlaub: „Liebling, soll ich dem Skilehrer zum Abschied irgendetwas schenken?"
„Unbedingt, schenk' ihm am besten deine Ski mitsamt den Stöcken!"

Der Mittelstürmer humpelt vom Fußballplatz. Besorgt kommt ihm der Trainer entgegen und fragt: „Schlimm verletzt?"
Der Mittelstürmer: „Nein, mein Bein ist nur eingeschlafen!"

„Haben Sie drei Sekunden Zeit?", fragt ein Zuschauer den Schiedsrichter nach Spielschluss. Dieser nickt zustimmend.
„Dann erzählen Sie mal alles, was Sie über Fußball wissen!"

„Hast du gehört, Colosso Mamello, der Boxer, ist disqualifiziert worden!"
„Ja, warum denn das?"
„Wegen seines Aberglaubens. Er hat Hufeisen als Maskottchen in seinem Handschuh versteckt."

Verkäufer: „Heiße Würstchen, heiße Würstchen!"
Fan: „Mir egal, wie du heißt, bring mir lieber mal ein Bier!"

Plötzlich rutscht der Bergsteiger aus und kann sich gerade noch an einem winzigen Felsvorsprung festhalten. Als seine Kräfte nachlassen, blickt er verzweifelt gen Himmel und fragt: „Ist da jemand?“
„Ja.“
„Was soll ich tun?“
„Sprich ein Gebet und lass los.“
Der Bergsteiger nach kurzem Überlegen: „Ist da sonst noch jemand?“

In die Siegesfeier des Fußballvereins platzt der Masseur mit der Nachricht:
„Unser Mittelstürmer ist soeben Vater von Zwillingen geworden.“
Der Mannschaftskapitän ruft stolz aus: „Donnerwetter! Da ist ihm ja ein schöner Doppelpass gelungen.“ In diesem Augenblick kommt der Trainer in die Kabine: „Moment! Vergessen wir nicht die exzellente Vorarbeit von unserem Libero!“

Eine Fußballmannschaft fliegt nach Amerika.
Aus Langeweile beginnen die Burschen, in der Maschine mit dem Ball zu spielen. Der Pilot kann die Maschine kaum noch halten und schickt den Funker in die Kabine. Nach zwei Minuten ist absolute Ruhe. „Wie hast du denn das gemacht?“
„War ganz einfach“, meint er, „ich habe gesagt: ‚Jungs, es ist schönes Wetter draußen, spielt doch vor der Tür!‘“

Der Boxer fragt seinen Trainer:
„Werde ich Charly schlagen?“
„Hundertprozentig. Wenn du weiter so wild in die Luft schlägst, hat er in der dritten Runde garantiert eine Lungenentzündung!“

„Also“, sagt der Boxtrainer in der Pause zum Boxer, „du musst dir schon darüber klar werden, was du willst. Entweder den Friedensnobelpreis oder die Kreismeisterschaft im Schwergewicht. Beides geht nicht!“

Der Boxer geht im Ring zu Boden und der Ringrichter zählt ihn aus. Schnell springt der Betreuer zu dem Boxer hin und flüstert:
„Stehe nicht vor Acht auf!“
Der Boxer: „Okay, wie spät ist es denn jetzt?“

Michael Schumacher und Mika Häkkinen sind gemeinsam in Indien, übernachten im Zelt. Nachts wird Mika durch laute Geräusche wach. Als er aus dem Zelt schaut, sieht er, dass Schumi draußen immerzu ums Zelt rennt, weil er von einem Tiger verfolgt wird. Aufgeschreckt ruft Häkkinen: „Schneller, Michael, der Tiger holt dich gleich ein!“ Darauf Schumi außer Atem: „Macht nix, ich habe drei Runden Vorsprung.“

Abfahrtsrennen in Österreich. Kurz vor Beginn geht eine riesige Lawine ab und begräbt das gesamte Starterfeld unter sich. Am nächsten Tag kommt die Witwe eines Läufers in die Dorfturnhalle, um unter den Toten ihren Mann zu identifizieren. Als der erste Sarg geöffnet wird, schluchzt sie leise: „Nein.“ Auch beim zweiten Sarg schüttelt sie den Kopf. Als der dritte Deckel abgehoben wird, lächelt sie: „Ja, das ist er. Gott sei Dank unter den ersten Drei.“

Die Frauenbeauftragte des Deutschen Bundestages schickt ein Rundschreiben an alle Fußball-Bundesligavereine mit der Bitte, das heimische Stadion doch endlich mal nach einer Frau zu benennen. Der einzige Verein, der sich meldet, ist Schalke 04. Der Schalker Präsident teilt der Dame am Telefon stolz mit, dass er sich entschlossen habe, ihren Wunsch zu erfüllen. Hocherfreut fragt sie: „Wie soll das Stadion denn jetzt heißen?“ „Dem-Ernst-Kuzorra-seine-Frau-Arena!“

Oliver Kahn will ein Kreuzworträtsel lösen. Doch bei einer Frage hängt er und fragt seinen Freund: „Ey hör mal, die wollen wissen, wer der beste Torwart ist?“
Darauf sein Kumpel: „Na, das bist doch du!“
Darauf Oli: „Nee, mit vier Buchstaben, nicht mit zwei.“
Abends denkt er noch einmal nach und kommt einige Stunden später auf die Lösung. „Vier Buchstaben, die meinen mich.“

Die Mutter eines mittelmäßigen Fußballspielers ist eine sehr gläubige Frau. Seit Langem schon ist sie unsicher, ob es eine Sünde ist, wenn ihr Sohn am Sonntag Fußball spielt. Schließlich geht sie zum Pfarrer und fragt ihn um Rat. Der Gottesmann antwortet: „Gute Frau, nicht DASS er spielt, ist eine Sünde, sondern WIE er spielt!“

Schwer angeschlagen sitzt der Boxer in der Ecke. Sein Trainer flüstert ihm zu: "Du, ich habe eine dufte Idee, wie du ihn schlagen kannst: Wenn er in der nächsten Runde wieder zuschlägt, dann schlägst du einfach mal zurück!"

Der Trainer schreit seinen Starspieler an:
„Wann bekommt man von dir mal was zu sehen?“
Der Superstar: „Heute Abend, im Fernsehen!“

„Mein Bruder trägt immer Golfsocken“, erzählt Andi.
„Wie sehen die aus?“
„Haben achtzehn Löcher.“

Während des Sportunterrichts liegen alle auf dem Rücken und fahren Rad.
„He Florian! Warum machst du nicht mit? Du liegst ja nur ganz ruhig da!“, schimpft der Sportlehrer.
„Sehen Sie das nicht? Bei mir geht's gerade bergab!“

Kurt und Peter sehen Nathalie gespannt beim Eislaufen zu, plötzlich verliert sie das Gleichgewicht und fällt hin. Da meint Kurt:
„Die Arme!“
Und Peter sagt: „Und erst die Beine!“

Warum fand die Fußball-WM 2006 in Deutschland statt? Weil man Bertis „Alten Herren“ damals keine weiten Reisen mehr zumuten konnte.

Der Mannschaftsarzt einer Bundesligamannschaft zum Thema „Doping im Fußball“: „Doping im Fußball bringt nix    das Zeug muss in die Spieler!“

Was ist der Unterschied zwischen einem Boxkampf Tyson/Holyfield und einem Rockkonzert? Beim Rockkonzert hat man Ringe im Ohr und nicht Ohren im Ring.

Zwei Schiffbrüchige rudern seit Wochen auf dem Ozean.
Stutzt der eine: „Sag mal, rudern wir etwa im Kreis?“
„Warum?“
„Na, die Gegend kommt mir irgendwie so bekannt vor!“

Der Trommler hält eine Ansprache an die Ruderer:
„Männer! Ich habe eine gute und eine schlechte Nachricht für euch. Zuerst die gute: Der Kapitän ist wieder gesund!“ Die Ruderer brechen in lautes Jubeln aus.
„Und jetzt die schlechte: Er hat auf einmal wahnsinnige Lust, Wasserski zu fahren.“

Ein Vater liebt es, seine Tochter zu belehren. So fragt er sie: „Welche Muskeln treten in Aktion, wenn ich reiten würde?”
Seine Tochter antwortet: „Die Lachmuskeln.”

„Ich habe ein sehr höfliches Pferd!“ erzählt der Springreiter stolz. „Bei jedem Hindernis stoppt es und lässt mich zuerst rüber.“

# Drei ältere Golfer beklagen sich …

Drei ältere Golfer beklagen sich.
„Die Spielbahnen sind zu lang“, behauptet einer.
„Die Bodenwellen sind zu hoch“, schimpft der zweite.
„Die Bunker sind zu tief“, ärgert sich der dritte.
Schließlich rückt ein Achtzigjähriger die Dinge zurecht.
„Wenigstens“, sagt er, „befinden wir uns noch auf der richtigen Seite des Rasens.“

Trauernde am Grab des Golffreundes. Nach der Rede tritt einer seiner Golffreunde an das geöffnete Grab und wirft eine Fahne hinein.
„Warum machst du das?“, wird er gefragt.
Der Freund antwortet: „Sein größter Wunsch war schon immer, einmal tot an der Fahne zu liegen.“

Drei Freunde begeben sich auf ihre wöchentliche Golfrunde. Am zweiten Grün erliegt einer von ihnen einem Herzanfall. Später im Clubhaus, als die beiden anderen sich bei einem Bier vom Spiel erholen, gesellt sich der Spielführer zu ihnen und spricht sein Beileid aus: „Es tut mir so leid. Das muss Ihnen ja völlig das Spiel verdorben haben.“ „Das nun gerade nicht, aber es war ziemlich anstrengend, ihn über die letzten 16 Bahnen mitzuschleppen.“

Der Richter zum Angeklagten: „OK, Sie haben uns erklärt, dass der Tod Ihrer Frau ein tragischer Unfall war und das der Titleist-Ball, den der Gerichtsmediziner aus dem Schädel Ihrer Frau entfernt hat, eigentlich nur durch eine Verkettung unglücklicher Umstände tödlich war. Auch das konnten Sie uns mehr oder weniger plausibel erklären. Was ich noch immer nicht ganz verstanden habe: warum der Pathologe auch noch einen Wilson Smart Core Ball in Ihrer Frau gefunden hat.“ Der Angeklagte: „Na ja, das war der provisorische ...“

Drei Golfer sprechen über ihr Sexleben. Der erste erklärt: „Wenn ich meinem Sexleben ein Handicap geben müsste, würde ich mir Handicap 14 geben.“
Der zweite: „Ich bin ja nun nicht mehr der Jüngste, ich gebe mir Handicap 24.“ Der dritte meint: „Mich dürft ihr überhaupt nicht fragen, ich habe schon seit zwei Jahren keine Scorekarte mehr abgegeben!“

Ein Golfer überquert eine Straße. Plötzlich sieht er einen Ölscheich, der von zwei bewaffneten Männern überfallen wird. Er eilt ihm zu Hilfe und schlägt die beiden Gangster k.o. Daraufhin sagt der Ölscheich zu ihm: „Du hast mein Leben gerettet, dir soll jeder Wunsch erfüllt werden.“
Der Golfer erinnert sich an sein ältliches Schläger-Set und sagt zu dem Scheich: „Ein paar neue Golf-Clubs sind alles, was ich brauche.“ Zwei Wochen später ruft ihn die Sekretärin des Scheichs an und erklärt ihm: „Wir haben Ihre Golf-Clubs. Der Scheich möchte sich jedoch bereits im Voraus entschuldigen, denn zwei davon haben keinen Swimmingpool.“

Die Frau eines Golfers klagt einer Freundin ihr Leid: „Neulich habe ich meinen Mann zum Golfen begleitet und prompt alles falsch gemacht: zu laut gesprochen, die falschen Schläger gewählt, zu steil aufgeschwungen … und besser gescort als er!“

Warum gilt unter Nichtgolfern das Golfspiel als eine der gefährlichsten Sportarten der Welt? Weil ständig die Ladys geschlagen werden und alle Nase lang jemand tot an der Fahne liegt.

Warum spielen Banker und Politiker so gerne Golf? Weil es der einzige Sport ist, den man mit Handschellen ausüben kann.

„Oh Herr, gib mir Golfschläger, frische Luft und eine bildschöne Mitspielerin – okay, die Golfschäger und die frische Luft kannst du von mir aus behalten."

„Endlich habe ich das Spiel verstanden: Wenn der Ball nach rechts dreht, nennt man das Slice, wenn der Ball nach links dreht, nennt man das einen Hook, und fliegt der Ball geradeaus, dann ist es ein Wunder!"

Ein lang verheiratetes Ehepaar spielt eine Runde Golf. Auf dem 11. Grün hat die Frau einen 15 Meter langen Putt zum Eagle.
Sie: „Wenn ich jetzt mit einem Schlag einloche, würde ich sterben."
Er: „Liebling, ich schenke dir den Putt."

Ein Golfer schlägt seinen Ball in eine Schlucht. Sein Freund hört aus der Schlucht ... „hack, hack, hack", wieder und wieder, bis der den Ball endlich draußen ist. Sein Freund fragt: „Wie viele Schläge hast du denn gebraucht, um rauszukommen?"
Antwort: „Drei."
Der Freund wiederspricht: „Ich hörte neun."
Die Erwiderung: „Sechs davon waren Echos."

Ein Golfer fragt den anderen: „Und wie lief es heute?“
„Ich habe eine 68 gespielt“, antwortet der andere. Der Fragende ganz erstaunt: „Was, ja das ist ja super! Spielen wir morgen zusammen?“
Der andere Golfer antwortet: „Ja gerne, morgen wollte ich die anderen 9 angehen.“

„Ich habe für meine Frau einen Satz Golfschläger bekommen.“
„Guter Tausch!“

Der Golfer macht sich bereit zu seinem Golfschlag, als er eine Stimme über den Außenlautsprecher hört, die sagt: „Der Golfer vor dem Abschlag der Damen soll sich bitte entfernen!“ Der Golfer dreht sich um und fragt sich, ob er wohl gemeint sein könnte. Wieder spricht er seinen Ball an, als erneut die Stimme über den Lautsprecher den Golfer auffordert, nicht von den roten Tees abzuschlagen – er solle von den weißen Tees abschlagen.
Da wird es unserem Golfer zu bunt, und er schreit: „Kann nicht mal jemand dem Deppen am Mikrofon sagen, er soll still sein, damit der Golfer auf dem Abschlag der Damen endlich seinen zweiten Schlag ausführen kann?“

Erster Golfer auf dem Fairway:
„Na, liegt der Ball spielbar?“
Zweiter Golfer im Wald: „Noch nicht!“

# Ein Radfahrer wird von der Polizei gestoppt ...

Ein Radfahrer wird von der Polizei gestoppt:
„Ohne Klingel: 5 Euro, keine Reflektoren: 10 Euro, kein Licht: 20 Euro. Macht zusammen 35 Euro."
Da fängt der Radler an zu lachen.
Polizist: „Was ist denn daran so lustig?"
Radfahrer: „Das wird teuer! Da hinten kommt ein Fußgänger, der hat noch nicht mal ein Fahrrad ..."

Der zerstreute Professor wird beinahe von einem Radfahrer umgefahren.
„Ja, haben Sie denn mein Klingeln nicht gehört?", fragt der Radler.
„Doch, schon. Aber ich dachte, es sei mein Handy."

Tina fragt am Nachmittag: „Mami, darf ich auf der Straße radeln?“
„Nein, mein Schatz, allein ist das viel zu gefährlich!“
„Aber Papa fährt doch auch immer allein!“
Die Mutter erklärt: „Das ist etwas ganz anderes, der hat auch eine sehr hohe Lebensversicherung abgeschlossen!“

Ein Radfahrer bittet an einer Tankstelle den Tankwart: „Einmal volltanken bitte!“
Der Tankwart fährt sich daraufhin mit der Hand vor der Stirn hin her, um dem Radfahrer klarzumachen, dass er ihn für meschugge hält.
Darauf reagiert der Radfahrer erfreut: „Oh ja, Scheibe wischen auch!“

Fritz ist sein neues Fahrrad gestohlen worden. Er reibt sich die Hände und sagt zu seinem Kollegen: „Der Dieb wird Augen machen, wenn er merkt, dass es noch nicht bezahlt ist!“

„Wie alt sind Sie?“, fragt der Richter die Radfahrerin.
Tiefes Schweigen.
„Wenn Sie nicht gleich antworten“, droht der unerbittlich, „lasse ich Sie schätzen!“

Ein Vampir kommt mit dem Fahrrad in eine Verkehrskontrolle.
„Haben Sie was getrunken?“, fragt der Polizist.
Der Vampir: „Ja, einen Radler!“

„Treibt Ihr Mann Sport?“
„Selbstverständlich, er fährt Rad!“
„Strengt ihn das nicht sehr an?“
„Auf keinen Fall, er hat doch einen Sitzplatz!“

Ein Radfahrer fährt ganz gemütlich Schlangenlinien unmittelbar vor der Straßenbahn. Der Fahrer ist wütend, lehnt sich raus und schreit: „Du hirnloser Depp, du! Kannst denn nicht woanders fahren?!“
Darauf der Radfahrer, mit sanften Lächeln: „Ich schon …“

„Opa, wo willst du mit dem Fahrrad hin?“
„Auf den Friedhof.“
„Und wer holt das Fahrrad ab?“

Ein Verkehrspolizist stoppt Frau Hainer mit ihrem Rad.
„Sie sind in falscher Richtung durch die Einbahnstraße gefahren!“
„Warum muss der Fehler bei mir liegen, vielleicht haben Ihre Kollegen die Schilder falsch aufgestellt!“

Fahrzeugkontrolle. „Ihr Rücklicht brennt nicht", belehrt der Polizist den Radfahrer. Der steigt ab, schaut nach hinten und bleibt fassungslos stehen. „Sehen Sie selbst, es brennt nicht", bestätigt der Beamte freundlich.
„Zum Teufel mit dem Rücklicht", schimpft der Radfahrer, „ich möchte wissen, wo meine Satteltaschen geblieben sind ..."

In der Turnhalle liegen Kinder auf dem Rücken und fahren Fahrrad. Nur Fritzchen liegt ganz entspannt auf der Matte.
„Warum machst du nicht mit?", fragt der Lehrer.
Fritzchen antwortet: „Das ist nicht nötig, ich fahre bergab!"

Der Reporter fragt den Fußballtrainer: „Warum müssen die Tabellenletzten beim Training Fahrrad fahren?"
„Damit sie sich an das Absteigen gewöhnen!"

Der Fahrradfahrer jammert: „Gestern hatte ich Schmerzen, Herr Doktor!"
„Wo denn genau?"
„Auf der Strecke zwischen Halstenbek und Wedel!"

Dem verunglückten Radfahrer wird nach dem Unfall etwas Cognac eingeflößt. Er flüstert: „Volltanken, bitte!"

Ein junger Mann betritt eine Bar. Lässig legt er seinen Autoschlüssel mit Porsche-Zeichen gut sichtbar auf den Tresen. Und schon lächelt ihm ein hübsches Mädchen zu. Da flüstert der Barkeeper: „Jetzt aber schnell die Fahrradklammern von den Hosen nehmen!"

Der Ehemann kommt frühmorgens mit seinem völlig demolierten Rolls Royce nach Hause.
„Was ist passiert?", fragt seine Frau entsetzt.
„Nichts weiter", sagt er einsilbig, „ein Radler hat mich angefahren."
„Ein Radfahrer? Wie oft denn?"

Ein Beduine zieht mit seinem Kamel langsam durch die Wüste, beiden ist unbeschreiblich heiß. Plötzlich überholt ein Radfahrer. Der Beduine wundert sich. In der nächsten Oase treffen sie sich wieder.
Der Beduine fragt: „Sag mal, warst du das vorhin? Und so schnell? Du musst doch vor Hitze umkommen!"
„Ach wo", antwortet der Radfahrer, „der Fahrtwind kühlt enorm!"
„Das ist ja wunderbar", denkt der Beduine, „das können wir auch haben!", schwingt sich auf sein Kamel, reitet los und treibt sein Tier zu großer Geschwindigkeit an.
70 km/h, und der Beduine freut sich. Doch plötzlich kippt das Kamel um. Es ist tot, erfroren.

Gerda saust mit dem Fahrrad um die Kurve und fährt beinahe eine alte Frau um.
Die aufgeregte Frau schimpft: „Kannst du nicht klingeln?"
„Selbstverständlich kann ich das", antwortet Gerda, „aber ich wollte Sie nicht erschrecken!"

Herr Meier wundert sich über das Fahrrad seines Freundes: „Warum ist denn dein Fahrrad auf der einen Seite grün und auf der anderen rot?"
Der Freund antwortet: „Das ist sehr praktisch, was meinst du, wie sich im Falle eines Falles die Zeugen widersprechen!"

Während einer Radtour prahlt ein Fahrer damit, dass er Gedanken lesen könne.
„Auch was in deinem Kopf vorgeht, kann ich lesen", sagt er zum Tourenleiter.
„Das glaube ich nicht – sonst wärst du längst abgehauen!"

Der Polizist stoppt die junge Dame, die mit ihrem Rad gegen die Einbahnstraße gefahren ist. „Wissen Sie, warum ich Sie angehalten habe?"
Unschuldig sieht sie ihn an: „Lassen Sie mich raten: Sind Sie einsam?"

Das Ehepaar Klaus und Irmi macht eine Radtour, zum ersten Mal auf einem Tandem. Sie fahren über Stock und Steine und bewältigen nur mit Müh' und Not einen steilen Berg. Oben angekommen, sind beide völlig außer Atem.
Klaus sagt stolz zu seiner Frau: „Unglaublich, dass wir das geschafft haben!"
Und Irmi meint: „Ich hatte ja auch meine Zweifel. Nur gut, dass ich die ganze Zeit gebremst habe, sonst wären wir immer wieder rückwärts gerollt!"

„Sie sind Schlangenlinien gefahren!", sagt der Polizist. „Selbstverständlich bin ich das", antwortet der Radfahrer, „sollte ich etwa die weißen Mäuse überfahren?"

Ein Polizist verfolgt in Berlin einen Dieb mit dem Fahrrad. Nachdem die beiden schon eine ganze Zeit durch die Gegend gefahren sind, fallen beide völlig erschöpft vom Rad. Nach fünf Minuten steigt der Dieb wieder auf und fragt den Polizisten: „Na, noch eine Runde?"

Der Polizist mahnt den Radfahrer: „Wenn das Licht nicht funktioniert, absteigen!"
Der Radfahrer: „Hab ich auch schon probiert, aber es geht trotzdem nicht!"

„Angeklagter, vor zwei Jahren habe ich Sie schon einmal wegen Diebstahls eines Fahrrades verurteilt!"
„Das stimmt, Herr Vorsitzender, so ein Rad hält ja einfach nicht ewig!"

Tristan zeigt seiner Mutter begeistert seine Fahrkünste.
Er ruft: „Schau mal, Mutti, freihändig!"
Nach einer Weile: „Schau mal, Mutti, ohne Hände und Füße!"
Bald darauf gibt es einen lauten Krach, und Tristan ruft: „Und jetzt auch ohne Zähne!"

Die alte Dame bittet einen jungen Mann: „Können Sie mich bitte über die Straße führen?"
„Gern, wohnen Sie dort?"
„Nee, da steht mein Rennrad!"

Der Polizist stoppt eine Radfahrerin: „Ihren Namen bitte!", fordert er sie auf.
„Aber, aber, Herr Wachtmeister", lächelt die Dame, „gleich beim ersten Mal so stürmisch? Geben Sie mir doch lieber Ihre Telefonnummer, dann rufe ich Sie vielleicht einmal an."

Max bekommt von seinen Eltern ein Fahrrad mit allen Schikanen, und er probiert es sofort aus. Als er nach Hause kommt, sieht er ziemlich ramponiert aus.
„Ist was passiert?“, schreien alle aufgeregt.
„Überhaupt nichts“, sagt Max, „ich bin nur mit dem Gesicht zuerst abgestiegen.“

Die kleine Jette fährt mit ihrem Dreirad im Wohnzimmer herum.
Der Vater schimpft: „Du solltest doch längst im Bett sein!“
Da antwortet Jette: „Will ich ja, aber ich finde keinen Parkplatz!“

Freudestrahlend kommt Ursula nach Hause: „Du, Mama, der Peter hat es mir endlich beigebracht!“
„Ja, um Gottes Willen, wo denn?“
„Wir haben es zuerst auf dem Hof probiert!“
„Aber du bist doch noch viel zu jung!“
„Wieso denn, Mama, alle anderen Mädchen in meiner Klasse können doch auch schon Rad fahren!“

Richter zum Angeklagten: „Und dann haben Sie in einer Nacht 236 Räder gestohlen? Das geschah wohl in einer Affekthandlung?“
Der Angeklagte: „Nein, in einem Bike-Shop!“

Zwei Kollegen:
„Wie geht es mit deinem neuen Fahrrad?“
„Es geht nicht, es fährt.“
„Na gut: Wie fährt dein Fahrrad?“
„Es geht.“

Zwei Blondinen radeln. Auf einmal steigt die eine ab und lässt die Luft aus ihren Reifen. Die andere fragt sie: „Was machst du denn da?“
Antwortet die erste: „Na, mein Sattel ist mir zu hoch!“
Die zweite springt ihrerseits vom Rad, schraubt Sattel und Lenker ab, um anschließend den Sattel anstelle des Lenkers und den Lenker anstelle des Sattels wieder anzuschrauben. Da fragt die erste: „Und was machst DU jetzt?“
Sagt die andere: „Ich fahr zurück. Du bist mir einfach zu blöd!“

„Herr Polizist, mir wurde gerade mein Fahrrad gestohlen.“
Der Beamte will es genauer wissen: „War es denn noch sehr gut erhalten?“
„Nein, war es nicht.“
„Hat die Beleuchtung funktioniert?“
„Nein.“
„Waren die Bremsen in Ordnung?“
„Nein.“
Der Polizist sagt abschließend: „Na dann, dann zahlen Sie erst einmal 30 Euro Strafe.“

# Treffen sich drei Politiker …

# Historisches und Aktuelles

„Die Bundeskanzlerin hat heute eine sehr interessante Rede vor dem Bundestag gehalten!"
„Warum vor dem Bundestag? Durfte sie nicht rein?

Der oft recht mürrische Philosoph Arthur Schopenhauer fiel in seiner Wohnung einmal die Treppe runter, da er ganz in Gedanken die oberste Stufe übersehen hatte. Glücklicherweise
nahm er keinen Schaden.
„Da können Sie aber Gott danken“, sagte ein Bekannter.
„Ich werde mich hüten“, brummte Schopenhauer, „nicht eine einzige Stufe hat er mir erspart.“

Eine ältere Dame geht zur Bank, will ein Sparbuch eröffnen und 1000 Euro einzahlen.
Sie fragt: „Ist mein Geld bei Ihnen auch sicher?“
Kassierer: „Klar doch!“
Sie fragt weiter: „Und was ist, wenn Sie pleite machen?“
Kassierer: „Dann kommt die Landeszentralbank auf!“
Sie fragt: „Und was, wenn die pleite machen?“
Kassierer: „Dann kommt die Bundesbank auf!“
Die ältere Dame fragt noch einmal: „Und wenn die Pleite macht?“
Kassierer: „Dann tritt die Bundesregierung zurück, und das sollte Ihnen nun wirklich die 1000 Euro wert sein!“

Was wäre passiert, wenn man statt Kennedy Ulbricht erschossen hätte?
Schwer zu sagen, aber Onassis hätte die Witwe bestimmt nicht geheiratet.

Auf einem Staatsempfang unterhält sich Angela Merkel mit einem hohen russischen General, dessen Uniform mit zahllosen Orden übersät ist.
Plötzlich eilt ein Sicherheitsbeamter herbei: „Frau Bundeskanzlerin, Sie haben geläutet?“
„Nein. Der General hat nur geniest ...“

Wir lieben Politiker auf Wahlplakaten: tragbar, geräuschlos und leicht zu entfernen.

Auf einer Party bei Merkels wird ein berühmter Rugbyspieler der Kanzlerin vorgestellt. Sie sagt zu ihm: „Es würde mich wirklich freuen, wenn Sie uns später etwas auf Ihrem Rugby vorspielen könnten.“

Leonid Breschnew schenkt Erich Honecker in Moskau einen Anzug, der wie angegossen passt. Doch als Honecker ihn dann in Berlin anzieht, sind Ärmel und Hosenbeine zu kurz.
„Da kannst du mal sehen“, sagt Margot, „wie klein du in Moskau immer bist ... „

Walter Ulbricht ist schon entmachtet, fährt aber noch einmal nach Moskau und besucht Kossygin. Im Gespräch fragt er ihn: „Sag mal, Genosse Kossygin, wo ist eigentlich das Grab von Chruschtschow?“
Antwortet Kossygin: „Chruschtschow, Chruschtschow – kenn ich nicht!“ Wenig später ist Ulbricht bei Podgorny: „Sag mal, wo ist eigentlich das Grab von Chruschtschow?“
„Chruschtschow, Chruschtschow – kenn ich nicht!
Nun will Ulbricht zu Breschnew, und der wird von Podgorny telefonisch gewarnt: „Der Ulbricht wird dich nach dem Grab von Chruschtschow fragen!“
Breschnew ruft deshalb in Berlin bei Erich Honecker an, um ihn vorzuwarnen: „Hör mal, Genosse Honecker, hier ist der Ulbricht und fragt alle nach dem Grab von Chruschtschow, was soll denn das?“
Antwortet Honecker: „Wer? Ulbricht, Ulbricht? Kenne ich nicht!“

Göring sagt zu Goebbels: „Ich habe bemerkt, dass die Leute sich nicht mehr mit ‚Heil Hitler' grüßen. Wie wäre es, wenn wir zur Abwechslung mal wieder ‚Guten Tag' propagieren würden?"
Darauf Goebbels: „Ausgeschlossen, solange unser geliebter Führer lebt, wird es keinen guten Tag geben!"

Ostberlin: Auf dem Alexanderplatz geht ein Passant spazieren. Es ist Juli, herrlichstes Sommerwetter und sehr warm. Plötzlich sieht der Passant den Walter Ulbricht mit einem Regenschirm vorbeigehen. Da fragt der Passant: „Herr Ulbricht, warum haben Sie denn bei diesem herrlichen Wetter einen Regenschirm dabei? Es ist doch gar kein Regen in Sicht." Darauf Walter Ulbricht: „Genosse! Hier in Berlin regnet es vielleicht nicht, aber in Moskau ..."

Walter Ulbricht und Mao Tse-tung unterhalten sich über Innenpolitik.
„Und wie viele politische Feinde", fragt Walter Ulbricht, „haben Sie in der Volksrepublik China?"
„Es werden so ungefähr siebzehn Millionen sein", antwortet Mao Tse-tung.
„Ja, das ist ungefähr wie bei uns."

Krieg ist Gottes Art, den Amerikanern Geografie beizubringen!

Bei einer Gesellschaft von Adligen wird ordentlich geprahlt: „Also, wir können unseren Stammbaum bis zu Karl dem Großen zurückverfolgen. Wie alt ist denn eigentlich Ihre Familie?“
„Keine Ahnung, die Unterlagen sind bei der Sintflut verloren gegangen.“

Auf einem Empfang wurde Bismarck von der Ehefrau eines Botschafters einmal darauf angesprochen, dass die deutsche Sprache für einen Ausländer so schwer sei. So hätten zu viele Wörter zwei Bedeutungen, beispielsweise senden und schicken.
Bismarck darauf: „Gnädige Frau, dabei gibt es sehr wohl einen Unterschied. Ihr Herr Gemahl ist zwar ein Gesandter, aber durchaus kein geschickter ...“

Ein amerikanischer Journalist wird 1939 nach einem Deutschlandbesuch von seinen Kollegen gefragt, wie denn die Deutschen so seien.
Er antwortet nachdenklich: „Die Deutschen sind intelligent, ehrlich und nationalsozialistisch; aber niemals treffen alle drei Eigenschaften gleichzeitig zu. Sind sie intelligent und nationalsozialistisch, dann sind sie nicht ehrlich. Sind sie intelligent und ehrlich, dann sind sie nicht nationalsozialistisch. Sind sie ehrlich und nationalsozialistisch, dann sind sie nicht intelligent.“

Im Leninjahr wurden die Direktoren der drei Moskauer Uhrenfabriken in den Kreml bestellt. Der erste Direktor erklärt: „Wir bauen jetzt eine Kuckucksuhr, da kommt jede Stunde der Kuckuck raus und ruft: Lenin, Lenin, Lenin."
Der zweite sagt: „Das ist doch gar nichts. Aus unserer Uhr kommt der Kuckuck und ruft: Hoch lebe Lenin! Hoch lebe Lenin!"
„Na ja", sagt der dritte, „wir sind da etwas andere Wege gegangen. Bei uns kommt Lenin raus und ruft: Kuckuck, Kuckuck!"

Kann man im SED-Parteiorgan Neues Deutschland einen Elefanten einwickeln?
Ja, wenn eine Rede Honeckers abgedruckt ist.

Geroge W. Bush und Tony Blair treffen sich zum Essen mit Gästen im Weißen Haus.
Fragt einer der Gäste: „Mister President, worüber unterhalten Sie sich denn so den ganzen Tag?"
„Wir planen gerade den 3. Weltkrieg."
„Und wie sieht der aus?"
Bush: „Wir töten 4 Millionen Moslems und einen Zahnarzt …"
Der Gast schaut etwas verwirrt: „Wieso einen Zahnarzt?"
Blair klopft Bush auf die Schulter und meint: „Was habe ich dir gesagt, George. Keiner wird nach den Moslems fragen …"

„Herr Minister, ich freue mich, Sie kennenzulernen. Ich habe schon viel von Ihnen gehört."
„Aber beweisen können Sie mir nichts!"

Ein Sinto hört in Kirgisien Westfunk. Als der Dorfpolizist plötzlich um die Ecke biegt, ergreift der Sinto seine Geige und spielt wie der Teufel.
Der Polizist: „Hey Sinto, du hörst ja Westsender ab!"
Der Sinto verwundert: „Wieso abhören, ich störe ihn!"

Ein Passant ist gestolpert und auf den Rücken gefallen. Angela Merkel kommt zufällig vorbei, hilft dem Ärmsten auf die Beine und scherzt: „Dafür müssen Sie aber bei der nächsten Wahl die CDU wählen!"
„Aber Frau Merkel", sagt der Passant, „ich bin auf den Rücken und nicht auf den Kopf gefallen!"

Ein Ball der Deutschen Volkspolizei. Ein Vopo-General fordert Margot Honecker zum Tanzen auf. Dabei sagt er: „Genossin Honecker, es wird Zeit, dass diese Vopo-Witze verboten werden!"
Darauf Margot: „Aber irgendetwas muss dran sein. Sie sind der Erste, der mich bei der Nationalhymne zum Tanzen aufgefordert hat."

Ende der 30er Jahre in einem sowjetischen Arbeitslager sitzen drei Männer beisammen. Der erste fragt den zweiten:
„Weshalb bist du hier?“
„Weil ich 1935 für Iwan Iwanowitsch war.“
Der erste den dritten: „Und warum bist du hier?“
„Weil ich 1937 gegen Iwan Iwanowitsch war.“
Der dritte den ersten: „Und du?“
„Ich bin Iwan Iwanowitsch.“

Ein hoher Parteifunktionär besucht eine LPG. Der LPG-Vorsitzende, ein treuer Sozialist, verkündet voller Stolz: „Genosse Parteisekretär! Seit zwanzig Jahren bauen wir nun schon Weizen in unserer LPG an, und wir haben noch nie Mehltau gehabt!“
Darauf der Parteifunktionär: „Genosse! Ich lobe mir deinen Einsatz für die sozialistische Landwirtschaft! Natürlich bin ich mir bewusst, dass es auch in unserem Staat hie und da Engpässe bei der Versorgung gibt, aber ich werde mich persönlich darum kümmern, dass ihr in Zukunft welchen bekommt!“

Warum war es dem DDR-Bürger strengstens verboten, zusammen mit Bürgern aus der BRD Alkohol zu trinken?
Sie hätten dann beide die gleiche Fahne gehabt!

Aus dem „Dritten Reich“: Das Telefon klingelt.
Müller: „Müller.“
Schmidt: „Oh, Entschuldigung, da habe ich falsch gewählt.“
Müller: „Macht doch nichts. Das haben wir schließlich alle.“

Welcher Nationalität waren Adam und Eva? Natürlich waren sie Russen: Sie hatten nichts anzuziehen. Sie hatten kein Haus. Und sie glaubten sich im Paradies.

Im Sommer 1934 gehen Hitler, Göring und Goebbels spazieren. Auf einer Parkbank finden sie das Brevier eines katholischen Geistlichen. Als Hitler das Buch aufschlägt, liest er auf dem Vorsatzblatt folgende Eintragungen:
1.) Gott erhalte unseren Führer Adolf Hitler.
2.) Gott erhalte unseren Ministerpräsidenten Herman Göring.
3.) Gott erhalte unseren Minister Joseph Goebbels.
„Sieh an“, meint Hitler, „sogar unter dem katholischen Klerus gibt es volksbewusste Deutsche!“ Dann blättert er weiter und liest auf der Rückseite des Blattes:
4.) Gott erhalte unseren Führer der SA Ernst Röhm. Und darunter in roter Tinte:
Am 30.06.1934 bereits erhalten!

Merkel will einen arbeitslosen Architekten trösten, mit dem sie über die wirtschaftliche Situation spricht, und sagt: „Wenn ich nicht Kanzlerin wäre, würde ich Häuser bauen!" Sagt der Architekt: „Wenn Sie nicht Kanzlerin wären, würde ich auch Häuser bauen."

Die Tagesordnung des nicht mehr abgehaltenen XI. Parteitags der SED: Hereintragen des Präsidiums. Synchronisieren der Herzschrittmacher. Absingen des Liedes ‚Wir sind die junge Garde des Proletariats'.

Wer waren die ersten drei Politiker? Die Heiligen Drei Könige! Sie legten die Arbeit nieder, zogen schöne Gewänder an und gingen auf Reisen.

Manche Politiker versprechen nichts, aber das halten sie dann auch.

Angela Merkel ruft die Spitzenbeamten des Kanzleramts zusammen: „Ich will in diesem Laden keine Jasager um mich haben. Wenn ich Nein sage, sollen alle anderen auch Nein sagen."

Arafat ist gestorben und steht vor der Himmelstür. Wie immer, ist er natürlich schwer bewaffnet und trägt eine MP und eine Pistole. Arafat klopft an der Tür, Petrus öffnet.
Arafat: „Ja, hallo, ich möchte hier rein!"
Petrus: „Nee, geht nicht! Denn bewaffnet kommt hier schon gar keiner rein!"
Arafat riskiert einen Blick durch die Himmelstür und sieht einen großen, bärtigen Mann auf einem hohen Stuhl sitzen, der ein großes Gewehr in der Hand hält.
Arafat: „Aber Petrus, selbst der liebe Gott hat doch ein Gewehr, warum darf ich das nicht haben!"
Petrus: „Das ist 'ne Ausnahme. Und außerdem ist das gar nicht der liebe Gott. Das ist Karl Marx, der wartet auf Erich Honecker!!"

Erich Honecker hielt eine Rede zur Entwicklung des Sozialismus. „Liebe Genossinnen und Genossen", verkündete er lautstark, „die Entwicklung des Sozialismus ist nicht aufzuhalten! Schon heute bedeckt der Sozialismus ein Fünftel unserer Erde! Und schon bald wird es ein Sechstel, ein Siebtel, ein Achtel, ein Neuntel und sogar ein Zehntel sein!"

Nach dem Irak-Krieg sprach der Vertraute Saddams mit den 10 Doppelgängern:
„Ich habe eine gute und eine schlechte Nachricht." Alle Doppelgänger Saddams waren gespannt.
„Die Gute – Saddam Hussein hat den Krieg überlebt. Und nun die schlechte Nachricht: Er hat einen Arm verloren ..."

Jemand kommt zum Friseur und meint: „Ich möchte gern attraktiver aussehen. Bitte machen Sie mir eine Frisur wie die von Gregor Gysi."
„Ich glaube nicht, dass Ihnen diese Frisur stehen würde", antwortet der Friseur, „dafür haben Sie zu viele Haare."
„Na gut, dann möchte ich eben die Frisur von Jürgen Trittin."
„Glauben Sie mir, auch die würde nicht zu Ihrem Gesicht passen."
„Ich geb's auf, dann eben wie immer."
„Ist recht, Frau Merkel, wie immer!"

Wie schafft man es unter der Großen Koalition, an ein kleines Vermögen zu kommen? Man muss vorher ein großes gehabt haben!

In der Schule fragt die Lehrerin, was ein Trauerfall ist. Sagt der erste Schüler: „Wenn ich meine Geldbörse verliere!"
„Nein", sagt die Lehrerin, „das nennt man einen Verlust!"
Sagt der nächste Schüler: „Wenn ein Loch in unserm Dach ist und es hereinregnet!"
„Nein", sagt die Lehrerin wieder, „das nennt man einen Schaden!"
Sagt der dritte Schüler: „Wenn unsere Bundeskanzlerin sterben würde!"
„Richtig", sagt die Lehrerin, „das wäre ein Trauerfall, aber kein Schaden und kein Verlust!"

Zwei deutsche Politiker aus verschiedenen Parteien unterhalten sich in einer Pause im Bundestag. Da meint der eine: „Egal wie man es dreht und wendet, es gibt nur eine einzige ehrliche Methode, um an Geld zu kommen."
„Und welche soll das sein?"
„War ja klar, dass Sie die nicht kennen."

Der erkrankte Parlamentarier bekommt eine Genesungskarte: „Wünschen mit 113 zu 24 Stimmen gute Besserung. Die Kollegen."

Ein bekannter Politiker wurde entführt. Die Täter verlangen eine Million Euro – sonst lassen sie ihn wieder frei.

Horst Seehofer macht einen Besuch auf einem Bauernhof und lädt dazu auch die Presse ein.
Ein Fotograf knipst ihn im Schweinestall.
Seehofer sagt zu dem Fotografen: „Dass ihr mir aber nicht so dummes Zeug unter das Bild schreibt, wie ‚Seehofer und die Schweine' oder so!"
„Nein, nein, natürlich nicht."
Am nächsten Tag ist das Bild in der Zeitung, und darunter ist zu lesen: „Seehofer (3. v. l.)"

# Der Feldwebel sagt zu den Rekruten ...

Der Feldwebel sagt zu den Rekruten: „Ihr müsst dem Feind immer ganz tief und fest in die Augen sehen."
Nach einiger Zeit sagt der Feldwebel: „Meier, warum starren Sie mich andauernd so an?"

Der Spieß sagt zum Gefreiten: „Können Sie rechnen?"
Der Gefreite antwortet dienstbeflissen: „Jawoll, Herr Oberfeldwebel!"
Spieß: „Dann rechnen Sie mal damit, dass Sie am Wochenende Wache haben."

„Ich versteh das nicht! Mich schreiben sie tauglich, und dabei bin ich klein, schmächtig und auch noch kurzsichtig! Du bist groß und sportlich, doch du wirst schon zum dritten Mal untauglich geschrieben. Wie machst du das?“
„Ich weiß auch nicht, woran das liegt. Jedes Mal, wenn ich zur Musterung komme, sage ich sofort zum Stabsarzt: Dieses Mal bin ich bestimmt tauglich. Ich wette einen Tausender, dass ich es bin! Und glaubst du, ich würde diese Wette auch nur einmal gewinnen?“

Bei der Musterung meint der Stabsarzt zu Müller: „Umdrehen und bücken. Gut, tauglich.“
Daraufhin Müller: „Das hätten Sie mir auch ins Gesicht sagen können!“

Der Schütze Gruber bittet um Sonderurlaub, weil seine junge Frau auf ein Baby hofft.
„Na meinetwegen“, sagt der Kompaniechef. „Lassen Sie sich im Büro einen Urlaubsschein ausschreiben!“
„Vielen Dank, Herr Hauptmann, da wird sich meine Frau wirklich sehr freuen!“
„Gewiss, das soll sie auch. Wann kommt denn Ihr Baby, Gruber?“
„Ganz genau weiß ich das noch nicht“, antwortet der Schütze Gruber, „wenn alles reibungslos klappt, dann etwa 9 Monate nach meinem 1. Urlaubstag!“

„Herr Hauptmann, der Gefreite Schneider ist ohne Fallschirm abgesprungen."
„Was, schon wieder?!"

Aus dem Panzerhandbuch: „Man unterscheidet zwischen rechter und linker Seite des Panzers. Die hydraulischen Verbindungen stellen die hydraulischen Verbindungen her."

Der Soldat bittet: „Herr Leutnant, ich beantrage Sonderurlaub, meine Frau hat Zwillinge bekommen!"
Der Leutnant antwortet: „Tüchtig, tüchtig, und beide von Ihnen?"
Der Soldat: „Weiß ich noch nicht, ich hatte damals nur einen Tag Urlaub!"

„Mein Name ist Stein, und ich bin hart wie Stein. Schreiben Sie sich das hinter die Ohren! So, und wie heißen Sie?", fragt der Feldwebel den Rekruten.
„Steinbeißer, Herr Feldwebel."

„Ziehen Sie gefälligst auch die Unterhosen aus!", brüllt der Stabsarzt bei der Musterung den Rekruten Huber an.
„Nicht nötig", antwortet der, „unten bin ich ganz und gar tauglich."

„Mensch, Müller, stehen Sie nicht da wie der schiefe Turm von Pisa", schreit der Spieß den Rekruten an. „Woher kommen Sie eigentlich?"
„Aus Baden-Baden."
„Du lieber Himmel, auch noch stottern!"

Abschlussantreten der EKs, alle schon in Zivil und in Entlassungsstimmung. Spieß: „… und die Sachen werden dann bei mich abgegeben!"
Der Kompaniechef reagiert: „Bei mir!"
Der Spieß: „OK, alle Sachen also zum Kompaniechef."

Aufkleber an einem Panzer: „Hubraum statt Spoiler!"

Der Student Kreisner kommt zu spät in die Vorlesung.
Der Professor ist sauer:
„Unverschämtheit! Wie können Sie einfach seelenruhig zu spät kommen? Haben Sie überhaupt gedient?"
Student Kreisner antwortet: „Ja."
Der Professor: „Und was hat Ihr Spieß gesagt, wenn Sie dort zu spät gekommen sind?"
Der Student erwidert: „Guten Morgen, Herr Oberst."

Autoreiseruf auf WDR 2: „Der Panzerschütze Max Reiser, unterwegs mit einem dunkelgrünen Kettenfahrzeug Marke Leopard, im Raum Malaga, Costa del Sol, wird gebeten, umgehend seinen Standortkommandanten in Koblenz anzurufen: Das mit der Mobilmachung sei doch nur ein Scherz gewesen, und über den Heimaturlaub könne man ja noch mal sprechen …"

> Feldwebel: „Wer von Ihnen ist musikalisch?"
> Gefreiter: „Ich."
> Feldwebel: „Gut, dann tragen Sie das Klavier ins Kasino."

Der General wird erwartet. Alles überschlägt sich. Die Wege sind gefegt, der Bordstein ist weiß gestrichen, der Rasen grün, ebenso die neuen Lafetten. Nur ganz oben an die Raketenspitze kommt man nicht ran. Was nun? Der Spieß hat den rettenden Einfall: „Werfen wir den Farbeimer hoch, die Farbe läuft dann allein herunter." Gesagt, getan. Aber der Eimer bleibt leider oben. Was nun? Da ist der General auch schon da. Schaut alles genau an und nickt befriedigt. Bis er die Rakete mit dem Eimer auf der Lafette entdeckt: „Was ist das????"
Alles druckst rum.
Bis auf Gefreiten Meier: „Das ist doch der neue Neutronenreflektor, Herr General." Der antwortet: „Weiß ich selbst, aber warum ist das Ding nicht gestrichen?"

„Und was machen Sie nach Ihrer Entlassung?“, will der Spieß vom Rekruten wissen. „Ganz einfach: Ich kaufe mir eine Kanone und mache mich selbstständig!“

Der junge Mann wird zur Bundeswehr eingezogen. Vom ersten Tag an wiedeholt er ständig: „Ei, wo isser denn?“ Schließlich wird er für verrückt gehalten, und als er seinen Entlassungsschein erhält, freut er sich unbändig und ruft: „Ei, da isser ja!“

„Lesen Sie mal laut vor, was dort drüben auf der Tafel steht“, befiehlt der Arzt bei der Musterung des möglichen zukünftigen Rekruten.
„Was für eine Tafel? Ich sehe keine.“
„Sehr schön“, antwortet der Medizinmann. „Es ist nämlich auch keine da … tauglich.“

„Schütze Müller, können Sie lesen?“
„Jawohl, Herr Oberst!“
„Dann lesen Sie mal die Papierschnipsel vom Kasernenhof auf.“

„Soldat Frieser, steigen Sie mal aus dem Auto und schauen Sie sich an, wie Sie drinsitzen!“

Der Feldwebel brüllt: „In drei Minuten hat die ganze Kompanie feldmarschmäßig auf dem Kasernenhof zu stehen!“
Da meldet sich Rekrut Mauser und fragt: „Dürfen wir auch früher da sein, wenn wir Lust dazu haben?“

Der Feldwebel gibt seine Anweisungen: „Männer! Ihr robbt jetzt über die Weide und tarnt euch so, dass ihr von den Kühen nicht mehr zu unterscheiden seid, klar?!“
„Und was ist, wenn die Magd zum Melken kommt?“

Bei der Bundeswehr. Es geht um den ersten großen Absprung für die wehrpflichtigen Fallschirmjäger. Der Feldwebel gibt im Flugzeug den Tagesbefehl: „Männer, in drei Minuten ist Absprung. Denkt dran: Wenn ihr auf 1000 Meter seid, Reißleine ziehen, der Fallschirm öffnet sich. Tut er es nicht, Ersatzleine ziehen, der Reservefallschirm öffnet sich. Wenn ihr gelandet seid, holt euch der LKW ab!“ Der Gefreiter Kaiser springt also, zieht bei 1000 Meter die Reißleine: Nichts passiert. Er zieht die Ersatzleine: Nichts passiert. Da schreit er wütend: „Typisch Bund, nichts klappt hier! Jede Wette, dass der LKW auch nicht da ist!“

Bei der Marine werden nur noch Nichtschwimmer genommen! Warum? Ganz einfach, die verteidigen das Schiff viel länger.

1984 beim Bund; Manöver; Lüneburger Heide. Der Kompaniechef fragt per Funk die Position eines seiner Panzer ab:
„Wo befinden Sie sich?"
Der Panzerfahrer: „alpha plus eins vier, minus vier zwei."
Der Kompaniechef: „Dann befinden Sie sich ja mitten im XY-Moor!"
Der Panzerfahrer röchelnd: „Das ist rrrichtig – und zwar bis zur Kettenabdeckung …"

Der Spieß zum wachhabenden Rekruten: „Maier, was tun Sie, wenn sich nachts eine männliche Person kriechend der Kaserne nähert?"
„Ich bringe den Herrn Oberst diskret ins Bett."

Beim Waffenunterricht. Der Feldwebel: „… und einem Flüchtenden darf nur in die Beine geschossen werden. Also Brustbein, Stirnbein, Jochbein und so weiter."

Ein Mann trifft einen Polizisten und fragt ihn:
„Herr Wachtmeister, darf man zu einem Polizisten eigentlich ‚Rindvieh' sagen?"
„Auf keinen Fall!", antwortet der Beamte.
„Darf man denn zu einem Rindvieh ‚Herr Wachtmeister' sagen?"
„Na ja, das wohl schon", sagt der.
„Na, dann, auf Wiedersehen, Herr Wachtmeister!"

Worüber man auch
noch herzlich
lachen kann

# Graf Bobby will verreisen ...

Graf Bobby will verreisen. „Bitte sehr, eine Fahrkarte nach Hamburg."
„Über Prag oder über München, Herr Graf?"
„Über Weihnachten!"

Graf Bobby kommt zu Besuch.
In der Wohnung schreit ausdauernd ein kleines Kind.
„Was hat denn das Kind?", erkundigt sich Bobby höflich.
Die Mutter erklärt: „Es bekommt Zähne!"
Bobby fragt: „Ja will's denn keine?"

Graf Bobby steigt in einem Hotel ab. Der Portier sagt: „Ich gebe Ihnen unser Prachtzimmer! Darin hat bereits der Herzog von Orléans gewohnt."
„Interessant!", erwidert Bobby, „wohl ein Nachkomme der berühmten Jungfrau?"

Graf Bobby im November 1918, vor sich eine Schale Ersatzkaffee: „Das versteh ich nicht! Na, ich versteh's wirklich nicht! So eine schöne Armee ham ma g'habt. Husaren, Dragoner, die Prachtrösser! Helm! Federbusch! Pallasch! Und erst die Fahnen mit den schönen Stickereien. Die Kaiserjäger, die Hoch- und Deutschmeister! Und die Regimentsmusik! Was für eine Gloria! Da kann man sagen, was man will, das war die schönste Armee der Welt. Und was haben's g'macht mit dera Armee? In Krieg haben sie's g'schickt!"

Graf Bobby und Graf Rudi sind zum Brunch eingeladen. Als Rudi bemerkt, dass der Gastgeber anfängt, nervös auf die Uhr zu schauen, sagt er: „Bobby, es ist bereits fünf Uhr, wir sollten nach Hause gehen."
Bobby erwidert gelassen: „Geh, ich hab's doch grad eins schlagen hören. Sogar fünfmal nacheinander!"

Graf Bobby trifft im Kaffeehaus Baron Mucki. Er hat tags zuvor etwas läuten gehört: „Sag mal, stimmt das? Du hast dich von der Fritzi getrennt, nur weil sie jetzt eine Brille tragen muss?“
„Dummes Geschwätz! Um ehrlich zu sein: Kaum hatte sie die Brille auf, konnte sie mich nicht mehr sehen!“

Graf Bobby in der Kadettenschule.
Oberst: „Was ist die Hauptbedingung dafür, dass ein Soldat mit allen militärischen Ehren begraben wird?“
Graf Bobby: „Er muss tot sein.“

„In der jugoslawischen Stadt Krsna Mladowitcz gab es ein schweres Erdbeben“, liest die Baronin von Hohenschreck aus der Zeitung vor.
„So, so“, brummt Graf Bobby, „und steht auch dabei, wie die Stadt vor dem Erdbeben hieß?“

„Unglaublich, wie lang dieser Tunnel ist. Das hört ja gar nicht mehr auf!“, sagt Franz.
„Das liegt daran“, belehrt Graf Bobby den Franz, „dass wir im letzten Waggon sitzen!“

Abendgesellschaft bei Altgraf Bobby. Es werden Kindheitserinnerungen ausgetauscht. Einer der Gäste erzählt:
„Ich bin in München geboren und in Wien zur Schule gegangen."
Bedauert ihn Graf Bobby: „Da hatten Sie aber einen weiten Schulweg!"

Graf Bobby sitzt mit Baron Mucki im Café. Baron Mucki liest die Zeitung und berichtet: „Da lese ich eben, dass ein blinder Passagier auf einer Yacht unbemerkt eine Weltreise mitgemacht hat."
Meint Graf Bobby: „Toller Bursche! Schade nur, dass er blind ist."

Graf Bobby zu Mucki: „Gestern bei dem starken Sturm, als meine Frau nach Hause ging, ist ihr ein Riesenbuchstabe von einer Leuchtreklame auf den Kopf gefallen. Aber sie hatte großes Glück, denn es war ein weiches B!"

Graf Bobby: „Johann, wie warm wern mer's haben hier herinnen?"
„Zwanzig Grad, Herr Graf."
Graf Bobby: „Und draußen san's wie viel?"
„Fünf Grad, Herr Graf."
Graf Bobby: „Na gehn's, Johann, machen's das Fenster auf und lassen's die fünf auch noch herein."

Graf Bobby ruft Baron Mucki an: „Mucki, kommst du mit zum Tennisspielen?“
Mucki: „I mag net. I lieg grad so schön auf der Veranda!“
Bobby: „Geh, sei kein Frosch, dann bring sie halt mit.“

Die Mutter vom Grafen Bobby: „Du solltest eigentlich heiraten, Bobby.“
Bobby: „Schön und gut! Aber wen?“
Mutter: „Na, wie wär's denn mit der Baronesse Sissi?“
Bobby: „Ausgeschlossen! Die ist mir zu fad.“
Mutter: „Oder vielleicht die Komtesse Fritzi?“
Bobby: „Diese Bohnenstange? Niemals!“
Mutter: „Ja, wen möchtest du denn heiraten?“
Bobby: „Am liebsten wäre mir ja der Rudi!“
Mutter: „Aber, Bobby! Das geht doch nicht! Der ist doch evangelisch ...“

Graf Bobby wird einberufen.
„Wie wollen Sie denn Ihren Grundwehrdienst ableisten?“
„Natürlich als General.“
„Sind Sie wahnsinnig?!“
„Wieso, ist das Bedingung?“

Graf Rudi: „Schau, ich habe mir eine Kamelhaarbürste gekauft!“
Graf Bobby fragt: „Wozu? Du hast doch gar kein Kamel!“

Graf Bobby, frischgebackener Kommandeur, führt sein Regiment in die Schlacht. Schon bald nach Eröffnung des Kampfes meldet ihm sein Adjutant, dass der Feind zurückschieße. Worauf Graf Bobby ganz empört fragt. „Ja derfen's denn des?"

Graf Bobby sitzt in seiner Küche vor einem riesigen Berg geschnittener Semmeln.
Baron Mucki kommt herein und fragt: „Ja, Bobby, was machst denn da?"
„Ich will mir a Mehlspeis kochen und da steht im Kochbuch: Man schneide drei Tage alte Semmeln. No, und ich schneid erst seit zwei Tagen."

Graf Bobby und Rudi sind gemeinsam auf Sommerfrische und kommen bei einem Spaziergang an einer romantischen Schlucht vorbei.
Graf Bobby: „Hier hat sich gestern ein junges Mädel runtergestürzt."
Rudi: „Aus unglücklicher Liebe?"
Graf Bobby: „Nein, aus Neudorf."

# Frage an Radio Eriwan …

Frage an Radio Eriwan: „Stimmt es, dass in den USA jeder ein Auto hat?“
Antwort: „Im Prinzip ja, aber bei uns hat dafür jeder einen Parkplatz.“

Frage an Radio Eriwan: „Ich habe gehört, dass bei uns nicht mehr so viele Betten produziert werden wie früher. Stimmt das?“
Antwort: „Im Prinzip ja. Wozu auch? Die Intelligenz ist auf Rosen gebettet, die Aktivisten ruhen sich auf ihren Lorbeeren aus, die Arbeiter, Bauern und Soldaten halten Friedenswache, der Klassenfeind schläft nicht, und der Rest sitzt.“

Frage an Radio Eriwan: „Wo sitzt eigentlich der, der immer die Witze über Radio Eriwan erfindet?"
Antwort: „Wissen wir leider nicht, aber er sitzt ganz bestimmt!"

Frage an Radio Eriwan: „Wirkt die Pille auch auf dem Mond?"
Antwort: „Im Prinzip ja, aber der Raumanzug ist ein viel besserer Schutz."

Frage an Radio Eriwan: „Was ist der Unterschied zwischen einem Optimisten und einem Pessimisten?"
Antwort: „Der Optimist lernt Englisch, der Pessimist Chinesisch."

Frage an Radio Eriwan: „Wir wollen in unserer Schule Schillers Wilhelm Tell aufführen – dürfen wir das?"
Antwort: „Im Prinzip ja – aber woher wollt ihr den Apfel nehmen?"

Frage an Radio Eriwan: „Stimmt es, dass die Russen als Erste die Rückseite des Mondes fotografiert haben?"
Antwort: „Im Prinzip ja, das Zentralkomitee tagt ständig dort."

Frage an Radio Eriwan: „Darf ein kleiner Parteifunktionär einen großen Parteifunktionär kritisieren?“
Antwort: „Im Prinzip ja, aber es wäre wirklich schade um den kleinen Parteifunktionär.“

Frage an Radio Eriwan: „Ist es wahr, dass der liebe Gott Parteigenosse werden kann?“
Antwort: „Im Prinzip ja, nur müsste er vorher aus der Kirche austreten.“

Frage an Radio Eriwan: „Kann man als guter Kommunist auch ein guter Christ sein?“
Antwort: „Im Prinzip ja, aber warum wollen Sie sich das Leben doppelt schwer machen?“

Frage an Radio Eriwan: „Stimmt es, dass unsere Armee von den Tschechen zur Hilfe gerufen wurde?“
Antwort: „Ja, das Gesuch aus dem Jahre 1939 wurde 1968 positiv beantwortet.“

Frage an Radio Eriwan: „Können die Kommunisten den Kommunismus aufbauen?“
Antwort: „Im Prinzip ja, aber haben Sie schon mal Zitronenfalter Zitronen falten sehen?

Frage an Radio Eriwan: „Stimmt es, dass der große Kosmonaut Juri Gagarin in Moskau einen Mercedes-Benz gewonnen hat?“
Antwort: „Im Prinzip ja, jedoch war es nicht der Kosmonaut Juri Gagarin, sondern ein Tischler, und er hieß auch nicht Juri Gagarin, sondern Boris Iwankowitsch, und es war nicht in Moskau, sondern in Leningrad, und es war nicht ein Mercedes, sondern ein Fahrrad, und er hat es nicht gewonnen, sondern es ist ihm gestohlen worden.“

Frage an Radio Eriwan: „Als ich nach Hause kam, lag meine Frau mit unserem örtlichen Parteisekretär im Bett. Ich tat so, als hätte ich nichts gesehen, und bin leise wieder gegangen. War das richtig?“
Antwort: „Im Prinzip ja. Aber hoffentlich haben Sie dafür die Frau des Parteisekretärs besucht. Sie könnten sonst Ärger bekommen.“

Frage an Radio Eriwan: „Wäre es möglich, den Sozialismus auch in der Schweiz einzuführen?“
Antwort: „Im Prinzip ja, aber es wäre schade drum.“

Frage an Radio Eriwan: „Gibt es eine marxistisch-leninistische Definition für den Panzerwagen?“
Antwort: „Im Prinzip ja. Der Panzerwagen ist eine Karosse für touristische Ausflüge in freundlich gesinnte Länder. Er kann auch Salut schießen.“

Frage an Radio Eriwan: „Gibt es in Russland eine Pressezensur?“
Antwort: „Im Prinzip nein. Es ist uns aber leider nicht möglich, auf diese Frage näher einzugehen.“

Frage an Radio Eriwan: „Gibt es eine marxistisch-leninistische Definition für das Auto?“
Antwort: „Im Prinzip ja, das Auto ist ein Fahrzeug auf vier Rädern, in dem das werktätige Volk in Gestalt seiner frei gewählten Vertreter fährt.“

Frage an Radio Eriwan: „In unserem Frauenlager, in dem es keine Männer gibt, bekam kürzlich eine Genossin ein Kind. Wie konnte das geschehen?“
Antwort: „Die Genossin hatte bestimmt Beziehungen.“

Frage an Radio Eriwan: „Bei uns in der Arbeit ist einer gefeuert worden, der immer zu spät gekommen ist. Grund: Er wollte die Produktion sabotieren. Jetzt ist einer entlassen worden, der immer zu früh zur Arbeit gekommen ist. Als Grund wurde Verdacht auf Werksspionage angegeben. Aber warum ist mein Freund Igor jetzt weg, der war immer ganz pünktlich?“
Antwort: „Er hatte eine westliche Uhr.“

Frage an Radio Eriwan: „Ich bin Krankenschwester und habe sieben Kinder. Nun soll ich in die Röntgenstation versetzt werden. Stimmt es, dass Röntgenstrahlen unfruchtbar machen?"
Antwort: „Im Prinzip ja. Aber verlassen Sie sich nicht darauf!"

Frage an Radio Eriwan: „Darf ich jetzt wieder Äpfel aus Tschernobyl essen?"
Antwort: „Im Prinzip ja, aber die Kerne müssen Sie danach in einem Bleifass vergraben."

Frage an Radio Eriwan: „Der Führer einer Frauenbrigade in unserer Sowchose nützt seine Stellung aus, um sich die Frauen gefügig zu machen. Auch meine Frau ist dabei. Was soll ich machen?"
Antwort: „Versuchen Sie, möglichst schnell ebenfalls Brigadeführer zu werden."

Frage an Radio Eriwan: „Früher hatten wir den ausbeuterischen Zarismus, dann hatten wir den lebensgefährlichen Stalinismus, und was haben wir jetzt?"
Antwort: „Schauen Sie doch auf den Kalender – Montag!"

Frage an Radio Eriwan: „Glauben in den kommunistischen Ländern noch viele Erwachsene an den Weihnachtsmann?"
Antwort: „Im Prinzip nein, in der Politik ja."

Frage an Radio Eriwan: „Früher gingen die stolzen Araber immer einige Schritte vor ihren Frauen. Doch seit dem Sechs-Tage-Krieg gegen Israel lassen sie ihren Frauen den Vortritt. Was hat diesen Sinneswandel verursacht?"
Antwort: „Die vielen Tretminen, die noch immer auf den Straßen liegen."

Frage an Radio Eriwan: „Ich stehe zwischen zwei Frauen. Die eine ist sehr treu und eine fleißige Arbeiterin, die andere eine hinreißende Geliebte. Für wen soll ich mich entscheiden?"
Antwort: „Für die Arbeiterin. Eine Geliebte können Sie sich immer noch nehmen."

Frage an Radio Eriwan: „Ich habe eine ungeheure Superwaffe entwickelt, die alles in den Schatten stellt. Dabei ist ihr Prinzip ganz einfach. Ich habe alles beisammen und brauche nur noch drei Fahrradspeichen. Können Sie mir die beschaffen?"
Antwort: „Leider nein. Was sollen wir auch mit einer Superwaffe, die aus so seltenen Einzelteilen besteht?"

Frage an Radio Eriwan: „Ich kann zu einer Tagung in den Westen fahren. Soll ich die Reise unternehmen, obwohl ich die hohen Fahrtkosten selbst tragen muss?"
Antwort: „Im Prinzip ja, Sie brauchen ja keine Rückfahrkarte zu kaufen."

Frage an Radio Eriwan: „Genosse Redakteur. Ist es richtig, dass auch die Amerikaner Zwerge haben?"
Antwort: „Im Prinzip ja. Aber die sowjetischen sind größer."

Frage an Radio Eriwan: „Gibt es bei uns mehr Humor als anderswo?"
Anwort: „Im Prinzip ja. Wir haben ihn aber auch nötiger."

Anfrage an Radio Eriwan: „Kann es in Kanada Kommunismus geben?"
Anwort: „Im Prinzip ja, aber wer liefert uns dann den Weizen?"

Anfrage an Radio Eriwan: „Ich habe nur Wirsing und Schweinefleisch, kann ich daraus ‚Canard à l'Orange' zubereiten?"
Antwort: „Im Prinzip ja, es schmeckt nur etwas anders."

# Häschen hat neue Hosenträger bekommen ...

Häschen hat neue Hosenträger bekommen.
Rennt sofort zum kleinen Fuchs: „Is dein Papa da?"
„Nee."
„Is deine Mama da?"
„Nee."
„Is dein großer Bruder da?"
„Nee, auch nich."
Häschen dreht die Träger mit beiden Daumen angeberisch nach vorn: „Willse Klöppe?"

Das Häschen begegnet einer Schildkröte und meint mitfühlend: „Haddu Panzer, muddu zur Bundeswehr?"

Das Häschen und sein Hasenmädchen sind in eine Treibjagd geraten. Noch dazu ist ihnen ein Fuchs auf den Fersen. Geschwind verkriechen sie sich in ihren Bau und kuscheln sich in die hinterste Ecke.
„Un nu?“, fragt das Hasenmädchen.
„Nu bleiben wir so lange hier, bis wir in der Überzahl sind.“

Häschen fragt den Metzger am Telefon: „Haddu Schweinshaxen?“
„Ja.“
„Haddu eine Rinderbrust?“
„Ja.“
„Haddu einen Kalbskopf?“
„Ja.“
„Muddu aber scheußlich aussehen!“

Häschen steht am Seeufer und spricht einen Mann an: „Kanndu rudern?“
„Selbstverständlich kann ich rudern!, antwortet er.
Daraufhin fragt das Häschen: „Kanndu mich dann zur anderen Seeseite rudern?“ Der Mann willigt ein, und beide steigen in sein Boot. Er beginnt zu rudern, ohne dass sich das Boot auch nur einen Zentimeter von der Stelle entfernt.
Ganz erschöpft fragt er das Häschen: „Sind wir denn noch immer nicht am anderen Ufer?“
Das Häschen schaut sich um und antwortet: „Nein. Muddu doch erst Tau losbinden!“

Geht ein Häschen in die Konditorei: „Haddu feine Torten?“
„Ja, ich hab die beste Torte von allen. Die hat sogar schon der Kaiser Wilhelm gegessen!“
Da antwortet das Häschen: „Igitt! Schon angebissen!“

Das Häschen kommt in die Bäckerei und fragt: „Haddu Bienenstich?“
„Ja“, sagt der Bäcker, „ich habe heute ganz frischen Bienenstich!“
Da bedauert ihn das Häschen: „Armer Mann, muddu Salbe draufmachen!“

In einer Zoohandlung fragt das Häschen den Verkäufer: „Haddu Hunde?“
„Natürlich habe ich Hunde“, gibt der Verkäufer zur Antwort.
„Haddu auch Hunde zum Sehen?“
„Hunde zum Sehen?“, fragt der Verkäufer verwundert, „natürlich sehen unsere Hunde!“
„Dann haddu Seehunde!“, freut sich das Häschen.

Das Häschen ist nach und nach berühmt geworden, eröffnet ein Bankkonto und will Geld abheben.
„Bitte hier unterschreiben“, sagt der Bankbeamte.
„Wie macht man das?“
„Na, eben so, wie man einen Brief unterschreibt.“
Darauf setzt das Häschen schwungvoll unter den Scheck: „Dein Dich liebendes Schnuckilein.“

Kommt Häschen zu einem Optiker und fragt: „Brauchst du Brille?"
„Nein, ich verkaufe Brillen."
Das Häschen kommt am nächsten Tag wieder und fragt dasselbe. Das geht eine ganze Woche so.
Da sagt der Optiker eines Tages: „Hau ab! Ich kann dich nicht mehr sehen!"
Da sagt das Häschen: „Brauchst du doch eine Brille!"

Das Häschen geht in die Apotheke und fragt den Apotheker hinter vorgehaltener Pfote: „Haddu Haschisch?"
„Nein, natürlich habe ich kein Haschisch", meint der Apotheker entrüstet.
Am nächsten Tag fragt das Häschen wieder in der Apotheke nach: „Haddu Haschisch?"
„Nein, ich sagte dir doch, dass ich keins habe", sagt der Apotheker.
Bei sich denkt er, dass das Häschen das Haschisch ganz dringend braucht, und besorgt deswegen eine kleine Menge davon.
Als das Häschen am dritten Tag wiederkommt, nimmt der Apotheker es beiseite und raunt ihm zu: „Heute habe ich Haschisch!"
Das rennt das Häschen auf die Straße und ruft empört: „Polizei, Polizei!"

Häschen kommt in die Apotheke und fragt den Apotheker: „Haddu Möhrchen?“
Der Apotheker: „Nein.“
Am nächsten Morgen steht das Häschen wieder da: „Haddu Möhrchen?“
Der Apotheker wieder: „Nein!“
Am dritten Tag antwortet der Apotheker: „Heute habe ich Möhrchen, frisch vom Markt.“
„Muddu essen, sind gesund.“

Das Häschen kommt in ein Lokal, wirft ein Euro in den Spielautomaten und gewinnt jedes Spiel. Es wirft ein weiteres Geldstück ein und gewinnt wieder alle Spiele. Die übrigen Gäste werden aufmerksam und sehen dem Häschen zu. Nachdem es mehrmals die Serie geschafft hat, fragt ein Gast, wie das denn nur möglich sei. Da antwortet das Häschen: „Haddu Hasenpfote, haddu Glück!“

Häschen kommt in die Bäckerei und fragt: „Haddu Spinatkuchen?“
Darauf die Verkäuferin: „Nein.“
So geht das fünf Tage weiter. Am sechsten Tag fragt das Häschen wieder: „Haddu Spinatkuchen?“
Darauf die Verkäuferin: „Ja, extra für dich bestellt.“
Häschen: „Muddu wegschmeißen, Kuchen schmeckt scheußlich!“

Häschen geht in einen Bäckerladen und sagt zu dem Bäcker: „Fünf Brötchen, du Blödmann!" Der Bäcker packt ihm die Brötchen in die Tasche, und Häschen verschwindet wieder.
Am nächsten Tag bestellt es erneut: „Fünf Brötchen, du Blödmann!"
Da sagt der Bäcker: „Wenn du noch einmal kommst, nagle ich dich mit den Ohren an die Wand!"
Am nächsten Tag kommt Häschen wieder, und fragt: „Haddu Nägel?"
Der Bäcker: „Nein, natürlich nicht!"
Häschen: „Dann kanndu mich auch nicht festnageln, also fünf Brötchen, du Blödmann!"

Geht ein Häschen zum Ohrenarzt und fragt: „Haddu Ohrenstöpsel?"
Sagt der Ohrenarzt: „Ja, hab ich, wieso?"
„Ich kann die Häschenwitze nicht mehr hören!!!"

Häschen begegnet einem blonden Mann. „Kenndu Häschenwitze?"
„Nein", brummt der Mann.
„Dann muddu Ostfriese sein!"

Häschen bleibt mit seinem neuen Schlitten im Neuschnee stecken.
Ein anderes Häschen rutscht rasant vorbei und ruft: „Muddu wachsen!“
Ruft Häschen zurück:
„Quatsch, du bist auch nicht größer ...“

Häschen fragt die Eierfrau: „Haddu Rühreier?“
„Nein, nur ganze Eier!“
Da schmeißt das Häschen ein paar auf den Boden.
„Haddu doch!“

Häschen fragt einen Autofahrer: „Haddu Bremse im Auto?“
„Ja, natürlich“, antwortet der Mann.
„Igittegitt, die sticht doch!“

Häschen kommt in die Drogerie: „Haddu Öl?“
„Ja, jede Menge“, sagt der Drogist.
„Muddu Scheich sein.“

Häschen kommt zum Elektriker: „Haddu Glühbirne?“
Der Elektriker bejaht.
„Muddu zum Doktor gehen, haddu Fieber!“

Häschen fragt in der Konditorei: „Haddu Schnecken?"
„Aber gewiss doch", sagt der Verkäufer.
„Muddu Gift streuen!"

Häschen fragt in einem Schallplattenladen: „Haddu Platte?"
„Ja", antwortet der Verkäufer.
„Muddu Haarwuchsmittel nehmen."

Das Häschen kommt zum Autohändler und fragt: „Haddu Käfer?"
„Ja, wir haben Käfer", bestätigt der Autohändler.
„Haddu auch Enten?", fragt das Häschen weiter.
„Wir haben auch Enten", gibt der Händler Auskunft.
Das Häschen rät: „Muddu fliegen lassen!"

Das Häschen will einen Freund anrufen, wählt aber die falsche Telefonnummer.
Meldet sich der Teilnehmer am anderen Ende der Leitung: „Hier Zietz."
Das Häschen: „Muddu Fenster zumachen!"

Häschen geht zum Kaufmann: „Haddu Rotkohl?"
Der Kaufmann bedauert: „Nein, nur Weißkohl."
„Muddu rot anstreichen, dann haddu Rotkohl."

Häschen geht in den Laden.
„Haddu Möhrensaft mit Zucker?“
„Nein, aber wir haben Möhrensaft.“
Häschen schüttelt den Kopf und fragt am nächsten Tag wieder: „Haddu Möhrensaft mit Zucker?“
„Nein.“
Am dritten Tag hat es die Ladenbesitzerin satt. Sie öffnet eine Flasche mit Möhrensaft und schüttet drei Teelöffel Zucker hinein.
Das Häschen kommt auch prompt. „Haddu Möhrensaft mit Zucker?“
„Ja, soeben frisch zubereitet.“
„Igittegitt!“

Das Häschen kommt in die Apotheke und fragt den Apotheker: „Haddu Möhrchen?“
Sagt der Apotheker: „Nein, ich habe keine Möhrchen. Bei mir kannst du nur Medizin kaufen.“
Am nächsten Tag kommt das Häschen wieder: „Haddu Möhrchen?“
„Nein“, sagt der Apotheker, „ich habe dir doch gesagt, dass ich nur Medizin verkaufe!“
Kommt das Häschen am dritten Tag wieder zur Apotheke. An der Tür hängt ein Schild mit der Aufschrift: „Heute keine Möhrchen.“
Sagt das Häschen zum Apotheker vorwurfsvoll:
„Haddu doch Möhrchen gehabt!“

Häschen hat sich am Waldrand hinter einer Einfamilienvilla einquartiert. Morgens geht der Hausherr zu seinem Auto.
„Haddu Platz?“, fragt das Häschen.
„Na, meinetwegen darfst du heute mitfahren“, brummt der Mann, „aber das ist eine Ausnahme.“
Am nächsten Morgen aber kommt das Häschen wieder:
„Haddu ...“
„Nein!“, ruft der Mann, knallt die Autotür zu und fährt los.
„Haddu Badewasser laufen lassen!“, ruft das Häschen ihm nach.

Häschen hat sich einen Wintervorrat an Möhrchen zugelegt, aber nicht bezahlt.
Da kommt der Gerichtsvollzieher.
„Haddu Vollmacht?“, fragt ihn das Häschen.
„Ja“, antwortet er.
„Muddu Unterhose wechseln!“, rät ihm das Häschen und macht die Tür vor seiner Nase zu.

Häschen hinkt nach einer Treibjagd ins Gasthaus.
Der Kellner fragt teilnehmend: „Willst du Salat?“
„Nein“, lehnt das Häschen ab.
„Willst du vielleicht Möhrchen?“
„Nein!“
„Bist du für Kohl?“
„Nein! Will Jägerbraten!“

Häschen ruft beim Metzger an: „Haddu Eisbein?"
„Ja", sagt der Metzger.
„Muddu warme Socken anziehen, sonst widdu krank!"

Häschen kommt in die Bäckerei und fragt den Bäcker: „Haddu Uhren?"
Der Bäcker: „Nee, das ist hier eine Bäckerei."
Am nächsten Morgen steht wieder das Häschen da: „Haddu Uhren?"
Der Bäcker: „Uhren? Wir haben keine Uhren, das ist hier eine Bäckerei!"
Am dritten Tag das gleiche Spiel: „Haddu Uhren?"
Der Bäcker: „Ja, seit heute habe ich auch Uhren."
Häschen: „Wie spät isses?"

Häschen sitzt im Bus hinter einer aufgetakelten Frau mit einem Fuchsfell samt Klauen und Kopf und staunt: „Biddu der Fuchs, der die Gans gestohlen hat?"

Häschen macht einen Ausflug mit seinem Motorrad und kommt prompt in eine Verkehrskontrolle der Polizei!
Der Beamte sagt zu Häschen: „Mensch, Hase, Sie verlieren ja Motoröl! Ist es Ihnen denn gar nicht aufgefallen?"
Antwortet Häschen: „Muddu richtig gucken, is doch'n Auslaufmodell."

Häschen wartet an der Bushaltestelle. In der schlechtgelaunten Menge steht neben ihm ein mürrischer Mann.
„Haddu Zähne?“, fragt ihn das Häschen.
Der Mann kneift die Lippen noch fester zusammen.
„Muddu zeigen ...“

Häschen kommt zum Bäcker: „Haddu Möhren?“
„Nein.“
Am nächsten Tag wieder: „Haddu Möhren?“
„Nein! Und wenn du mich noch einmal fragst, dann hänge ich dich neben Angela Merkel!“
Am nächsten Tag wieder: „Haddu Möhrn?“
Der Bäcker schnappt sich das Häschen und hängt es an einen großen Nagel neben das Bild von Angela Merkel. Fragt Häschen das Bild: „Haddu auch nach Möhren gefragt?“

Kommt das Häschen in die Apotheke und fragt: „Haddu Möhrchen?“
„Ja, ich habe Möhrchen“, sagt der Apotheker.
„Och, haddu mir den ganzen Witz verdorben“, murmelt das Häschen und trollt sich.